致　谢

感谢以下基金项目的支持:

(1) 国家自然科学基金项目(项目编号:41261001);

(2) 国家自然科学基金项目(项目编号:51468063);

(3) 云南省中青年学术技术带头人后备人才项目(项目编号:2010CI018)。

文献信息资源开发与研究丛书

主编 张昌山

西南少数民族历史档案保护

刘强 著

中国社会科学出版社

图书在版编目（CIP）数据

西南少数民族历史档案保护／刘强著 . —北京：中国社会科学
出版社，2016.4

（文献信息资源开发与研究丛书）

ISBN 978 - 7 - 5161 - 7898 - 0

Ⅰ.①西…　Ⅱ.①刘…　Ⅲ.①少数民族—历史档案—档案
保护—西南地区　Ⅳ.①G275.1

中国版本图书馆 CIP 数据核字（2016）第 063149 号

出 版 人	赵剑英
责任编辑	孔继萍
责任校对	季　静
责任印制	何　艳

出　　版	中国社会科学出版社
社　　址	北京鼓楼西大街甲 158 号
邮　　编	100720
网　　址	http://www.csspw.cn
发 行 部	010 - 84083685
门 市 部	010 - 84029450
经　　销	新华书店及其他书店

印刷装订	北京市兴怀印刷厂
版　　次	2016 年 4 月第 1 版
印　　次	2016 年 4 月第 1 次印刷

开　　本	710×1000　1/16
印　　张	15
插　　页	2
字　　数	242 千字
定　　价	58.00 元

总　序

　　文献是文明的结晶，也是文明的载体。人类创造文献，积累文献，开发利用文献信息资源，不断推动文明的进程。

　　中国乃人类文明古国。中华文明史也可以说是文献的历史。其文献类型之多样，内容之丰赡，数量之巨大，正所谓"浩如烟海""汗牛充栋"。而今，由于新技术的广泛使用，信息时代的迅速来临，文献已呈"爆炸"之势；尤其是互联网的出现，使人类社会又进入了一个崭新的时代。

　　与此同时，我们亦面临诸多的问题与挑战，比如，传统文献怎样才能在保护中得到更好的开发利用，现代文献在充分传播利用的同时又怎样才能得以有效传承，人类文献资源如何才能更好地实现共享，而对于按几何级数增长的文献，怎样才能真正管好用好，怎样才能处理好文献的多样性与一体化的关系，等等。这些都需要文献学者和实际工作者进行更广泛、更深入的调查与研究，努力探求并切实遵循"文献之道"，以文献积淀文化，以文献创新文化，进而实现中华文化的伟大复兴。

　　云南地处祖国的西南边疆，中原文化很早就在这里传播，大量的汉文典籍源源不断地传入并积累，成为云南文化的主流与传统。而其地方、民族与边疆诸特色亦在云南文献中得以彰显。以地方特色而言，编史修志从来都是文化胜业，且成绩斐然。专著、文集不断被创制和保存，民国年间辑刻的《云南丛书》，"初编""二编"即达二百零五种一千六百三十一卷及不分卷的五十册。其后更有数千种图书文献问世。从民族特色来说，云南民族众多，文化多元，民族典籍文化源远流长，傣族的贝叶文献、彝族的毕摩文献、纳西族的东巴文献、藏族文献、白族文献等，早已产生了国际性影响，是人类共同的文化财富。就边疆特色来看，记载或论述边地、边境、边界、边民、边防及边贸等内容的边疆文献，种类多，价值高，历来都受重视；尤其是在西部大开发、中国面向西南开放重要"桥头堡"的建设及文化强省的建设中，云南文献的研究与建设被赋予了神圣的文化使命，推进到了新的发展阶段。

云南大学是西南地区建立最早的综合性大学之一。其前身东陆大学奠基于云南贡院故地，承续着悠久深厚的历史文化，而今日云南大学的步伐正向着她的第一个百年迈进。建校之初即已呈现出"西学""国学"以及"滇学"并重的特质，而文献的研究、整理与开发利用，一直被视为学术的根基，袁嘉谷、方树梅、刘文典、钱穆、顾颉刚、姜亮夫、吴晗、向达、白寿彝、徐嘉瑞、方国瑜、江应樑、谢国桢、李埏等诸多学术泰斗、文献大家都曾执教于斯，他们的学术著述多已成为传世之作，他们的文献学成就早已名垂青史。特别是自20世纪80年代以来，相继建立了档案学、图书馆学、信息资源管理等专业，经过一代代学者的努力，继承传统，开拓创新，文献学科获得长足发展。培养出的学士、硕士和博士，多已成为业务骨干；培育出的学术成果，已显现出自身的优势和特色。更可喜的是，资深学者不断推出自己的力作，学术新秀正在脱颖而出。

为促进文献学科的发展，繁荣学术文化，进一步做好文献工作，在云南大学的大力支持下，我们组织出版这套《文献信息资源开发与研究丛书》。我们的初衷，概而言之就是求真求新、继承创造。求真是科学研究的本义，无论是文献学学术研究，还是文献资源的整理实践，定当以求真为基本原则，否则，绝无科学可言。求新是我们的学术追求，没有独到的见解，没有新意，不足以言学术贡献。继承是学术创造的源泉，创造是学者永恒的使命。这是我们的学术心愿。古人说，取法乎上，仅得其中，虽不能至，心向往之。我们秉承这种精神，朝着这个方向，努力前行。

是为序。

张昌山

2013年9月于云南大学会泽院

目　　录

第 一 章

西南地区概况

认识是实践的理性前提与基础，只有理性认识上清楚了，现实的实践工作才好开展，并能真正做好。从事档案工作亦不能例外，因此，开展西南地区少数民族档案的保护研究，首先必须熟悉研究的对象，即：第一，西南地区是哪儿？情况如何？第二，西南地区少数民族的档案怎样？

第一节　西南地区的自然地理环境

从行政划分来看，西南地区指的是"西南五省（市）"：云南省、贵州省、四川省、重庆市和西藏自治区。但是，由于自然地理环境在空间分布的差异性和相似性，自然区划概念下的西南地区一般不包含西藏地区，另外，由于地理位置和生活风俗的关系，人们也会把行政隶属华南地区的广西壮族自治区部分地区看作是西南地区的部分。鉴于此，在此所言的西南地区指的就是云、贵、川、渝和广西部分这一地区（如图 1-1 所示）。

自然地理环境，通常是指环绕人类社会的自然界，亦称自然环境，是人类赖以生存的基本条件。某一地区的自然地理环境不仅影响着该地区的大气气候环境，也对当地社会的人文和人们的生活习俗产生着深深的烙印。自然地理环境包括了地理位置、地形特征、山脉走向、海拔高度和植被状况五大因素。[①]

中国是一个多山的国家，山区（包括山地、高原和丘陵）占全国

---

① 党建涛：《西南天气》，国防工业出版社 2007 年版。

总面积的69%，而西南地区除四川盆地外全是山地和丘陵地区，主要是云贵高原和横断山脉等。西南地区为内陆地区，属于从世界屋脊青藏高原下降到低海拔的华中丘陵平原之间的过渡带，其大部分地区的海拔都在500—2000米，为中国地势垂直变化三大阶梯中的第二级阶梯。海拔高，地形十分复杂，是我国地势起伏最大、地貌类型最多的地区之一。

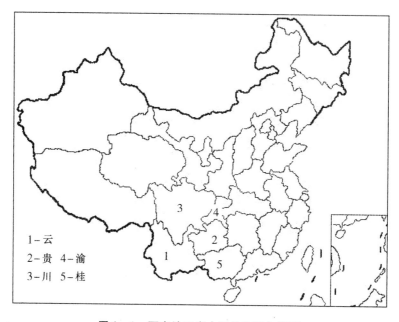

1-云
2-贵 4-渝
3-川 5-桂

图1-1　西南地区在中国的地理位置图

从纯地理的角度看，西南地区并不是一个非常整合的统一的区域，整个区域由多个地理单元组成，单元之间甚至存在着较大的差异。由于受地貌和大气环流的影响，这一区域的地貌特征和自然景观的水平分布复杂多样，分成多个大小不一的地理单元，主要包括：四川盆地、川西高原、云南高原、贵州高原和广西西北部。

从行政划分来看，西南地区几个省市的自然地理环境概况为：

（1）云南省：位于东经97°31′至106°11′，北纬21°8′至29°15′，北回归线横贯本省南部，属低纬度内陆地区。全省东西最大横距864.9公里，南北最大纵距990公里。云南地处中国西南边陲，东部与贵州省、广西壮族自治区为邻，北部与四川省相连，西北部紧依西藏自治区，西部与缅甸接壤，南部和老挝、越南毗邻。云南是全国边境线最长的省份之一，国境线长达4060公里，其中，中缅边界1997公里，中老边界710公里，中越边界1353公里。国境线上有25个边境县。全省国土总面积39.4万平方公里，占全国国土总面积的4.1%，居全国第8位。

云南属山地高原地形，山地高原约占全省国土总面积的94%。地形以元江谷地和云岭山脉南段宽谷为界，分为东西两大地形区。东部为滇东、滇中高原，是云贵高原的组成部分，平均海拔2000米，表现为起伏和缓的低山和浑圆丘陵，发育着各种类型的岩溶（喀斯特）地貌；西部高山峡谷相间，地势险峻，山岭和峡谷相对高差超过1000米。5000米以上的高山顶部常年积雪，形成奇异、雄伟的山岳冰川地貌。

全省海拔高低相差很大，海拔最高点海拔6740米，在滇藏交界处德钦县境内怒山山脉的梅里雪山主峰卡瓦格博峰；最低点海拔76.4米，在河口县境内南溪河与红河交汇的中越界河处，两地直线距离约900公里，海拔相差6000多米。全省地势呈现西北高、东南低，自北向南呈阶梯状逐级下降，从北到南的每公里距离，海拔平均降低6米。北部是青藏高原南延部分，海拔一般在3000—4000米，有高黎贡山、怒山、云岭等巨大山系和怒江、澜沧江、金沙江等大河自北向南相间排列，三江并流，高山峡谷相间，地势险峻；南部为横断山脉，山地海拔不到3000米，主要有哀牢山、无量山、邦马山等，地势向南和西南缓降，河谷逐渐宽广；在南部、西南部边境，地势渐趋和缓，山势较矮，宽谷盆地较多，海拔在800—1000米，个别地区下降至500米以下，主要是热带、亚热带地区。

全省河川纵横，湖泊众多。全省境内径流面积在100平方公里以上的河流有889条，分属长江、珠江、红河、澜沧江、怒江、大盈江6大水系。红河和南盘江发源于云南境内，其余为过境河流。除金沙江、南盘江外，均为跨国河流，这些河流分别流入南中国海和印度洋。多数河流具有落差大、水流湍急、水流量变化大的特点。全省有高原湖泊40多个，多数为断陷型湖泊，大体分布在元江谷地和东云岭山地以南，多数在高原区内。湖泊水域面积约1100平方公里，占全省总面积的0.28%，总蓄水量约300亿立方米。湖泊中数滇池面积最大，约300平方公里，洱海次之，面积约250平方公里；抚仙湖深度全省第一，最深处150多米，泸沽湖次之，最深处约 90 多米。

（2）贵州省：位于中国西南的东南部，位于东经 103°36′至 109°35′，北纬 24°37′至 29°13′，东毗湖南、南邻广西、西连云南、北接四川和重庆。全省东西长约 595 公里，南北相距约 509 公里，总面积为 176167 平方公里，占全国国土面积的 1.8%。

贵州位于云贵高原，地理环境独特，境内地势西高东低，自中部向北、东、南三面倾斜，平均海拔 1100 米左右。贵州高原山地居多，素有"八山一水一分田"之说，地貌可概括分为高原山地、丘陵和盆地三种基本类型，其中 92.5% 的面积为山地和丘陵。境内山脉众多，重峦叠峰，绵延纵横。北部有大娄山，自西向东北斜贯北境，川渝黔要隘娄山关高 1444 米；中南部苗岭横亘，主峰雷公山高 2178 米；东北境有武陵山，由湘蜿蜒入黔，主峰梵净山高 2572 米；西部高耸乌蒙山，属此山脉的赫章县珠市乡韭菜坪海拔 2900.6 米，为贵州境内最高点。而黔东南州的黎平县地坪乡水口河出省界处，海拔 147.8 米，为境内最低点。贵州岩溶地貌发育非常典型。喀斯特（出露）面积 109084 平方公里，占全省国土总面积的 61.9%，境内岩溶分布范围广泛，形态类型齐全，地域分异明显，构成一种特殊的岩溶生态系统。

贵州河流数量众多，河流处于长江和珠江两大水系上游交错地带，有 69 个县属长江防护林保护区范围，是长江、珠江上游地区重要生态屏障。全省水系顺地势由西部、中部向北、东、南三面分流。苗岭是长江和珠江两流域的分水岭，以北属长江流域，流域面积 11574 平方公里，占全省国土面积的 65.7%，主要河流有：乌江、赤水河、清水江、洪州河、阳河、锦江、松桃河、松坎河、牛栏江、横江等；苗岭以南属珠江流域，流域面积 60420 平方公里，占全省国土面积的 34.3%，主要河流有：南盘江、北盘江、红水河、都柳江、打狗河等。贵州河流数量较多，处处川流不息，长度在 10 公里以上的河流有 984 条。贵州河流的山区性特征明显，大多河流上游河谷开阔，水流平缓，水量小；中游河谷束放相间，水流湍急；下游河谷深切狭窄，水量大，水力资源丰富。

（3）四川省：地处长江上游，介于东经 92°21′—108°12′ 和北纬 26°03′—34°19′，东西长 1075 公里，南北宽 900 多公里。东连重庆、南邻滇、黔，西接西藏，北接青、甘、陕三省。面积 48.6 万平方公里，次于新疆、西藏、内蒙古和青海，居全国第 5 位。

全省地貌东西差异大，地形复杂多样。四川省位于我国大陆地势三大阶梯中的第一级和第二级，即处于第一级青藏高原和第二级长江中下游平原的过渡带，高低悬殊，西高东低的特点特别明显。西部为高原、山地，海拔多在 4000 米以上；东部为盆地、丘陵，海拔多在 1000—3000 米。全省可分为四川盆地、川西北高原和川西南山地三大部分。

东部四川盆地是我国四大盆地之一，面积 16.5 万平方公里。盆地北部为秦岭，东部为米仓山、大巴山，南部为大娄山，西北部为龙门山、邛崃山等山地环绕。该区域气候温暖湿润，冬暖夏热，大部分地区年降水量 900—1200 毫米，属亚热带湿润季风气候，植被为亚热带常绿阔叶林。盆地西部为川西平原，土地肥沃，为都江堰自流灌溉区；盆地中部为紫色丘陵区，海拔 400—800 米，地势微向南倾斜，岷江、沱江、涪江、嘉陵江从北部山地向南流入长江；盆地东部为川东平行岭谷区，分别为华蓥山、铜锣山、明月山。

西北部为川西北高原，属于青藏高原东南一隅，平均海拔 3000—5000 米，高寒气候，高山草甸植被。

西南部为横断山脉北段，山高谷深，山河相间，山河呈南北走向，自东向西依次为岷山、岷江、邛崃山、大渡河、大雪山、雅砻江、沙鲁里山和金沙江。气候植物呈垂直分布，主要分布为寒带针叶林、温带针阔混交林、北亚热带常绿和落叶混交林、中亚热带常绿阔叶林。

（4）重庆市：位于长江上游地区，地跨东经 105°11′—110°11′、北纬 28°10′—32°13′的青藏高原与长江中下游平原的过渡地带。辖区东西长 470 公里，南北宽 450 公里，辖区总面积 8.24 万平方公里，为北京、天津、上海三市总面积的 2.39 倍，是中国面积最大的城市。地界渝东、渝东南临湖北省和湖南省，渝南接贵州省，渝西、渝北连四川省，渝东北与陕西省和湖北省相连。

地貌以丘陵、山地为主，其中山地占 76%，坡地面积较大，有"山城"之称。其北部、东部及南部分别有大巴山、巫山、武陵山、大娄山环绕。重庆地势由南北向长江河谷逐级降低，西北部和中部以丘陵、低山为主，东北部靠大巴山和东南部连武陵山两座大山脉。

重庆域内水系丰富，流经的重要河流有长江、嘉陵江、乌江、涪江、綦江、大宁河、阿蓬江、酉水河等，长江干流自西向东横贯全境，流程665 公里，横穿巫山三个背斜，形成著名的瞿塘峡、巫峡、西陵峡（该峡位于湖北省境内），即举世闻名的长江三峡。嘉陵江于渝中区汇入长江，乌江于涪陵区汇入长江。①

（5）广西壮族自治区：地处祖国南部，位于北纬 20°54′—26°23′，东经 104°29′—112°04′。南临北部湾，与海南省隔海相望，东连广东，东北接湖南，西北靠贵州，西邻云南，西南与越南毗邻。陆地区域面积 23.67 万平方公里，占全国国土总面积的 2.5%，居各省区市第 9 位。

广西地处云贵高原东南边缘，山多地少。地势由西北向东南倾斜，四周山地环绕，呈盆地状，盆地边缘多决口，中部和南部多为平地。在陆地总面积中，山地（海拔 400 米以上）占 39.8%，石山（海拔 400 米）占19.7%，丘陵（海拔 200—400 米）占 10.3%，台地（海拔 200 米以下）占 6.3%，平原占 20.6%，水面占 3.3%。现有耕地面积约 4000 万亩，占土地面积的 11%。

与其他西南内陆地区不同，广西部分为沿海地区。北部湾海域面积约12.93 万平方公里，海岸线东起粤桂交界处的洗米河口，西至中越边境的北仑河口，大陆海岸线长 1500 多公里。海岸类型分冲积平原海岸和台地海岸两种。沿海岛屿有 697 个，岛屿岸线长 600 余公里，岛屿总面积 84平方公里。涠洲岛是广西沿海最大的岛屿，面积约 28 平方公里。

第二节　西南地区的气候特点

现存历史档案中有很大一部分是暴露在室外，或者说这一部分与不可移动文物有很大的重合。这些不可移动文物经历了数百年乃至数千年的风沙吹蚀、降水侵蚀、洪水冲刷、地震等自然力的破坏，已经产生了严重的病害，还有不少处于濒危状态，保存现状不容乐观。随着人类社会的发展，无论人类生活还是工业生产造成的污物排放都在急剧增加，全球气候的变化明显加剧，极端灾害性天气，如暴雨及其引发的洪水、极端干旱及其引发的沙尘暴频发，都会给本来就脆弱的不可移动文物带来毁灭性的破

---

① 重庆人民政府：《重庆概况·自然地理》，重庆市政府网，2014 年 9 月。

坏。即使保存于室内的历史档案，其保存环境也不可避免地受到室外的环境的影响。

例如，1966 年 11 月 4 日，洪水泛滥于意大利整个北部，再加上威尼斯湖的一场阵雨导致河水迅速上涨，灾情更加严重，威尼斯档案馆内 6000 余卷 15—18 世纪的历史档案被河水淹没，严重受损，塔兰托档案馆 4 万多份文件也遭此厄运，受灾最严重的是佛罗伦萨档案馆，约有 200 万卷档案和几十万份手稿受损。1984 年 2 月 7 日晨，德国汉堡市汉森小镇遭受了严重的水灾，汉堡市档案馆库房内的水漫至天花板，350 米的档案文件、报纸和书完全被水淹没，一部分还陷于污泥之中。[①]

当然，档案在自然灾害中遭受损毁的事例还有很多。在我国，1976 年唐山大地震，全市各单位 90% 的档案被埋在废墟中；1996 年湖南省发生水灾，24 万余卷、册档案被损坏[②]。2010 年 8 月 7 日，甘肃省甘南州舟曲县发生特大山洪泥石流灾害，对当地及周边地区档案馆造成灾难性后果[③]，这些都属于档案馆内档案的损毁，给历史档案的保护敲响了警钟。

相较我国其他地区，西南地区更是一个自然灾害频发的地区，因此，了解该地区的气候特点对当地的历史档案保护有着重要的影响。

西南地区的气候从总体上讲属于亚热带季风气候，与其西边的高原气候和北边的温带气候明显不同，同时与其东边同处于亚热带的华中地区的气候也有一定的差异。由于地跨中、低纬度，西南地区南部具有高原低纬度天气气候特点，北部受高原西风带天气系统控制。冬季风和夏季风在本区交替南北进退，在地形动力和热力作用下，各种灾害性天气频繁发生，造成本区气候非常复杂的特征。

（1）云南省：云南气候基本属于亚热带高原季风型，立体气候特点显著，类型众多、年温差小、日温差大、干湿季节分明、气温随地势高低垂直变化异常明显。滇西北属寒带型气候，长冬无夏，春秋较短；滇东、滇中属温带型气候，四季如春，遇雨成冬；滇南、滇西南属低热河谷区，有一部分在北回归线以南，进入热带范围，长夏无冬，一雨成秋。在一个省区内，同时具有寒、温、热（包括亚热带）三带气候，一般海拔高度

---

① 吴晓红：《档案灾害学研究探索》，首都经济贸易大学出版社 2013 年版，第 3—11 页。
② 蔡学美：《档案灾害防治研究》，《中国档案》2000 年第 11 期。
③ 陈楠：《从甘肃舟曲特大山洪泥石流事件谈档案安全》，《兰台世界》2010 年第 24 期。

每上升 100 米，温度平均递减 0.6—0.7℃，有"一山分四季，十里不同天"之说，景象别具特色。

全省平均气温，最热（7 月）月均温在 19—22℃，最冷（1 月）月均温在 6℃以上，年温差一般只有 10—12℃。同日早晚较凉，中午较热，尤其是冬、春两季，日温差可达 12—20℃。

全省降水在季节上和地域上的分配极不均匀。干湿季节分明，湿季（雨季）为 5—10 月，集中了 85% 的降雨量，干季（旱季）为 11 月至次年 4 月，降水量只占全年的 15%。全省降水的地域分布差异大，最多的地方年降水量可达 2200—2700 毫米，最少的仅有 584 毫米，大部分地区年降水量在 1000 毫米以上。全省无霜期长，南部边境全年无霜，偏南地区无霜期为 300—330 天，中部地区约为 250 天，比较寒冷的滇西北和滇东北地区也长达 210—220 天。

（2）贵州省：贵州气候温暖湿润，舒适宜人，属亚热带温湿季风气候区，有冬无严寒、夏无酷暑，降水丰富、雨热同季等特点。全省年平均气温在 15℃ 左右，通常最冷月（1 月）平均气温 3—6℃，比同纬度其他地区高；最热月（7 月）平均气温 22—25℃，为典型夏凉地区。降水较多，雨季明显，阴天多，日照少，境内各地阴天日数一般超过 150 天，常年相对湿度在 70% 以上。由于特定的地理位置和复杂的地形地貌，并受大气环流的影响，贵州气候复杂，呈多样性，"一山分四季，十里不同天"。另外，气候不稳定，灾害性天气种类较多，干旱、秋风、凌冻、冰雹等频度大。

（3）四川省：四川盆地中亚热带湿润气候区。该区热量条件好，全年温暖湿润，年均温 16—18℃，积温 4000—6000℃，气温日差较小，年差较大，冬暖夏热，无霜期 230—340 天。盆地云量多，晴天少，全年日照时间较短，年日照仅 1000—1400 小时，比同纬度的长江流域下游地区少 600—800 小时。雨量充沛，年降雨量 1000—1200 毫米，50% 以上集中在夏季，多夜雨。

川西南山地亚热带半湿润气候区。该区全年气温较高，年均温 12—20℃，日差较大，年差较小，早寒午暖，四季不明显。云量少，晴天多，日照时间长，年日照时间为 2000—2600 小时。降水量较少，干湿季分明，全年有 7 个月为旱季，年降水量 900—1200 毫米，90% 集中在 5—10 月。河谷地区受焚风影响形成典型的干热河谷气候，山地形成显著的立体气候。

川西北高山高原高寒气候区。该区海拔高差大，气候立体变化明显，从河谷到山脊依次出现亚热带、暖温带、中温带、寒温带、亚寒带、寒带和永冻带。总体上以寒温带气候为主，河谷干暖，山地冷湿，冬寒夏凉，水热不足，年均温 4—12℃，年降水量 500—900 毫米。天气晴朗，日照充足，年日照 1600—2600 小时。

四川气候总的特点：季风气候明显，雨热同季；区域间差异显著，东部冬暖、春早、夏热、秋雨、多云雾、少日照、生长季长，西部则寒冷、冬长、基本无夏、日照充足、降水集中、干雨季分明；气候垂直变化大，气候类型多；气象灾害种类多，发生频率高且范围大，主要有干旱，其次是暴雨、洪涝和低温等。

（4）重庆：气候温和，属亚热带季风性湿润气候，年平均气温在 16—18℃，长江河谷的巴南、綦江、云阳等地达 18.5℃ 以上，东南部的黔江、酉阳等地 14—16℃，东北部海拔较高的城口仅 13.7℃，最热月份平均气温 26—29℃，最冷月份平均气温 4—8℃，采用候温法可以明显地划分四季。

重庆市年平均降水量较丰富，常年降雨量 1000—1450 毫米，降水多集中在 5—9 月，占全年总降水量的 70% 左右。重庆市年平均相对湿度多在 70%—80%，在中国属高湿区。年日照时数 1000—1400 小时，日照百分率仅为 25%—35%，为中国年日照最少的地区之一，冬、春季日照更少，仅占全年的 35% 左右。

重庆市的主要气候特点可以概括为：冬暖春早，夏热秋凉，四季分明，无霜期长；空气湿润，降水丰沛；太阳辐射弱，日照时间短；多云雾，少霜雪；光温水同季，立体气候显著，气候资源丰富，气象灾难频繁。①

重庆多雾，素有"雾重庆"之称。重庆雾多，是由于重庆地理环境形成的。重庆年平均雾日是 104 天，有世界雾都之称的英国伦敦年平均雾日只有 94 天，远东雾都的日本东京也只有 55 天。重庆是名副其实的"雾都"，而重庆壁山区的云雾山全年雾日多达 204 天，堪称"世界之最"。

（5）广西壮族自治区：属亚热带季风气候区。主要特征是气候温暖，

---

① 向波：《重庆市气候概况》，重庆市气象局网，2010 年 9 月。

雨水丰沛，光照充足。夏季日照时间长、气温高、降水多，冬季日照时间短、天气干暖。年平均气温 21.1℃。最热月是 7 月，月均气温 23—29℃；最冷月为 1 月，月均气温 6—14℃。年日照时数 1396 小时，年均降雨量 1835 毫米。受西南暖湿气流和北方变性冷气团的交替影响，干旱、暴雨洪涝、大风冰雹、雷电、低温冷（冻）害气象灾害较为常见。

第三节　西南地区的少数民族

西南少数民族地区是我国少数民族成分最多、人口最多的地区，全国 56 个民族，几乎都有成员在这里繁衍生息。其中，在西南地区这片广袤的土地上，世世代代一直定居在这里的就有 30 多个少数民族，这些少数民族是：藏、苗、彝、壮、布依、侗、瑶、白、土家、哈尼、傣、傈僳、佤、拉祜、水、纳西、景颇、仫佬、仡佬、阿昌、普米、怒、德昂、京、羌、布朗、毛南、独龙、基诺、门巴、珞巴，以及回、蒙古等少数民族①。这些少数民族人口占中国少数民族总数的近三分之二，她们形成了特色鲜明的中国西南少数民族文化圈。西南少数民族文化圈内的少数民族，虽然分属于几个不同的原始族群，分别处于不同的地域环境，但在历史上各民族长期共处、互相依存，产生了历史久远的文化交流，因此，西南少数民族在文化上既有某些相同性质的特征，又保留了自己鲜明的特色。不论其人口的多少，社会生产发展水平的高低，都在其长期的历史发展过程中创造了丰富多彩、独具特色的民族文化。

（1）云南：云南是民族种类最多的省份，除汉族以外，人口在 5000 人以上的世居少数民族有彝族、哈尼族、白族、傣族、壮族、苗族、回族、傈僳族等 25 个。其中，白族、哈尼族、傣族、傈僳族、佤族、拉祜族、纳西族、景颇族、布朗族、阿昌族、普米族、德昂族、怒族、基诺族、独龙族 15 个民族是云南特有的。2011 年，全省总人口为 4631.0 万人，全省少数民族人口数达 1545.18 万人，占全省人口总数的 33.37%，是全国少数民族人口数超过千万的 3 个省区（广西、云南、贵州）之一。

---

① 中国西南民族研究学会：《西南民族地区经济概况》，四川省民族研究所，1986 年，第 7—8 页。

民族自治地方的土地面积为 27.67 万平方公里，占全省总面积的 70.2%。全省少数民族人口数超过 100 万人的有彝族、白族、哈尼族、傣族、壮族、苗族 6 个民族；超过 10 万人不到 100 万人的有傈僳族、回族、拉祜族、佤族、纳西族、瑶族、景颇族、藏族、布朗族 9 个民族；超过 1 万人（含 1 万）不到 10 万人的有布依族、普米族、阿昌族、怒族、基诺族、蒙古族、德昂族、满族、水族 9 个民族；超过 1000 人不到 1 万人的有独龙族、仡佬族、土家族、侗族等。云南少数民族交错分布，表现为大杂居与小聚居，彝族、回族在全省大多数县均有分布。①

（2）贵州：贵州是一个多民族的省份，全省有 49 个民族成分，少数民族成分个数仅次于云南，居全国第二位。除汉族外，世居少数民族有土家族、苗族、布依族、侗族、彝族、仡佬族、水族、回族、白族、瑶族、壮族、毛南族、蒙古族、仫佬族、羌族、满族、畲族等。根据 2012 年的抽样调查，全省户籍总人口 4249.48 万人，常住总人口 3484.07 万人。根据第六次人口普查公报数据，常住少数民族人口占全省总人口的 36.1%。人口最多的少数民族是苗族（368.69 万人），其次是布依族（247.81 万人）、侗族（140.03 万人）和土家族（102.82 万人）。居住在贵州的布依族、水族和仡佬族，人口均占国内本民族人口总数的 95% 以上。②

（3）四川：四川省位于中国西南部，是一个多民族的大省，有 55 个少数民族。据第六次人口普查统计，四川共有少数民族人口 490 多万人，占全省总人口的 6.10%。世居的少数民族有 14 个，即彝族、藏族、羌族、苗族、回族、蒙古族、土家族、傈僳族、满族、纳西族、布依族、白族、壮族、傣族。少数民族主要聚居在凉山彝族自治州、甘孜藏族自治州、阿坝藏族羌族自治州及木里藏族自治县、马边彝族自治县、峨边彝族自治县、北川羌族自治县。四川民族地区幅员辽阔，面积 30.5 万平方公里，占全省总面积的 62.9%。四川还有按民族县对待的米易、盐边、平武、石棉、金口河、仁和、宝兴、兴文、汉源 9 个县（区），有 98 个民族乡。③

---

① 云南省人民政府：《省情概貌·人口与民族》，云南省人民政府网（http://www.yn.gov.cn/yn_ yngk/yn_ sqgm/201111/t20111107_ 1896.html），2013 年 7 月。

② 贵州省人民政府、贵州省年鉴社：《贵州年鉴》，贵州年鉴社 2013 年版，第 61—62 页。

③ 四川省人民政府、四川省地方志编纂委员会：《四川年鉴》，四川年鉴社 2013 年版，第 32 页。

（4）重庆：有土家族、苗族、回族、满族、彝族、壮族、布依族、蒙古族、藏族、白族、侗族、维吾尔族、朝鲜族、哈尼族、傣族、傈僳族、佤族、拉祜族、水族、纳西族、羌族、仡佬族等 55 个少数民族。少数民族人口总数为 193 万人，约占总人口的 6%。其中土家族人口最多，有 139.8 万人；其次是苗族，约 48 万人。①

（5）广西：广西是多民族聚居的自治区，世居民族有壮、汉、瑶、苗、侗、仫佬、毛南、回、京、彝、水、仡佬 12 个，此外还有满、蒙古、朝鲜、白、藏、黎等其他民族成分。在常住人口中，少数民族人口占总人口的 37.18%，少数民族人口总数在全国居第 1 位，其中壮族人口占总人口的 31.39%，壮族是中国人口最多的少数民族。②

---

① 重庆人民政府：《重庆概况·民族人口》，重庆市人民政府网，2014 年 10 月。
② 广西统计局：《广西概况·人口民族》，广西人大网，2014 年 2 月。

第二章

西南地区少数民族的历史档案

中国是一个历史悠久的文明古国，拥有举世无双的、十分丰富而又极其珍贵的历史档案遗产。我国古代就有"结绳记事""刻木为契"的历史传说。1947年，四川大学教授毛坤为黄彝仲所著《档案管理之理论与实际》一书所作的序中写道："周官外史掌三皇五帝之书，老子为柱下史，今日胥谓图书馆之滥觞，实则所掌皆档案也。"同年，许同莘著《公牍学史》认为"唐虞以前已有档案"。①

中华文明源远流长，人们过去认为黄河文明、长江文明和北方草原文明是其三个直接源头，但众多从事考古、民族文化和地域文化历史研究的专家认为，东北红山文化、浙江良渚文化、四川金沙遗址、湖南永州舜帝文化遗址的新发现，说明在中国的东西南北中都有早期文明的生长点，中华文明的起源不是单元的、直线的，而是呈"多元一体"状态，它揭示了中国为什么能以一个统一的多民族国家长期发展的文化根源。

谈及中华文明的起源必然谈到中华民族的形成，而这又必然会提及在中华大地上的一些古人类的考古发现，在西南地区著名的古人类考古发现就有：1985年，重庆巫山县发现的生活于240万年以前的"巫山人"，1965年在云南省楚雄彝族自治州元谋县发现的距今170万年的"元谋人"，1956年在云南丽江发现的距今5万—10万年的"丽江人"，1958年在广西柳州出土的距今4万—5万年的"柳州人"。② 与此同时，在云南等地还发现了不少腊玛古猿化石，这些古生物的发现应该与西南地区独特的地理环境具有很大的关系，据此考古学家认为西南地区是人类的发祥地之一。

---

① 参见吴宝康《档案学概论》，中国人民大学出版社1988年版，第1—2页。

② 伍雄武：《中华民族的形成与凝聚新论》，云南人民出版社2000年版，第21—24页。

从 20 世纪五六十年代开始，单单在滇池地区发现的新石器时代的遗址就有 20 多处，其中，仅滇池沿岸更是就有 17 处：官渡、石碑村、石子河、古城、团山村、石寨山、河泊所、渠西里、兴旺村、后街、老街、白塔村、白塔山、黑林铺、乌龙铺、安江、象山。这些遗址中，离滇池最近的团山村遗址仅 150 米，最远者白塔村有 6 公里。[①]

这说明西南地区也和中华母亲文明一样，历史悠久，加之该地区的人口与民族的特点，更有着与中国其他地区不一样的具有独特风格的少数民族历史档案。

经济建设和社会生活的各个领域都离不开档案，科学研究更离不开档案，档案的价值和作用均十分突出和重要，为了当前的使用和以后的研究需要，档案的保护就显得十分必要，对于西南地区少数民族的历史档案更是如此。

第一节　档案与历史档案

关于档案的定义有许多，但是这种差异也仅是体现在定义的角度和具体的描述上，其本质属性上仍然存在着共性。

中华人民共和国档案行业标准《档案工作基本术语（DA/T 1 - 2000）》规定了档案（archives）的定义为："国家机构、社会组织和个人在社会活动中直接形成的有价值的各种历史文献。"并且还指明了档案价值（archival value），即"档案对社会的有用性。"

1987 年 9 月 5 日第六届全国人民代表大会常务委员会第二十二次会议通过了《中华人民共和国档案法》，1996 年 7 月 5 日第八届全国人民代表大会常务委员会第二十次会议通过了《关于修改〈中华人民共和国档案法〉的决定》，1996 年 7 月 5 日中华人民共和国主席令第七十一号公布，自公布之日起施行。该法明确规定了："本法所称的档案，是指过去和现在的国家机构、社会组织以及个人从事政治、军事、经济、科学、技术、文化、宗教等活动直接形成的对国家和社会有保存价值的各种文字、图表、声像等不同形式的历史记录。"

---

① 李昆声、陈果：《中国云南与越南的青铜文明》，中国社会科学出版社 2013 年版，第 9 页。

中华人民共和国档案行业标准《档案工作基本术语》的发行，说明了档案行业的成熟程度以及行业操作的规范性，《中华人民共和国档案法》的颁布更代表了档案管理的严肃性，展现了档案管理和利用的法制强制性。一个学科或领域，其研究的对象依据标准和法律双重规定，则反映了该领域研究的必要性和重要性。

关于档案的定义，美国现代著名档案学者谢伦伯格在其名著《现代档案——原则与技术》中指出：

> 不同国家的档案工作者对"档案"一词下了各不相同的定义。他们中间的每一个在下定义时，所考虑的都是如何能够适用于他所处理的材料……因此，"档案"一词显然并没有一个不可更动而必须优先采用的、最终的、最完备的定义。它的定义可以在不同的国家作不同的修改，以适应不同的需要。被采纳的定义都应该提供一个基础，使档案工作者能够在这个基础上有效地应付他们为之服务的政府所产生的各种材料。凡是有损于他们的工作效力的定义，就不应该接受。……

> 现代档案工作者确有必要，以一种比较适合自己工作要求的方式为档案令下定义。……我给档案下的定义是："任何公司机构，在履行其法定职责过程中，或者在与其本职业务过程有关的情况下所制作或收到，并且作为其职能、政策、决定、程序、行动或者其他活动之证据，或者由于其所含内容具有情报价值，而被该机构或该机构之合法继承者所保存或者指定加以保存的一切簿册、证件、地图、照片和其他记录材料，而不论其物质形式和特性如何。"应该指出，这一定义大体上以美国政府 1943 年 7 月 7 日《文件处置法》（44 号美国法典，366—80）的定义为依据而略有改动。还应该记住，"机构"一词，可以适用于教会、商会、学会、联合会之类的组织，甚至还可以适用于私人家庭。①

从档案的定义可以看出，档案包含了四个基本要素，即社会性、历史

---

① ［美］T. R. 谢伦伯格：《现代档案——原则与技术》，黄坤坊译，档案出版社 1983 年版，第 21—22 页。

性、原始记录性、确定性。也就是说，凡是同时具备这四个基本要素者，无论其存在的形态如何，形成的过程怎样，是否集中保存，均可以称之为档案。①

（1）档案的社会性。档案是人们在从事社会活动中直接形成的，其内容是对社会活动的相关信息的原始记录，因此档案是社会的产物，而不是自然的产物。在自然界自然形成的原始记录，如动植物化石、树木的年轮、陨落的星体等，尽管其原始记录作用明显，记录的内容有些还十分精确，但它们属于自然科学的研究范畴，不属于档案的范畴，盖因其研究、管理的模式都与具有社会性的档案的研究、管理截然不同。

（2）档案的历史性。档案是历史记录，说明档案是过去活动的原始记录，是历史上已经形成的。从时间上看，档案总是历史的产物，是人类在过去社会实践中所形成的记录物或遗留物，而不是正在或尚未形成的东西，因此，正在承办中、运转中的记录就还不能称为档案，只有办理完毕的记录形式才能转化为档案。

（3）档案的原始记录性。原始记录性是档案的本质特性，是档案的根本价值所在，也是档案区别于其他事物，尤其是相邻事物的独一无二的本质规定性。如文学艺术作品、图书和报刊都不是档案，但其文稿、书稿以及发排稿却是可以归类到档案，就因为文稿、书稿和发排稿等都是直接形成于社会实践活动之中，具有最原始、最可靠、最真实的特点，它们记录了文学作品、图书和报刊等的内容，以及形成过程的历史事实，并可将其流传于后人、后世，让历史明确无误地告知现在和未来。

（4）档案的确定性。档案是记录信息与实存形体的统一体，档案的信息内容和存在的形体均是确定不变的，所以档案的确定性来自其信息内容和实存形体两个方面。一方面，档案的信息内容必须是清晰和确定的，也就是说，档案的内容必须是清清楚楚、明明白白的，必须是可以直读的。如一件具有纹饰的古陶瓷就可以作为档案，而一件无任何文字或图案修饰、只具有器形的陶器，就只能作为文物了。另一方面，档案必须具有确定的实存形体，以及档案信息的载体存在，所以一些民间传诵的诗歌、传说等，也就不能成为档案了。②

---

① 张辑哲：《维系之道：档案与档案管理》，中国档案出版社 1995 年版，第 8—10 页。

② 冯惠玲、张辑哲：《档案学概论》，中国人民大学出版社 2006 年版，第 6—8 页。

　　关于档案信息是否必须有确定的载体存在，也存在争议。① 许多学者就提出口述档案的概念，当然口述档案的概念很不确定，称谓也多种多样，例如口述档案、口头语档案、口头活档案、口述历史、口头传说、口述文献、口述资料、口头证据、民间故事，等等。但是，口述档案基本属于口述史已经达成一种共识，即口述史反映的不仅与人民生活的叙事诗文有关，而且还与对近期社会现象的调查有关。口述史是一个或多个民族过去的口头证据，这些口头证据已经流传了很长一段时间。口头史的调查结果和口头传说汇集组成了口头档案。②

　　各种文字、图表、声像等不同形式的历史记录，只要对国家和社会有保存价值的，都有资格转化为档案。但是，这些零散的历史记录还不是严格意义、科学意义上的档案。当然，关于这一点的认识，也有分歧。例如，《法兰西共和国档案法》（1979 年公布）："任何自然人或法人，任何国家机关或组织，任何私人机构或部门，在自身活动中产生或收到的文件整体，不管其形成日期、形式和制成材料，都是档案。"③ 美国档案学者谢伦伯格则认为：档案是"经鉴定值得永久保存的供查考和研究之用，业已藏入或者选出准备藏入某一档案机构的任何公私机构的文件"。④

　　虽然对于档案的认识存在些许差异，但对档案进行归档，却是档案研究、利用和管理的必要步骤。并且通常所说的档案，一般是指通过归档管理，按照一定的形式集中起来保存的历史记录。因此在归档管理时，就有必要按照一定的标准对其进行分类。例如，按照档案信息内容的性质，大体可以把档案分为普通档案、科技档案和各种专门档案三大类。

　　准确地划分档案的种类，便于人们从多角度去认识档案事物，便于掌握各种档案的特点以及形成规律，也便于各种档案的管理与利用。由于档案是一种十分复杂的事物，存在于社会的不同领域，从不同的角度反映了人们的社会实践活动，仅按照一种划分标准显然是不够的，必须根据某些方面的异同点进行分门别类，从多种角度逐层次地加以划分，每一相同层次根据一个标准划分，每一种划分都有各自的功能。例如，档案的形成与

---

　　① 陈子丹：《口述档案及其相关概念辨析》，《云南档案》2012 年第 7 期。

　　② 韩玉梅：《外国档案管理》，档案出版社 1994 年版，第 82—83 页。

　　③ 中国档案学会对外联络部《档案学通讯》编辑部：《外国档案法规选编》，档案出版社 1983 年版，第 136—144 页。

　　④ 刘淑红：《浅析档案的定义及档案的特性》，《中国地名》2012 年第 3 期。

历史进程、历史事实有密切的关系，所以档案的类型，选择以历史时期为划分标准具有理论价值和实践意义。

按照档案形成时间的远近，可以将档案分为历史档案与当代档案两部分。通常所说的历史档案，习惯上是指 1949 年 10 月中华人民共和国成立以前的档案。根据有关规定，将分期分批向社会开放形成时间已满 30 年的档案（除未解密或需要控制使用的以外）。因此，也可以把 30 年以前形成的档案都称作历史档案。[①]

近年，随着认识的提高，对档案的分类不仅从时间的早晚，还从档案的作用角度将档案分为历史档案和现行档案两类。历史档案是指形成时间较早，离现在较久远，且主要发挥历史作用的档案；现行档案是指形成时间较晚，离现在时间距离较近，且主要起现时性查考作用，亦即对人们的现实工作、生活依然有具体的实际作用的档案。历史档案和现行档案之间虽然没有清晰、严格的界限，但是其理论认识意义却是十分深刻的。这种划分的理论认识意义主要表现在，档案不仅具有现实作用，而且还有精神、文化意识和历史作用；不仅对实际工作、生活有具体的查考作用，还可以助推科学研究，增进历史探究，增长知识，丰富人的精神生活，陶冶文化情操等。因此，这种划分的实际意义表现在：便于历史档案与现行档案的管理与利用，在档案管理中，不仅要考虑档案对于当前引起的现时性查考作用，更要考虑到档案对现在和未来的历史文化传承作用。[②] 而且档案的这两种不同性质的作用随着时间的推移会渐渐发生变化，即档案形成后，开始以现实作用为主，后来渐次变化为以精神、意识和历史文化作用为主。所以，现行档案主要发挥现实作用，满足人们的现实查考需要，历史档案则主要发挥精神、文化意识和历史作用，满足人们科学研究或精神文化的需要。[③]

第二节　历史档案与文物

档案在现实社会中不仅实存形态广泛多样，而且与诸多事物有着较为

---

① 黄存勋、刘文杰、雷荣广：《档案文献学》，四川大学出版社 1988 年版，第 2—3 页。

② 朱玉媛：《档案学基础》，武汉大学出版社 2008 年版，第 26—28 页。

③ 冯惠玲、张辑哲：《档案学概论》，中国人民大学出版社 2006 年版，第 16 页。

复杂的关系，使人们往往难分彼此，甚至将其混为一谈。现实中与档案关系较近且不易分清的事物，只要有信息、文献、文书或文件、图书、资料、文物等。其中特别是文物，是与档案（尤其是历史档案）在内涵上最为接近的概念和事物。

2002 年 10 月 28 日，第九届全国人民代表大会常务委员会第三十次会议上通过的《中华人民共和国文物保护法》（简称《文物保护法》）对受国家保护的文物范围有明确的界定。《文物保护法》"第一章总则"的第二条规定[①]：

> 在中华人民共和国境内，下列具有历史、艺术、科学价值的文物，受国家保护：
> （一）具有历史、艺术、科学价值的古文化遗址、古墓葬、古建筑、石窟寺和石刻；
> （二）与重大历史事件、革命运动和著名人物有关的，具有重要纪念意义、教育意义和史料价值的建筑物、遗址、纪念物；
> （三）历史上各时代珍贵的艺术品、工艺美术品；
> （四）重要的革命文献资料以及具有历史、艺术、科学价值的手稿、古旧图书资料等；
> （五）反映历史上各时代、各民族社会制度、社会生产、社会生活的代表性实物。

这就是说，凡是具有历史价值、艺术价值、科学技术价值的一切过去的文化遗存都属于文物的范畴，亦即文物首先是一个实形物体，而这一物体是由特定历史时期的人们所生产创造的，因此，这一物体必然蕴含着当时的社会政治、经济等各方面的信息。如果是天然物体，则必须是能够反映当时社会时代烙印的物体才能算做文物。这些物体必须同时具有历史、艺术、科技价值或至少具备其中一种价值。

过去对文物时间的概念，尚存在认为是古代的认识，但是随着对文物属性认识的提高，人们意识到只要是符合文物价值的三个属性的一切过去的事物都可以称为文物，这里的过去可以认为是"相对于今天的昨天"

---

① 《中华人民共和国文物保护法》，中国民主法制出版社 2002 年版，第 2 页。

均有可能。例如，陈景润的"哥德巴赫猜想"简要论文手稿，尽管其仅仅诞生于 1966 年，但由于其重要的历史和科学价值，也毫无争议地作为一件珍贵的文物于 1998 年被中国革命博物馆（现中国国家博物馆）收藏。文物时间认识的改变也使文物与档案，特别是历史档案，更加地趋于相似。

比较档案和文物的定义可以看出，文物和档案起码在三个方面是一致的，即：（1）都具有一定的价值；（2）都蕴含着许多方面的信息；（3）都有一个实形物体。例如，《文物保护法》"第一章总则"的第二条之（四）规定的文物就完全可以归为档案的范畴，其他类中也有较多的可以同样划分。可见，从逻辑上讲，档案与文物在内涵上有部分交叉和重合。档案，尤其是重要的档案，因其既有原始记录作用，又有突出的历史作用，可看作文物。而许多承载了原始记录信息的文物，亦同样可以称为档案，或者是历史档案。

但是档案与文物作为相邻事物，从理论上认真分析，其区别是明显的，二者的根本区别就是它们的内容信息是否清晰与确定，亦即其蕴含的信息内容是否能够清楚直读、解析确定。所以，古代带有铭文的青铜器物，就可以认为既是文物、又是档案，而一件纯粹的青铜兵器，就只能是文物而非档案了。另外，对于"具有历史、艺术、科学价值的古文化遗址、古墓葬、古建筑、石窟寺和石刻"，如龙门石窟的洞窟中有很多佛龛造像都保留有造像题记，记录了当时造像者的姓名、造像年月及缘由，这些都是研究北魏书法和雕刻艺术的珍贵资料。这在中国众多石窟群中是独有的特点，而且碑刻数量众多，现今仍保留 2800 余方，但是由于它们体积庞大，无法收藏，也就无法满足档案的可保存性这一成为档案的必要条件。

但是，这一点事实上也存在争议，华林先生就将记载历史事件的《云南弥勒彝族纪义汉文岩刻》、题记诗文词律的《云南白沙岩脚纳西木氏土司诗文碑摩崖》，以及云南禄劝县明正统年间的《镌字岩彝文石刻》等摩崖石刻归类到历史档案中。[①] 特别是在西南地区，除文字历史石刻外，还遗存有丰富的少数民族图画石刻历史档案，如云南省文山州麻栗坡

---

① 华林、谭莉莉：《西南少数民族石刻历史档案保护技术研究》，《广西民族研究》2005 年第 3 期。

县城东面羊角老山南端的石壁上的大王岩画，生动地表现了少数民族先民原始崇拜的内容。如果将这些都自历史档案中剔除，无疑是档案研究的一大遗憾和损失。

谈及档案与文物的关系，实物档案的概念不得不提及。霍振礼先生在《实物档案的崛起与档案定义的表述》一文中指出：由于实物档案具有客观、真实、直观、形象和原始性强等特点，在档案家族中，以及现实的档案管理、利用中，实物档案的出现是必然的。例如某些矿物标本，反映了一种地质状况的客观实际，没有丝毫的人为主观成分，也没有任何仪器设备带来的测量误差，所以完全可以作为一种实物档案加以保管，这样不仅有利于当下对它的利用、查阅，还可以在科学进步、人类认识水平提高和仪器设备发展了的情况下，使人们更准确地认识它。再如，某些企业的产品实物，都是企业发展和产品进化的原始记录，所以完全可以确认它也是一种信息载体。实物档案可以归纳为两类，一类是人类实践活动中取得的有价值的自然物，如地质岩心档案、昆虫标本档案等，它们实际上都是一种样品，真正的价值是它传递同类事物的有关信息，以及人类认识自然、改造自然的信息，而不是它本身。另一类是人们实践活动中所创造的实物成果，例如火花档案，搪瓷、服装、雕塑或小型样机档案等，这些实物所含的信息内容，除表示它本身和同类事物外，主要表现了创造者的技术水平和成就，反映了人类创造性活动和成果。霍振礼先生在该文中还提到了实物档案除具有一般档案的作用外，还具有一些特殊作用：第一，它的形象性、直观性，便于人们直接感受，这和其他信息载体相比，对人们的作用是不同的。第二，它的原始性、客观性，在许多情况下必须拿实物档案进行验证。第三，现在的实物档案，就是将来的文物。人类发展到现在，再不能靠不幸事件（沉船、淹没）"创造"自己的文物了，有意识地"创造"文物的时代应该到了。①

按照实物档案这一概念，将类似摩崖石刻之类的文物亦归到历史档案的范畴，也就确无不妥之处。当然对待实物档案的说法，也存在否定、肯定和中立三种态度，至今仍未达成共识。尽管实物档案的概念是否正确和科学仍存争议，但它对于档案学科的基础理论建设和档案的收集、整理工

---

① 霍振礼：《实物档案的崛起与档案定义的表述——兼与李恕德、陈永斌同志商榷》，《档案学通讯》1993 年第 5 期。

作均有重要意义，这一点已成为大多数人的共识。现实工作中关于实物档案的提法虽没有被人完全认同，却也已被许多人默许了。[①] 国家档案局局长杨冬权在 2014 年全国档案局长馆长会议上总结 2013 年度全国档案工作会议时，也提到了"南京与青奥组委会共同开展实物档案征集工作"。虽然目前尚未有一个统一规范的实物档案整理标准，但是也出现了一些地方或单位的实物档案的管理办法，如 2006 年 7 月 30 日起施行的《南京市实物档案管理办法》，发布于 2008 年 6 月 3 日的《上海理工大学实物档案管理办法》等，这说明加强实物档案的管理和研究已经越来越被认可。

　　档案与文物作为相邻事物，尽管从理论上认真分析，其区别是明显的，但是长期以来，在档案与文物的概念和保管范围也的确存在着某些交错或混淆不清的事实存在。有些档案或文物具有双重甚至多重性质，因而在收藏范围上，档案馆与博物馆存在着某些交叉。对于一些既有文物、又有档案性质的事物，由于没有法律上的明确规定，文物和档案部门一直没有在其收集和保管问题上取得一致的认识，因而影响了这部分资料的作用的发挥。《文物保护法》已先于《档案法》将一些藏品定为文物，《档案法》第十二条实事求是地对此做出了明确规定："博物馆、图书馆、纪念馆等单位保持的文物、图书资料同时是档案的，可以按照法律和行政法规的规定，由上述单位自行管理。档案馆与上述单位应当在档案的利用方面互相协作。"同样，某些具有文物性质的档案也要比照《文物保护法》的某些条款受到相应的规范，例如，《文物保护法》规定：严禁全民所有的文物藏品出卖；私人收藏的文物严禁倒卖牟利，严禁私自卖给外国人；文物的出口、出境要申报、审批，海关凭一定手续验行等。对此，《档案法》及其他档案法规都做了相似的规定。

　　档案法规与文物法有关条款的规定相互协调，确立了档案馆与博物馆等部门承认现状、相互协作的关系，有利于发展国家的文化事业。在《档案法实施办法》第十三条中进一步对此进行了协调，指出"对于既是文物、图书资料，又是档案的，各级各类档案馆可以与博物馆、图书馆、纪念馆等单位相互交换重复件、复印件或者目录，联合举办展览，共同编辑出版有关史料或者进行史料研究。"这一条不但协调了档案部门与其他

---

① 马波粉：《浅析"实物档案"说》，《云南档案》2008 年第 1 期。

部门的合作关系，同时也为档案馆的编研工作扩大了资料的来源。① 还有相当重要的一点就是，档案学的研究可以和文物学的研究互相借鉴，共促发展。

因此，正如谢伦伯格在《现代档案——原则与技术》中谈到档案定义时所说："档案一词显然并没有一个不可更动而必须优先采用的、最终的、最完备的定义。它的定义可以在不同的国家作不同的修改，以适应不同的需要。"任何一门学科要想成为完善的独立学科，一方面，必须拥有准确、完整、规范的概念体系，另一方面，又必须充分汲取相近学科的合理成分与营养，二者缺一不可。

第三节　西南地区少数民族的历史档案

少数民族档案是中华民族档案的一朵奇葩，是我国全部档案的一个组成部分，它记录了少数民族在不同历史时期的社会生产和生活活动，以及对外交往或民族之间的联系等，所以少数民族档案对研究我国少数民族的形成、演化和发展具有十分重要的意义。研究少数民族的档案，首先要确定少数民族档案的定义，以确定少数民族档案的研究范畴。

关于少数民族档案的定义，需要澄清以下几点：

（1）少数民族档案是用少数民族文字符号书写的吗？

由于经济文化发展的不平衡，很多少数民族尽管有自己本民族的语言，但是并不一定具有自己本民族的文字，在我国具有本民族文字的少数民族并不多。此外，由于历史原因及生活地域、长期交际等原因，各民族都有一部分人兼通或转用了汉语和其他少数民族语言。还有一些究竟是独立的语言，还是某种语言的方言，尚需进一步的研究和识别。

在西南地区，也是这样一种情况，该地区少数民族语言的数目多于少数民族的数目，形成了西南少数民族语言使用情况的复杂性。西南少数民族的文字比较丰富，且独具特色，最古老的是纳西族东巴象形文字、彝族毕摩文（老彝文）。藏文和傣文是历史悠久，且至今仍通行的民族文字。西南少数民族文字有 16 种民族文字，其中包括试用文字。这些民族文字，

---

① 丁永奎：《档案学概述》，中国档案出版社 1995 年版，第 136—137 页。

有些是近代外国传教士创造的，仅在教会中使用，没有被少数民族群众所接受，如傈僳、景颇、拉祜、佤族等民族文字。有些民族通常是民族文字和汉字同时使用，如蒙古、藏、傣族等。多数少数民族都通用汉语，少数民族的上层人士和知识分子普遍掌握甚至精通汉语汉文。[①] 所以，在社会交往中，形成几种文字往来的情形常有发生。

因此，如果把少数民族历史档案限定在少数民族文字或符号书写的档案，就会对深入研究少数民族的问题带来很大的局限性，对研究和加强少数民族历史档案的收集、管理和研究利用也会产生很大的限制。

（2）少数民族档案是少数民族区域形成和保管的档案吗？

我国是一个多民族国家，各民族聚集的地区都是中国大家庭的一部分，各民族之间长期的社会交往，经济文化的交流与融合，民族自身发展、演变、迁徙和相互通婚，再加上其他的一些历史因素，少数民族分布形成了聚居、杂居、散居的多种情况。以地域范围、从地区角度界定少数民族历史档案是难以行得通的，因此，民族地区档案和少数民族档案是两个不同含义的概念。

因此，确定少数民族档案的概念有两个基本要素：一是档案的基本属性，即原始记录性；二是少数民族特征，包括内容特征与外形特征。两个要素缺一不可，两个要素的统一才能完整地构成少数民族档案的概念，即所谓的少数民族档案就是历代少数民族机关、社会组织、宗教和个人在社会生活中形成的反映少数民族政治、经济、科学、文化、宗教、民情风俗等方面的文字、图表、声像及其他各种形式的原始记录。或者说，凡是记述和反映少数民族问题和内容的各种文字材料、图表、声像和其他各种载体形式的原始记录，都属于少数民族档案。[②]

按照少数民族档案概念的这一定义，所谓西南地区少数民族历史档案，就可以理解为指形成时间较早，且主要发挥历史作用的，记述和反映西南少数民族问题和内容的各种文字材料、图表、声像和其他各种载体形式的原始记录。

现存西南少数民族历史档案种类繁多，如果按照档案的形成主体分类，可以划分为：原生西南少数民族历史档案和官方西南少数民族历史档

---

① 宋蜀华：《中国民族概论》，中央民族大学出版社2001年版，第636—638页。
② 杨中一：《中国少数民族档案及其管理》，中国档案出版社1993年版，第7—15页。

案两大类型。原生西南少数民族历史档案是由西南少数民族自身形成的，它包括西南少数民族文字历史档案、西南少数民族汉文历史档案和西南少数民族图像等符号历史档案。官方西南少数民族历史档案则是指历代封建中央王朝和地方官吏在统治西南少数民族地区的过程中形成的文书档案、碑刻档案、印章档案等。①

第四节　西南地区少数民族历史档案的价值与作用

在西南地区这片广袤的土地上，一直生息繁衍着 30 多个少数民族，她们形成了特色鲜明的中国西南少数民族文化圈。西南少数民族文化圈内的少数民族，虽然分属于几个不同的原始族群，分别处于不同的地域环境，但历史上各民族长期共处、互相依存，产生了历史久远的文化交流，因此，西南少数民族在文化上既有某些相同性质的特征，又保留了自己鲜明的特色。这些少数民族是：藏、苗、彝、壮、布依、侗、瑶、白、土家、哈尼、傣、傈僳、佤、拉祜、水、纳西、景颇、仫佬、仡佬、阿昌、普米、怒、德昂、京、羌、布朗、毛南、独龙、基诺、门巴、珞巴，以及回、蒙古等少数民族。这些占中国少数民族总数近三分之二的各少数民族，不论其人口的多少，社会生产发展水平的高低，都在其长期的历史发展过程中创造了丰富多彩、独具特色的民族文化，蕴藏丰富、异彩纷呈的中国西南少数民族文化，已经越来越引起了国内外研究者的关注，吸引了越来越多的国内外学者参与考察研究。可以毫不夸张地说，无论是在国内还是国外，中国西南少数民族地区都是一座罕见的、具有多学科价值的民族文化宝库。

由于西南少数民族所居住的地理环境极其复杂，加之高山大河的分割，使这里长期处于封闭或半封闭状态，从而使许多少数民族在历史上避开了一次又一次外来文化的冲击，才有可能使人类社会各个发展阶段上产生的文化大多一直保留。

尽管西南地区与我国其他地区及南亚、东南亚地区早有交流来往，但由于社会、文化以及自然环境等多种原因，西南地区的历史发展表现出与

---

① 　华林：《西南少数民族历史档案管理学》，民族出版社 2001 年版，第 28—103 页。

中原地区历史发展不同的某种独特性及不同步性。较之内地而言，西南少数民族地区一般来讲社会经济的总体发展水平较低，各民族之间的社会经济发展极不平衡。即便是同一民族，亦存在着不同聚集区发展不平衡的状态。这样，就使这一地区成为一部活的社会发展史，一部活的人类文化史。直到 20 世纪 50 年代，中国西南少数民族有的还长期停留于原始氏族社会末期（如独龙、基诺、怒、傈僳、景颇、佤等民族），有的处于奴隶制社会（如大、小凉山的彝族），有的虽已进入封建地主经济状态（如白、壮、土家、苗、瑶、纳西等民族），但其经济发展仍较落后，仍保留不少原始社会的残余。

因此，西南地区少数民族历史档案作为我国档案宝库中的瑰宝，除了具有一般档案共有的价值外，还有一些它独有的特殊价值，主要包括：（1）西南地区少数民族历史档案对研究各少数民族的形成和历史发展，研究民族的深层心理、民族意识、民族精神、民族关系、民族凝聚力和向心力，以及发掘各民族的优秀传统具有重要的查考价值。（2）作为重要的文化遗产，西南地区少数民族历史档案对研究和发掘民族文化遗产，繁荣民族文化，加强少数民族地区的精神文明和物质文明建设具有重要的参考价值。

此外，西南地区少数民族档案还为地区物产资源的开发和利用，以及少数民族的文化、科技发展提供重要的情报和凭证。西南地区是我国矿产资源十分丰富的地区，已发现有 100 多种矿产资源，其中在全国占有优势的重要矿产资源就有：铁、钡、钛、锰、铝、锡、铜、锌、磷等多种。而且该地区物产丰富，发展潜力巨大。长期形成的少数民族历史档案中，就蕴藏着大量的该方面的信息资源，是加速地区开发和经济振兴的一项重要情报资源。如由明朝云南本土少数民族学者李元阳撰修而成的《云南通志》，可以使人对明代整个云南全境的物产分布状况及变化一目了然，并且该志也为后人研究明代云南地方经济提供了丰富的史料。① 再如，元代李京的《云南志略》说：彝族"每岁以腊月春节，竖长杆横设一木，左右各坐一人，以互相起落为戏"。清道光《云南通志·爨蛮》说："有夷经，皆爨字，状类蝌蚪，精者能知天象，断阴晴。"民国《昭通志稿·夷

---

① 江燕：《明代云南省志中的物产——以万历〈云南通志〉为例兼述其特点价值》，载林超民《西南古籍研究》，云南大学出版社 2007 年版，第 259—337 页。

俗》说："不遵正朔,咸以十月为年。"① 记载这些内容的历史档案,反映了西南地区少数民族科学方面的发展历程,是研究和发掘少数民族科学技术的一项重要的凭证。

第五节　西南地区少数民族历史档案的载体

分类是指以事物的某种属性作为划分的依据,把各种事物集合归类的过程。分类作为一种认识事物的方法,在学术研究上有着广泛的应用。对于少数民族档案的整理研究,也应该进行科学有序的分类,可以按照历史时期、载体形态、档案内容、不同民族等依据进行划分。

杨中一先生在《中国少数民族档案管理》一书中指出,除了普遍使用的纸质档案外,反映少数民族特有的历史档案的载体形态有:②

(1) 石刻碑碣:记载少数民族社会历史、政治、军事、法律、宗教、习俗、农田水利、地界、盟约、誓言、功勋等内容的石刻碑碣。

(2) 青铜、铁券:在青铜铁器上镌刻民族社会历史、政治、军事、法律、诰封、功勋、宗教、习俗、农田水利、地界、盟约、誓言等内容的实物或拓本。

(3) 竹、木简牍:以竹简、竹筒、木片作书写材料记载少数民族社会生活的实物材料。

(4) 骨叶质文书、经卷:古代藏族以骨质作书写材料,藏、傣文以贝叶作书写材料,记载少数民族生活的实物材料。

(5) 牛、羊皮材料:古代彝族以牛、羊皮作档案文献史料的封面。

(6) 麻、棉、绸帛:以麻布、棉布、白绫、丝绸作书写材料,记载少数民族生活社会生活的实物材料。

(7) 草、土棉纸:少数民族手工自制的草纸、土纸、棉纸作书写材料,记载少数民族社会生活的文字材料。

华林先生在《西南少数民族历史档案管理学》中认为,西南少数民族历史档案按照其存在方式可分为古籍、文字、石刻、金文、竹简、木

---

① 昭通市民族宗教事务局:《昭通少数民族志》,云南民族出版社 2006 年版,第 101 页。
② 杨中一:《中国少数民族档案及其管理》,中国档案出版社 1993 年版,第 29—31 页。

刻、瓦书、陶书等种类。①

由于制作档案的材质或质地不同，所用材料多种多样，其要求存放环境也不同，所采取的保护处理方式以及修复保护材料、工艺也不相同，所以对少数民族历史档案按载体的形态即材质或质地分类优越性很大，这样就可以将相同材质的档案归类，便于研究其近似的风化、破坏、腐蚀的机理和原因，并有针对性地选择保护措施、手段及有效地保护材料，达到长期保管的目的。而且当今我国博物馆的文物藏品也大都采用按质地分类，即按制成器物的材料进行归类，西方博物馆也大多采用这种方法对文物藏品进行分类，这样对于历史档案的保护就可以借鉴文物——这一历史档案的相邻事物的相关保护技术，进行合理的利用与开发、改善。

结合现在的专家观点，从西南地区现存的少数民族历史档案出发，按照历史档案的载体质地对西南少数民族历史档案进行分类，应首先分为有机材料和无机材料两大类，然后再进行更细的分类，即：

无机材料类历史档案包括：（1）金属档案（金、银、铜、铁、锡等）；（2）石质历史档案；（3）陶质历史档案（陶器、瓷器、玻璃、珐琅器等）。

有机材料类历史档案包括：（1）纸质历史档案；（2）竹木器历史档案；（3）骨质历史档案；（4）丝毛棉麻历史档案；（5）皮革类历史档案。

---

① 华林：《西南少数民族历史档案管理学》，民族出版社 2001 年版，第 28 页。

第 三 章

历史档案的保护

档案具有其他事物不可替代的独特的、重要的、广泛的社会作用，所以各个国家、各类社会组织和个人都会保存档案，并传给后人。随着社会进步和人们认识的发展，档案的作用还在不断得以发掘，所以出于当前对档案的有效利用，以及将来对档案的长久利用，必须对档案自觉有效地保护。从档案的产生形成、整理和管理、利用和研究等过程可以看出，档案的产生就伴随着档案的保护。档案的价值通过档案的信息体现，档案的信息又必然需要依附在档案的存在载体之上，如果档案载体的物质材料不存在了，档案自然也就不复存在，可以说档案保护是档案研究和利用的基础。

第一节　历史档案保护的内涵

档案的保护技术是随着档案的产生而出现，随着档案管理水平的提高而发展的。在我国有据可查的最早的"档案馆"是 1936 年 6 月 12 日在安阳小屯发现的，我国考古学开拓者之一的李济先生在他的著作《安阳》中特别地以对这一发现的报道作为该部分学术报道的结束，他提道：

> 用这一报道来结束这一章，我想是可以理解的。……它把这一建立在理性推理和田野经验积累之上的事业推向了顶峰。H127 的发现不是侥幸之事，而是有系统的科学工作积累的结果。
>
> 从单纯考古观点来看，H127 档案库的发现仅是我已简要叙述过的多次安阳发掘中获得的许多令人惊异的成就之一。实际上，最后三

次发掘积累的大量田野记录，以及任何科学标准都能给予最高评价的重要发现和田野资料，为至今了解安阳文化的真实性质提供了基本材料。H127 明显居于整个发掘过程的最高点之一，它好像给我们一种远远超过其他的精神满足。所以，不仅从单纯科学的观点来看，而且带着对我们欢欣鼓舞情形的回忆，我认为这是结束这章关于最后三次田野发掘的最合适主题。①

文中的"H127"就是一般公认的新中国成立前中央研究院主办的安阳前后 15 次发掘中的最高成就和最伟大的业绩，被称作"地下档案库"的 H127，该坑共出土有字甲骨 17096 片。从上述文字中可以看出，即使过去了 40 年（《安阳》成书于 1977 年），李济先生还是掩饰不住自己内心的欢欣和惊异。

在《安阳》一书中，李济先生还转引了当时发掘领导人石璋如先生的一段话："H127 的口径约 1 公尺 8 寸，深距地面约 6 公尺。窖内的堆积上层为绘图，下层绿灰土，中间是一层堆积灰土与龟甲……所占的空间高约 1.60 公尺。还发现一个人骨架伴着这些古代档案……"从中可以看出，远在商代，档案已经开始集中保管了。

在长期的历史发展过程中，档案的保护经历了从自发到自觉、从经验到理论、从探索到成熟的历程。特别是发展到今天，档案保护已经不单是一项专门的技能，而且具备了自己独特的研究对象和特定的研究任务，形成了系统化的专门知识，作为一门独立学科的条件已经成熟。第二次世界大战以后，联合国教科文组织、国际档案理事会、国际图联、国际博物馆协会等国际组织的成立，为档案保护建立了一个崭新的平台，档案保护从此走向了科学化的发展道路。

经过不断的研究和探索，档案保护逐渐得到了改进和完善，形成了比较明确的内容体系。一般认为，档案保护是以档案长期存储与利用为目的，以档案的载体材料为基点，以档案保护技术的研发与应用为重点，研究如何延长档案寿命的一门综合性的应用科学。该学科体系大致包括四个内容板块：

（1）档案制成材料特性及其损毁规律的揭示；（2）档案制成材料保

---

① 李济：《安阳》，上海人民出版社 2007 年版，第 95—98 页。

管环境的调控；（3）档案有害生物的防治；（4）档案修复技术方法的运用。①

目前，国内关于档案保护的书籍主要讨论的内容基本对这四个方面都有涉及。如罗茂斌先生的《档案保护技术学》从档案的制成材料、档案制成材料老化变质的机理、档案库房温度管理、防光与防空气污染、损害档案的微生物及其防治、档案害虫及其防治、档案库房建筑物、档案修复技术、古代文献保护技术概述等几个方面对档案的保护技术进行了阐述。②

张美芳等编著的 21 世纪档案学系列教材《档案保护概论》则以档案保护的内容、方法、策略等为论说对象，依据"以防为主，防治结合"的原则，系统介绍了不同种类档案制成材料的化学成分、物理性能、材料的生产过程或工艺等，影响档案制成材料耐久性下降的内因和外因，预防档案制成材料耐久性下降的方法及修复各类毁损档案的技术方法，档案保护标准、法规建设，灾害档案抢救等内容；还包括管理、技术等诸多方面的内容。③

郭莉珠等编著的 21 世纪档案学系列教材《档案保护技术学教程》（第 2 版）则从档案的耐久性（分别为纸质档案耐久性——纸张、纸质档案耐久性——字迹、胶片档案耐久性、磁性载体档案耐久性及光盘档案耐久性）、档案保护环境（分别为档案库房建筑与设备、档案库房温湿度的调控、光、空气污染的防治）、档案有害生物防治（分别为档案霉菌防治和档案害虫防治）、档案修复技术（分别为纸质档案修复技术、声像档案修复技术及灾后档案的抢救）对档案的保护技术进行了阐述。④

其他相关的论著还有周耀林等编著的《档案文献遗产保护》、冯乐耘的《档案保护技术学》等。⑤ 显然，这些著作对档案的保护技术均作了比较全面的阐释，但是也可以看到这些档案主要是指现行档案，所以档案的制成材料主要是纸张、胶片和磁性载体等。而对于历史档案的载体，如石

---

① 周耀林、戴旸、林明等：《档案文献遗产保护》，武汉大学出版社 2012 年版，第 1—4 页。

② 罗茂斌：《档案保护技术学》，云南科技出版社 2001 年版。

③ 张美芳、唐跃进：《档案保护概论》，中国人民大学出版社 2013 年版。

④ 郭莉珠、张美芳、张建华：《档案保护技术学教程》，中国人民大学出版社 2008 年版。

⑤ 冯乐耘：《档案保护技术学》，中国人民大学出版社 1991 年版。

材、金属等涉及得较少。特别是在西南地区的少数民族，其档案载体更是具有自己的鲜明特点，因此，从西南少数民族历史档案的载体出发，揭示这些历史档案制成材料的特性及其损毁规律，并继而探讨其修复的技术方法，是该书的目的所在。

谈及西南少数民族历史档案的研究，不得不提及云南大学华林先生的《西南少数民族历史档案管理学》，① 该书从管理学角度，对西南少数民族历史档案的起源、发展、形制、构成、类别、分布、价值，以及管理利用进行了深入的研究，并形成了自己科学的理论体系，这对正确界定少数民族历史档案的内涵外延、形制种类、内容构成和使用价值等问题，以及科学构建少数民族历史档案学的学科理论与实践体系具有较高的学术价值和实践意义。另外，华林先生长期从事少数民族历史档案与民族文化的考察与研究，相继出版了《西南彝族历史档案》② 《傣族历史档案研究》③ 《藏文历史档案研究》④ 等有关少数民族历史档案的研究专著。本书也是受到华林先生研究的启示，从保护技术学角度对西南少数民族历史档案的研究进行不同视角下的阐释。

从自然规律角度讲，任何事物总是有自己的生命和使用周期，历史档案亦如此，即使不从使用价值看，档案的生命尽头也总是消亡。因此，为了当前对档案的有效利用，以及将来对档案的长久利用，必须对历史档案自觉有效地给予保护。历史档案保护的使命只能说是尽可能地延长其使用寿命，而根本无法谈使之永久保存。

第二节　历史档案保护的原则

档案面临的危害因素复杂多样，如果没有合理保护，具有保存价值的档案将很难永久保存。因此，档案保护工作的好坏，不仅关系到能否使档案寿命得到延长，而且关系到档案的永久保存。"以防为主、防治结合"

---

① 华林：《西南少数民族历史档案管理学》，民族出版社2001年版。
② 华林：《西南彝族历史档案》，云南大学出版社1999年版。
③ 华林：《傣族历史档案研究》，民族出版社2001年版。
④ 华林：《藏文历史档案研究》，云南大学出版社2006年版。

是长期以来档案保护工作的基本原则。在这一思想的指导下，档案保护工作从简单的人工保管、手工修复，发展到采用现代化设备和保护方法。利用各种现代化技术手段抢救和修复损毁档案，使档案保护从理论到实用技术两方面都发生了根本的变化。

档案自身的唯一性和档案制成材料的性质都要求档案保护的重点是预防，即采用技术措施防止或减缓各种不利因素对档案制成材料的破坏作用。只有抓好了"防"，才能保证档案信息的完整和档案制成材料的完好；只有抓好了预防，才能减少修复和抢救档案的工作量。所以，我们只有防患于未然，将"以防为主"贯彻到档案保护工作的每个环节，加强保管力度，不断改善保管设施和档案装具才能保证档案的安全和完善。"以防为主"概括讲，其内容包括两点：一是尽可能阻止或减轻外界环境因素对档案制成材料内在自然属性的破坏作用，二是尽可能提高档案制成材料自身对外界因素破坏作用的抵抗能力，这是档案延长寿命的最根本措施。

在做好"以防为主"各项工作的基础上，还需要对因各种原因损毁或存在不利于长期保存因素的档案进行及时处理，这就是"治"。对已经破损的档案如不及时修复，而是带"病"继续利用，就会加重损毁程度，最终产生彻底损毁的后果。档案信息是依附于其制成材料而存在的，而档案制成材料的自然损坏总是在潜移默化地进行着。总有一定数量的档案因自然或人为因素而老化或损坏的。"治"的任务总是存在的，"治"的工作也是长期存在的。对发生一定程度损坏的档案，通过修复与保护等治理措施，阻止损坏情况的继续恶化，同时，延长档案的使用寿命，这也是档案的"治"的根本目的。[①]

档案的"防"与"治"两方面概括了档案保护的全部，可以说档案损害的预防与治理是延长档案使用寿命的不可缺少的两个方面，它们都需要引进现代化技术手段，更应随着档案事业的发展而逐步加强。只有做好档案的损害预防，为档案存放提供较好的环境，加强其日常保管，才能最大限度地延长档案的寿命。在注重"防"的前提下，还应注意"防"与"治"的结合。对已经发现问题的档案，应及时修复抢救，并使其在信息完整和制成材料耐久性两个方面都达到保管要求。因此，如果想更好地保

---

① 杨岩、贾宝萍：《档案保护应"以防为主、防治结合"》，《兰台世界》2008年第7期。

护档案，使其充分发挥作用，就必须在实际工作中切实贯彻"以防为主、防治结合"的档案保护原则。①

"以防为主、防治结合"的档案保护原则给广大档案保护工作者提供了工作的指导方针，但在具体的档案保护修复、治理时又需要注意些什么？修复的度在哪里？这些仍然是一个值得思考和探讨的问题，它们在档案保护"以防为主、防治结合"的原则中并没有得到充分的阐释。档案保护技术是一门综合性应用技术，只有吸收相关学科的成果，才能较好地解决本学科以及档案保护实践中的问题。作为档案的相邻事物，文物保护的技术方法及保护材料的研发，都可以为档案的保护提供有力的支持。特别是文物保护也有它本身的指导原则，更是应该能够为档案保护，尤其是历史档案的保护，起到一定的启示和借鉴作用。

文物是不可再生的文化资源，其保护受到世界各国的普遍重视，且随社会发展和文明程度提高而备受关注。文物作为特殊的保护对象，它的保护处理并非一种简单的技术手段，同档案保护一样，也一定要遵循一定的原则。

随着国际历史与艺术品保护协会、国际古迹博物馆协会、国际古迹遗址理事会的成立，尤其是联合国教科文组织下设的世界文化遗产委员会、国际文物保护与修复研究中心所发挥的巨大作用，文物保护的理论与实践已成为一个国际化问题，逐步达成了一些共同遵守的国际性协议。例如，1933 年 8 月，国际现代建筑学会拟定通过的《雅典宪章》（清华大学营建学系于 1951 年翻译，原名为《都市计划大纲》；1964 年，国际古迹遗址理事会（ICOMOS）于威尼斯通过的《国际古迹保护与修复宪章》（通称《威尼斯宪章》）；1972 年，联合国教科文组织大会第 17 届会议通过的《保护世界文化和自然遗产公约》；1977 年 12 月，一些城市规划设计师聚集于利马（Lima），以《雅典宪章》为出发点讨论，并于 12 月 12 日在马丘比丘古文化遗址签署了《马丘比丘宪章》；1981 年 5 月 21 日，国际古遗址理事会与国际造林师联合会合办的国际历史园林委员会在佛罗伦萨召开会议，决定起草一份以该城市命名的历史园林保护宪章，即《佛罗伦萨宪章》，并由国际古迹遗址理事会于 1982 年 12 月 15 日登记作为涉及有

---

① 宗培岭：《全面落实档案保护"以防为主，防治结合"的方针》，《档案学通讯》1991 年第 5 期。

关具体领域的《威尼斯宪章之附件》①。

世界各国在文物保护方面，普遍同意文物保护的最基本原则就是"不改变文物原状的原则"，即所有对文物的保护与修复方法都应有足够的研究资料为证，应该避免对文物材料有任何结构上和装饰上的改变。这条原则的本质意义在于文物是历史的产物，文物的价值具体体现在它的结构、形状、色彩上。考古学家受时代特征的局限，不能完全揭示一件文物所包含的各种信息，必须把文物健康的现状保存下去，以待后人去研究揭示；如果改变了现状，则已不是文物而是一个"半现代"的制品。根据实践经验，具体实施时必须坚持保存文物原有的形状、结构、制作材料、制作工艺。② 这一基本原则反映了人们现在对文物保护的认识和传统的观念已经有所不同，反映了一种"和谐性保护"的概念。

当然，对于文物原状的理解，目前会有一些差异。例如圆明园的保护，谈到圆明园的原状，究竟是以在康熙四十八年开始建设、至乾隆年间圆明园三园格局形成时富丽堂皇的样子为原状，还是以 1860 年被英法联军焚烧后的凄惨样子为原状？抑或是其后，以圆明园的遗物又长期遭到官僚、军阀、奸商巧取豪夺后的衰败样子为原状？如果我们进行修复，究竟需要恢复到哪一种状态？应该说这三个阶段的圆明园经历了火劫、木劫、石劫，记载了封建帝王的腐朽、殖民者的掠夺、豪绅的贪婪，圆明园在这几个阶段的样子，都记载了一段中华民族无法忘却的回忆，它促使我们反省、自强。所以，这几段时期的圆明园都是文物的原状，无论对其进行任何的改变，都将抹掉那一段历史。可以这样理解，只要是一些重大历史事件在文物上留下了影响的痕迹，那其后的样子都可以认为是原状。但是任何的言语一定要放在该言语的语境下来理解，文物保护要保留重大历史事件对它的留痕，绝对不可以成为今天对其进行不合理的甚至是破坏性的利用与改造的借口和托词。

我们国家也制定了适合于本国国情的文物保护条例，与上述国际性协议进行比较，多数原则都是与国际协议（例如《威尼斯宪章》）统一的。在我国历次颁布的《文物保护法》中，明确规定了"文物保护修复时必

---

① 郭宏：《论"不改变原状原则"的本质意义——兼论文物保护科学的文理交叉性》，《文物保护与考古科学》2004 年第 1 期。

② 郭宏：《论文物保护科学研究的内容与方法》，《文物保护与考古科学》2003 年第 3 期。

须坚持不改变文物原状原则"。例如，1982 年 11 月 19 日，第五届全国人大常委会第二十五次会议通过的《中华人民共和国文物保护法》中，第十四条：核定为文物保护单位的革命遗址、纪念建筑物、古墓葬、古建筑、石窟寺、石刻等（包括建筑物的附属物），在进行修缮、保养、迁移的时候，必须遵守不改变原状的原则。2002 年 10 月 28 日，全国人民代表大会常务委员会第三十次会议通过新《中华人民共和国文物保护法》。其中，"第二章第二十一条"重申了"对不可移动文物进行修缮、保养、迁移，必须遵守不改变文物原状的原则"；第四章第四十六条：修复馆藏文物，不得改变馆藏文物的原状。

2007 年 12 月 29 日第十届全国人民代表大会常务委员会第三十一次会议第二次修正的《中华人民共和国文物保护法》的第一章"总则"之第四条明文规定：文物工作贯彻保护为主、抢救第一、合理利用、加强管理的方针。俗称"文物保护的十六字方针"。全面贯彻文物保护工作的方针，必须准确、完整理解这四句话的科学内涵和它们相互之间的辩证关系。十六字方针中"保护为主，抢救第一"的"保护为主"是界定"文物保护与利用的关系"，"抢救第一"是界定各种保护事务之间的优先性。

"保护为主"表述的是文物工作的中心任务。文物是不可再生的文化资源，一旦被破坏就不能再恢复。这个客观规律决定了文物工作应当始终以文物保护为中心，把确保文物安全放在首位。"抢救第一"强调了文物保护工作的重点，即文物保护工作要集中力量抢救那些面临损害、破坏危险的文物，防止因工程建设、旅游参观、环境污染等原因对文物造成破坏；对于受目前科技水平限制，发掘后不能得到有效保护的古墓葬等文物，不要急于进行考古发掘。"合理利用"则要求文物部门充分认识文物的文化教育、科学研究等方面的作用，利用文物独特的资源优势，在不损害文物本身的前提下发挥文物在精神文明和物质文明建设中的作用。"加强管理"是实现文物有效保护和合理利用的保证。只有管理水平上去了，才能在保护好文物的前提下，合理利用文物。文物的保护与利用是辩证统一的，只有保护好了，文物才能得以长久保存，利用才有物质基础；反过来，合理的利用在很多时候又是对文物积极的保护。首先，对文物的利用必须是合理的，是符合文物工作客观规律的，是以确保文物的安全为前提的，对文物的过度开发、超过文物承受能力的利用都不是合理利用；其次，现有技术条件如不能保证文物的安全利用，就应当待条件成熟以后再行利用。①

从文物工作的十六字方针和"文物保护不改变文物原状的基本原则"的理解，可以看出它对于历史档案保护的具体实践操作具有非常明显的、合理的指导意义。"保护为主，抢救第一"就意味着"以防为主"，"加强管理"则是"防治结合"的保障，而档案的有用性，决定了档案必须在使用中才能充分发挥其凭证和查考的价值，但是这种使用必须以不损害档案为前提。另外，如果档案发生了损毁或破坏，其保护修复也要与文物保护一样，不应该改变档案的原状。例如，在对发生破缺的石刻进行修复保护时，如果使用完全一致的石材进行补缺，再用颜色一致的石粉对裂缝做一些伪饰，使之完全与原来的石刻融合在一起，并将缺失的文字，结合上下文的语义，根据自己的理解进行填补。这样看似非常完美，可是这些补全的信息与原来的是否一致？尤其是后人再利用之进行研究时，如果无法辨析出哪些是原有的，哪些是后人修补的，可能就会误导得出错误的结论。那么，是否就无须对其进行保护修复呢？答案当然是肯定的，因为不进行保护修复，石刻可能就会发生更深层次的破坏，而且缺失的信息可能会影响我们对于其整体信息的理解。比较合适的做法是在补全修复时，选择物理化学性质一致、颜色近似的石材或石粉，这样后人就能够很清晰地辨析出哪些不是石刻最初的，而是后人补上去的。同时，材料物化性质与石刻一致就不至于因不兼容产生保护性伤害，颜色近似就可以既能清晰辨析出，又不至于因颜色之间的突兀产生视觉美学上的影响。

第三节　历史档案保护的科学方法与人文目的

档案保护是一门综合性应用技术，技术性强，涉及面广。如档案制成材料的老化、氧化、褪色、虫蛀、生霉、锈蚀、风化、脆裂和机械磨损等，都是在物理、化学和生物的外界因素影响下发生的，所以档案保护涉及材料学、环境学、生物学、建筑学等许多学科，档案保护也因此被界定为以自然科学为主的综合性应用学科。

---

① 徐玉麟：《全面准确理解文物工作方针，认真贯彻实施文物保护法》，《文物工作》2003年第3期。

但是，档案保护的学科性质却不是这么简单，档案保护的学科性质问题是一个科学分类的问题。档案保护的学科性质，取决于它的研究对象所涉及的领域。档案作为对国家和社会有保存价值的各种文字、图表、声像等不同形式的历史记录，记载的是指过去和现在的国家机构、社会组织以及个人从事政治、军事、经济、科学、技术、文化、宗教等活动，所以档案的内容主题归根结底都是"人"，这不仅决定了档案的产生和发展都是受到社会制约的，而且还决定了档案的任务主要是为社会的精神文明建设服务的，属于上层建筑的范畴，是社会科学的研究领域。档案保护学作为档案学的一个分支，仍然处于整个档案学科体系之中，与周围其他的档案学科相互联系、相互制约、相互渗透。所运用的知识范围，虽然也包括或涉及自然科学的学科知识，但是档案的作用始终还是集中在行政、业务、文化、法律和教育等几个方面。所以档案研究是研究"档案"这一事物，但是本质上是研究人如何利用物，研究物的背后蕴含的人与物或人与人之间的关系。

历史档案作为一种文化遗产，虽然具有现实作用，但更重要的意义是它还有精神、文化意识和历史作用；不仅对实际工作、生活有具体的查考作用，还可以助推科学研究，增进历史探究，增长知识，丰富人的精神生活，陶冶文化情操等。特别是与现行档案相比，历史档案的后一种作用越来越超越了前一种作用。历史档案的作用更主要地集中在发挥精神、文化意识和历史作用，满足人们科研或精神文化的需要，这就是历史档案的"人文目的"。

因此，历史档案的保护，其理论和方法与自然科学方法紧密相连，但终究不能转移其研究的人文目的，历史档案的保护始终应该坚持"以人为本"为宗旨，"人与物有机结合，共促发展"为重要任务。

强调历史档案保护的人文目的，还有一个好处，就是有利于正确对待传统经验。我们的祖先创造了光辉灿烂的历史文化，积累了数量极其丰富的档案文献。大量珍贵的历史档案绵延千年，流传至今，与我国先民在长期实践中，反复筛选、积累形成的丰富而有效的文化遗产保护经验密切相关。这些经验是千百万古代人们智慧的结晶，其中蕴含着较深刻的科学道理，例如我国字画的装裱、砖石构件的加固、木质器件的防腐等，都值得认真研究和总结。如果仅仅是看到时代发展了，科技进步了，对其一概否定，显然过于盲目。历史档案的遗产属性决定了其本身就是一件技术的发展史，所以正确的做法应该是，利用现代科学手段和方法，寻找出历史经验的合理成分，为今天的技术提供借鉴，并进一步上升到理论，继而指导实践，哪怕是仅仅给我们在科学史上的启示，这样就达到或完成了档案的一部分人文目的。

第四节　历史档案的文化遗产保护之路

文化遗产作为一项宝贵的财富，不管是国际社会还是所在的国家和地区，都在日益加大加强对文化遗产的保护力度。文化遗产泛指在人类发展过程中，人们创造或借助自然力创造的各种精神财富和物质财富的总和。2005 年颁布的《国务院关于加强文化遗产保护的通知》中指出，文化遗产包括物质文化遗产和非物质文化遗产。物质文化遗产是具有历史、艺术和科学价值的文物，包括古遗址、古墓葬、古建筑、石窟寺、石刻、壁画、近代现代重要史迹及代表性建筑等不可移动文物，历史上各时代的重要实物、艺术品、文献、手稿、图书资料等可移动文物；以及在建筑式样、分布均匀或与环境景色结合方面具有突出普遍价值的历史文化名城（街区、村镇）。非物质文化遗产是指各种以非物质形态存在的与群众生活密切相关、世代相承的传统文化表现形式，包括口头传统、传统表演艺术、民俗活动和礼仪与节庆、有关自然界和宇宙的民间传统知识和实践、传统手工艺技能等以及与上述传统文化表现形式相关的文化空间。

文化遗产是与自然遗产相对的一个概念，根据联合国教科文组织1972 年颁布的《世界文化和遗产公约》和 2003 年颁布的《保护非物质文化遗产公约》，世界遗产的体系包括了文化遗产和自然遗产，而文化遗产则涵括了物质文化遗产和非物质文化遗产两大类。[①]

从《国务院关于加强文化遗产保护的通知》中可以看出，我国对于物质文化遗产的认识与文物的认识紧密地联系在一起，并且又将过去文物的范围拓展到历史文化名城（街区、村镇）。这说明，国际社会经过百年来的思想演变，对文物的认识逐渐深化，呈现出了不断发展的趋势。这种

①　于海广、王巨山：《中国文化遗产保护》，山东大学出版社 2008 年版，第 1—28 页。

认识的转变直接影响了对文物保护的认识，不但保护的目的从对古物的收藏扩展到集保护、研究和教育于一体的综合目标；保护的对象也从可供人观赏的艺术品，到各种文化遗址和历史建筑，再扩展到历史街区、历史城镇以及范围更大的独具文化特色的历史性城市；保护的范围也从物质文化遗产扩展到非物质文化遗产以及相互联系生成的文化景观、文化空间。从"文物"走向"文化遗产"，直接引起的就是"文物保护"走向"文化遗产的保护"，这一理论逐渐被人所接受。

与人类悠久的文明史相比，真正意义的文化遗产保护历史只是短暂的一瞬，甚至与文物保护的历史相比也短许多，但是从其鲜明的发展过程可以发现，随着时代的发展，文化遗产时代的到来，保护的内涵越来越扩展，保护的范围越来越广泛，保护的内容越来越丰富，保护的行动与社会生活的关联度越来越高。文化遗产由于其在文化领域中所具有的特殊性，日益受到国内和国际社会的高度重视。

从《国务院关于加强文化遗产保护的通知》中还可以看出，历史档案与文物一起都被归到了文化遗产的范畴，这对历史档案的保护讲应该是一件幸事，这样不但可以更好地从实践上借鉴文物保护的一些成熟经验，而且也为这一做法找到了理论的依据，更可以借助文化遗产保护的平台，引起更多人和社会对其保护的重视。因此，"历史档案保护"也应该与"文物保护"一样，一起走向"文化遗产的保护"之路。

这种认识上的转变必将产生文物与历史档案保护的一些新理念，其中特别重要的一点就是保护文化遗产意味着不仅要保护物质实体的环境，而且要保护它的人文环境，并使之与整个社会生活更加密切相关。显然，这一理念应该是对前面"文物保护不改变文物的原状"的基本原则的重要补充，必将对文物保护的实践产生深刻的影响，也必然给历史档案保护的理论和实践带来新的变化。

笔者曾经到云南省文山州麻栗坡县考察过著名的大王岩画，并与当地的管理单位探讨过大王岩画的保护处理措施。在交流过程中，深深地感受到文化遗产保护的观念对文物保护理念转变的重要性与必要性。

大王岩画在麻栗坡县城东面羊角老山南端的石壁上，畴阳河流经山脚，畴阳河畔有一L形的山岩，距河面约150米。崖画分为两组，1组崖画在石壁东侧，画面高8米，宽6米，可见人物、动物形象31个，色彩对比鲜明，形象逼真；2 组崖画在 1 号崖画右下侧约 20 米处，高 3 米，宽约 20 米，可见图像 13 个，人物不画五官，躯干呈三角形，四肢形态各异。两组崖画，经鉴定为新石器时代的作品，为省级重点文物保护单位。[①]

在大王岩画中，最引人注目的是 1 组岩画主体内的两个巨人舞岩画，该岩画人物图像高 2.8 米，宽 0.75 米，两人图像为并排站立，高矮大体一致。两人图像为直立图像，形象高大，身躯裸体，两脚分开，人两手下伸，掌心向下向两侧水平方向伸展，其中左侧的人像有三根手指，右侧的人像有四根手指，臀部前倾，左脚向前，承受着身体的所有重量，两图像舞蹈动作轻盈，协调一致。岩画中人物的手、躯干、脚部基本写实，然而头部却富蕴了艺术的想象力和浪漫手法。头部很大，占了全身的近五分之二，其画法独特，构思奇妙，想象丰富，充满了神秘色彩。面部在黑色头发的衬托下，用红、白两色画成上下两部分。岩画上红黑白组合协调，艳丽明快，色彩对比强烈。头呈长方形，眼睛突出，眼的位置高，眼和眉毛用灰黑色颜料绘制，眼睛周围用白色颜料衬托。最有特色的是鼻和嘴，这一部位用红色颜料绘成倒三角形状，中间有一长条形空，使人看上去似有嘴又无嘴，似无鼻又有鼻，看似荒诞，又不失无穷的内涵和想象，给人以无穷的遐想。[②]

通过对岩画的考察不难发现，大王岩画应该与原始宗教活动有着密切的联系。更重要的是大王岩画分别选用了红黑白三色颜料绘制而成。作为石器时代的作品，三色岩画在世界岩画史上都不多见，这也是它最为惊人之处，所以大王岩画对于艺术史的研究十分重要。因此，大王岩画的文物价值与历史档案价值无疑都是巨大的。

但是，立于大王岩画前，可以明显看得出原来的画面比现在所看到的要大得多，由于岁月流逝，历经千年的风吹雨打，日晒光照，岩画很难保存完好，特别是近年来当地工业的发展，如冶炼、矿业的生产，不可避免地会对岩画造成腐蚀风化的影响。当地文保单位对比十几年前的岩画情况，认为岩画的色彩已发生明显的褪色变化。相较岩画几千年的生命，短短十几年的时间就发生显著变化趋势，令人惋惜之余更多的是痛心和对之

---

① 李昆声、邓瑞林、黄德容等：《文山岩画》，云南人民出版社 2005 年版，第 49—55 页。

② 王富光、刘宏泽、杨桂林等：《麻栗坡》，云南人民出版社 2013 年版，第 3—7 页。

保护的思考。

关于大王岩画的保护首先一定要基于对文物保护原则的充分理解，谨慎而为。对文物保护"不改变文物原状"的基本原则尊重的前提下，在实际操作过程一般应遵守的一些具体措施包括①：（1）最低人为干预原则：最好对文物所处环境实施控制，而使文物材料处于稳定状态，尽可能不要直接在文物上采取保护措施，只有在十分必要的情况下，才能对文物实施保护性处理；（2）符合所有物品内在要求原则：文物的损坏部分应尽可能得到保护，而使其不再转移，不应出现"保护性"损害，保持文物表面的美观；（3）过程可逆性原则：修复后的文物一旦需要更换修复材料或不需要原修复材料时，可简单或设法除去，并使文物能恢复到修复处理前的状态，以便于为将来更先进的保护技术和更好的材料留下足够的空间；（4）与环境统一原则：在选择保护材料和保护方案时，必须考虑施工条件和对周围环境的影响，符合生态要求；（5）文物材料自身老化的结果不应伪装起来或除掉原则。这条原则包括一个附加原则：后来增加的东西不应在自然老化生成的物质遮蔽之下保留下来；（6）预防永远优于弥补的原则。

从中可以看出，文物保护的首选就是文物存放环境的改善，但这一点对于石质文物显然不容易做到，选择合适优良的保护材料和保护方法成为必然。至于保护材料和保护方法的选择是一个庞大的工程和问题，在此暂不讨论。另外，还有一点，就是文物保护必须考虑文物的保存环境。

文物保护过程重视对文物环境的保护可以说在过去已经被人们所重视，但这更多的可能是从文物周围的物质环境保护角度考虑，最终归于文物本身的保护。2005 年召开的世界遗产委员会第 29 届会议通过了《维也纳备忘录》，这份文件中综合考虑了当代建筑、城市可持续发展和景观完整性之间的关系，故被视为提倡采取综合方法维护城市景观的重要生命。2005 年 10 月，国际古迹遗址理事会在西安召开了主题为"背景环境中的古迹遗址——不断变化的城乡景观中的文化遗产保护"的大会，会议通

---

① 国际古迹遗址理事会中国国家委员会：《中国文物古迹保护准则》（http：//www.mingcheng.org/chinese/fagui/quanguo/file5.pdf）；China icomos，*Principles for the Conservation of Heritage Sites in China*，Barker P，et al. Translate，Los Angeles：Getty Conservation Institute，1996，pp. 3—32；陆寿麟：《文物的科学研究和文物保护修复的原则》，载中国文物研究所《文物科技研究》第一辑，科学出版社 2004 年版，第 11—15 页。

过了"保护历史建筑、古遗址和历史地区环境"的《西安宣言》。该宣言提出了如下重要观点：文化遗产是历史信息的载体，离开了环境，就将成为孤零零的标本。单体的文物固然重要，有着文化生态意义的环境同样重要，整体性的历史环境提供给人的精神记忆更加强烈。因此，保护文化遗产还应注重其背景环境的妥善保护。在这里，"环境"被认为是体现文化遗产真实性的一部分，并需要通过建立缓冲地带加以保护。①

文物保护离不开开发，因为社会需要持续发展，而且文物本身就具有教育等社会功能，有专家指出：文物保护和开发就像一辆车的两个轮子，谁也离不开谁。但是关键是开发的度，开发不能以破坏文物为代价，开发是为了更好地利用和保护文物，文物开发利用必须以文物保护为基础。因此，文物保护要求文物不能过度开发和利用，文物保护不但要注意文物本身的保护，也要重视文物周围环境的保护。例如在大王岩画周边地区，在许多的公共场合修建大王岩画的复制品，尽管对大王岩画的宣传起到了良好的推动作用。可是在很小的范围内大量复制，而且复制品离开了文物保存的环境，就像没有了灵魂一样，这种做法显然有待商榷。

单霁翔先生指出："从文物走向文化遗产，在这一理论研究与实践探索的征途上，人们逐渐达成共识。"从"文物保护"走向"文化遗产保护"成了文物保护的必经之路，所以我们也有充分的理由相信，作为与文物相邻的事物，且同属文化遗产的历史档案，其保护的归途自然也应该走向"文化遗产保护"之路。

《国务院关于加强文化遗产保护的通知》开篇就指出：我国文化遗产蕴含着中华民族特有的精神价值、思维方式、想象力，体现着中华民族的生命力和创造力，是各民族智慧的结晶，也是全人类文明的瑰宝。因此，保护文化遗产，就是保持民族文化的传承，建立联结民族情感的纽带，不但能够增进民族团结，夯实维护国家统一和社会稳定的文化基础，也是保护我国文化多样性的重要手段，这也正是西南少数民族历史档案研究的重要价值之所在。

---

① 单霁翔：《从"文物保护"走向"文化遗产保护"》，天津大学出版社 2008 年版，第 13 页。

第四章

西南少数民族石质历史档案的保护

第一节 西南少数民族石质历史档案

人类对石材的加工与利用历史悠久，完全可以追溯到文明开始之前。目前满足"城市的出现（人群聚集）、文字的产生、国家制度的建立"这一判定条件的最早文明也仅是幼发拉底河和底格里斯河两河之间的美索不达米亚平原上产生和发展的称为"两河文明或美索不达米亚文明"的古文明，其存在时间始于公元前 6000 年前后。可是自从人类从古猿转变为人伊始，人类就开始了对工具的制造和使用，这是人类和古猿的本质区别。人类最早制作的工具就是石器、木器等易于获得的材质，这一时间大约从 300 万年前就已经开始了，木器等质地的工具不能历经数百万年而保存，只有石器才能保存至今。

1819 年，丹麦皇家博物馆馆长克里斯琴·朱尔金森·汤姆森根据馆藏史前文物（武器和工具）提出了著名的"三期论"，即根据生产工具，将人类古代社会分为石器时代、青铜时代和铁器时代，这一理论奠定了史前考古学的基本原则。所以对石材的加工与利用自人类诞生之时，就已经蓬勃展开了。在石器时代，石材制品不仅为人类提供了最原始的基本生活用具，还为他们提供了居所——山洞。随着生产力的提高，人类对石材加工与利用的水平也在日益提高，人类开始利用石材作为建筑或装饰材料开发了人类的居所，当然还有各种的庙宇、陵寝、殿堂等。

人们不仅用石材改善生活，还利用石材记录了自己的艺术审美、世界认识和社会活动经历等。例如在西班牙发现的欧洲旧石器时代晚期的阿尔塔米拉洞窟岩画，在世界史上占有重要地位的古巴比伦石刻《汉谟拉比法典》，中国最著名的石刻瑰宝、至今出土年代和制作年代都未确定的《石鼓文》。(据估计，是唐朝初年出土，西周时期刻写。)①

　　从考古学角度来看，这些都属于"石质文物"，从档案学角度，毫无疑问，它们都可以归为"历史档案"的范畴。所以，今天人们会说，这些石制品是一个国家和民族珍贵的文化遗产，承载着丰富的历史、科学和艺术的信息，能够为研究人类发展从最古老的过去到比较近期的过去的时间范围内，各种社会与个体的活动提供最直接的原始记录和证据，因此具有十分重要和特殊的考古学价值与档案学价值。

图 4 - 1　教泽碑，云南省文山州西畴县

　　西南少数民族大多居住在山区，由于书写材料匮乏，常常会把各种社会信息刻写在石质载体上，从而产生了数量丰富的西南少数民族文字的石刻历史档案。此外，由于石材相对纸张、竹、木等有机质材料的耐久性强，相较金属材料又相对容易制得、加工，加之石材制成的碑刻等显得厚

――――――――――――

① 赵超：《石刻史话》，社会科学文献出版社 2011 年版，第 6—24 页。

重、庄严，人们对其的特殊偏爱，所以存世的西南少数民族汉字的历史石刻和官方石刻档案都比较多。西南少数民族石刻历史档案主要包括碑刻和摩崖石刻，其中碑刻主要包括：墓碑、寺观碑、宗祠世系碑、源流碑、姓名碑、日历碑、卜卦碑、诗文碑、儒学碑、教化碑、乡规民约碑、焚书台碑、山神碑、山界碑、界址碑、建设碑、修建路桥碑、水利碑、纪事碑、告示碑、诉讼碑、纪念碑、圣旨碑、戡抚碑、会盟碑、德政碑等多种形式。①

图4-1是位于云南省文山壮族苗族自治州西畴县的《教泽碑》，记载了在该多民族杂居地区重视教育的历史以及兴学济世的民众情结。该碑青石筑就，仿木结构，约7平方米的平面，建成立体重檐牌楼式，人兽图案刻工精细，栩栩如生，碑两侧刻楷书对联，联语为"教志无穷，愤则启，悱则发，宛似春风风万物；泽成广被，近者悦，远者来，有如时雨雨八方"，以彰显当地教育家的功德。

图4-2　彝文碑，云南省曲靖市罗平县（罗平博物馆，庞玲摄）

在云南省还有一些碑刻，碑上不但镌刻了汉文，还刻有少数民族文字，这样不但为研究少数民族风俗提供了实物档案资料，还为研究少数民

---

① 华林：《西南少数民族历史档案管理学》，民族出版社2001年版，第28—103页。

族文字的变迁和翻译提供了直接的证据。如云南省罗平县的小笼戛彝文碑
（图4-2），该碑系牌楼式青石墓碑。墓碑高1.16米，宽0.58米，上镌
刻着汉彝两种文字，右边汉字，由右至左直书阴刻，共5行143字；左边
为彝文，从左至右直书阴刻，是对汉文的翻译，记述墓主的生卒年月以及
树碑的缘由等。两次间为格扇门，上部均为棂花，下部右门雕男女双俑，
左门雕动物图案。格扇门南北两侧石板上均饰彝俑。该碑立于清乾隆年
间，彝汉两种文字相互对照，为研究清代彝族民俗提供了实物资料。

图4-3　"飞虹竚鹤"摩崖石刻，云南省宣威市

摩崖石刻不但包括镌刻在岩壁上的文字，还有刻制或绘制的岩画。图
4-3是云南省宣威市可渡古镇的"飞虹竚鹤"摩崖石刻，此石刻文字以
印章形式排列，阴刻凿刻在河边巨石之上，石刻依山倾斜约45度，刻字
石面面积约10平方米。所刻四个字亦行亦楷亦隶，却相互统一，相得益
彰。该摩崖石刻既无落款和年月，也未见于志书，故镌刻年月不详。该地
区是云南边疆传承中原文化、推介边疆文化最早的地区之一，该摩崖石刻
的艺术风格恰好印证了该地在文化交流中所处的位置。关于可渡古镇有
"可渡弹丸邑，南通六诏，北达三巴，东连金筑，行旅冠裳，络绎辐辏，

孔道也"的碑刻记载，可见可渡古镇是中原通往云南各地的通道，起到了重要的文化交流纽带作用。[①] 在该镇很小的区域范围内，就还有："山高水长，水流云在"和"紫竹林"、"鹫岭"、"披云崖"等摩崖石刻数处。此外，还有《免差碑》《重修观音堂记》《重修观音堂并暂驻亭碑记》《贞烈碑》等碑刻数块，目前已归于当地的"可渡碑林"之中。世人评说："可渡石刻多，翰墨流清香，千年文化多积淀，后来享芬芳。"[②]

在西南系统岩画中，以云南和广西岩画内容最为丰富，而在云南，岩画图像多、内容丰富者首推沧源岩画和文山岩画。中国古代少数民族的沧源岩画是我国目前为止发现的最古老的岩画之一，文山岩画则有单色、双色、三色岩画。图4-4是文山地区的大王岩画。大王岩画在云南省麻栗坡县畴阳河畔的山岩上，崖画分为两组，两组崖画目前已发现可见人物、动物形象或其他图像共计44个，色彩对比鲜明，形象逼真。两组崖画，经鉴定为新石器时代的作品，为省级重点文物保护单位。[③] 在大王岩画中，最引人注目的是1组岩画主体内的两个巨人舞岩画，该岩画人物图像高2.8米，宽0.75米，两人图像为并排站立，高矮大体一致。两人图像为直立图像，形象高大，身躯裸体，两脚分开，人两手下伸，掌心向下向两侧水平方向伸展，其中左侧的人像有三根手指，右侧的人像有四根手指，臀部前倾，左脚向前，承受着身体的所有重量，两图像舞蹈动作轻盈、协调一致。岩画中人物的手、躯干、脚部基本写实，然而头部却富蕴了艺术的想象力和浪漫手法。头部很大，占了全身的近五分之二，其画法独特，构思奇妙，想象丰富，充满了神秘色彩。面部在黑色头发的衬托下，用红、白两色画成上下两部分。岩画上红黑白组合协调，艳丽明快，色彩对比强烈。头呈长方形，眼睛突出，眼的位置高，眼和眉毛用灰黑色颜料绘制，眼睛周围用白色颜料衬托。最有特色的是鼻和嘴，这一部位用红色颜料绘成倒三角形状，中间有一长条形空，使人看上去似有嘴又无嘴，似无鼻又有鼻，看似荒诞，又不失无穷的内涵和想象，给人以无穷的遐想。[④] 作为新石器时代的岩画，运用了白、黑、红三种颜色，这在世界

① 徐发苍、田世清、袁洪华等：《曲靖石刻》，云南民族出版社1999年版，第336—339页。

② 王人天：《可渡摩崖石刻》，《曲靖日报》2012年7月20日第6版。

③ 李昆声、邓瑞林、黄德容等：《文山岩画》，云南人民出版社2005年版，第49—55页。

④ 王富光、刘宏泽、杨桂林等：《麻栗坡》，云南人民出版社2013年版，第3—7页。

岩画史上并不多见，这也是文山岩画最为惊人之处。①

图4-4 大王岩画，云南省文山州麻栗坡县

说到云南省的石刻，不得不提的碑刻有三件，它们是《爨龙颜碑》《爨宝子碑》和《大理段氏与三十七部会盟碑》，这三方碑刻均位于云南省曲靖市。其中，前两件合称为"爨碑"或"二爨"，被誉为"南碑瑰宝"。

《爨龙颜碑》位于云南省曲靖市陆良县，全称《宋故龙骧将军护镇蛮校尉宁州刺史邛都县侯爨使君之碑》（图4-5），立于南朝宋大明二年（458年），高3.38米，上端宽1.35米，下端宽1.46米，厚1.25米。因

---

① 李昆声、邓瑞林、黄德容等：《文山岩画》，云南人民出版社2005年版，第1—2页。

此碑较大，字数亦多，除碑阴题名外，仅碑阳即存文 900 余字，故称"大爨碑"或"大爨"。

图 4 - 5 爨龙颜碑与"独步南境，卓尔不群"部分碑文拓片

《爨宝子碑》位于云南省曲靖市一中内，全称《晋故振威将军建宁太守爨府君之墓碑》。该碑长方形，高 1.83 米，宽 0.68 米，厚 0.21 米，共 400 余字。与《爨龙颜碑》相比，因其形制较小，立碑时间较早，故此碑又称为"小爨碑"或"小爨"。碑文为爨宝子的墓志铭，据其记载，此碑立于大亨四年（405 年）。《爨宝子碑》于清乾隆四十三年（1778 年）在曲靖城南 70 里处出土，咸丰二年（1852 年）南宁知府邓尔恒将此碑移于武侯祠，1937 年在现址修建碑亭（图 4 - 6），将此碑和《段氏与三十七部会盟碑》（图 4 - 7）一同移于现址。

爨碑的价值主要体现在两个方面：其一，碑的书体处于隶书到楷书的过渡阶段，结构古朴，用笔遒峭，具有很高的书法艺术价值。如康有为就赞小爨为"正书古石第一本"，又赞大爨为"神品第一"、"正书第一"、"隶楷极则"、"雄强茂美之宗"，故爨碑在中国书法艺术史、文字发展史上具有重要地位，是重要的里程碑。其二，为研究云南地方史尤其是爨文化史、爨氏世系的发展提供了宝贵的档案资料和文物材料。

图 4 - 6　爨宝子碑与爨碑亭

图 4 - 7　段氏与三十七部会盟碑与会盟碑亭

《段氏与三十七部会盟碑》是大理国明政三年（971年），段氏政权与大理以东37个部落在石城（今曲靖市）会盟后所立。此碑在明代尚有记载，后渐埋没于荒土中，清康熙年间出土，置城外武侯祠，道光二十九年（1850年）移于城内奎阁。1927年因战乱被掩埋，1937年重现后与爨宝子碑一同移于现址。碑高1.25米，宽0.58米，厚0.16米。书体为行楷，在中国书法史、西南民族史上有重要价值。

1961年3月4日，国务院发布《文物保护暂行条例》，正式规定全国重点文物保护单位、省（自治区、直辖市）级文物保护单位、县（市）级文物保护单位三级保护管理体制。同日，国务院公布第一批全国重点文物保护单位180处，《爨龙颜碑》《爨宝子碑》和《大理段氏与三十七部会盟碑》均入选其中。而第一批全国重点文物保护单位中石刻仅7处，即使至今，也仅公布到了第七批全国重点文物保护单位，而这之中属于石刻及相关类的也仅30处。由此可见，这三方碑刻的重要价值。

第二节　岩石的组成与结构

一　石材的组成与种类

石质历史档案的制成材料是石材，石材采自岩石。日常生活中，说到岩石，人们会说花岗岩、大理岩，也会说大理石、花岗石等，但是"岩"和"石"有无区别呢？当然生活中可以说岩石不分家，但是在科学中，严格意义来讲，岩和石是有区别的。例如谈到岩，给人的印象首先是大，如山脉就是由岩石构成，而石则相对小些，如石头、石块、石材等。这虽不十分恰当，但也不无道理。确切地讲，"岩"即是一般理解的岩石，而"石"指的是组成岩的矿物。当然，日常中我们仍然会习惯地对它们不加以任何区别，笼统称它们为岩石。

因此，谈到岩和石的区别，更确切地说应该是岩石和矿物的区别。可以说，岩石是由一种或几种不同的地质作用所形成的矿物与其他组分的天然的固态集合体，组成岩石的矿物就称为造岩矿物。岩石由一种或几种矿物组成，但岩石却不能构成矿物。造岩矿物一般是硅酸盐或碳酸盐矿物，当它们构成岩石时，含量有高有低，根据其在岩石中的含量，就可以分为主要矿物、次要矿物和副矿物。又因为矿物内部某些金属元素的含量不同，其颜色也有明显的变化，富含铁、镁等元素的矿物，颜色较深，富含硅、铝等元素的矿物，颜色较浅。

谈及岩石的组成，包含了两方面的含义，一是指岩石的化学组成，二是指岩石的矿物组成。

由一种矿物组成的岩石，即单矿岩，如石灰岩就是主要由方解石矿物组成的单矿岩。由于组成只有一种矿物，单矿岩的性质主要由其矿物成分及结构构造决定。而由两种以上矿物组成的岩石就是多矿岩，如花岗岩是由长石、石英、云母等几种矿物组成的多矿岩。相对只有一种矿物组成的单矿岩，多矿岩的性质则主要由其组成矿物的相对含量及结构构造决定。自然界中大部分岩石是多矿岩，只有少数岩石是单矿岩。

因此，岩石没有固定的化学成分和物理性质，同一种岩石，产地不同，其矿物组成和结构也有差异，因而其颜色、强度等性质也不相同。所以很难确切地指明一种岩石的化学组成成分，一般均以组成元素的氧化物含量的形式来表示，岩石作为构成地壳和地幔上部的物质基础，其构成的化学元素也主要是 O、Si、Al、Fe、Mg、Ca、Na、K、Ti、H10 种元素，称为造岩元素，其氧化物主要就是 SiO_2、Al_2O_3、Fe_2O_3、MgO、CaO、K_2O、Na_2O 等。

岩石的分类依据有多种，依据不同，就会出现不同的岩石称谓，它们之间有交叉，也有包含。常用的分类依据主要包括：（1）按照岩石的成因，即形成的地质作用分类，这些地质作用如火山喷发、高温熔融、风化、沉积等。（2）按照岩石的组成和结构分类，即岩石中的各个成分的相对含量，组成岩石的矿物的结晶程度、晶体大小、晶体形状及矿物之间结合关系等，所反映出来的岩石构成的特征。它主要表示矿物或矿物之间的各种特征。（3）还有一些按照岩石的产状，即矿床在地下空间的产出形态，或用途等进行分类。

岩石按照成因可分为火成岩、沉积岩和变质岩三大类。

（1）火成岩（igneous rock）

火成岩也称岩浆岩（magmatic rock），岩浆是地壳中深部或上地幔物质部分熔融而产生的炽热熔融体。岩浆的成分以硅酸盐为主，具有一定的黏度，并溶有挥发分。可以是由全部为液相的熔融物质组成，称为熔体，也可以含有挥发分及部分固体物质，如晶体及岩石碎块。当岩浆上升侵入地壳或喷出地表，经冷却固结而成的岩石，就是火成岩。

由于岩浆成分和冷却凝固方式的不同，便形成了不同的火成岩。岩浆上升未达地表而在地壳一定深度凝结而形成的岩石就是侵入岩。由于冷却速度较慢，常为结晶质岩石。侵入岩依其侵入地壳中的部位深浅，分为深成岩（>3公里）、浅成岩（1.5—3公里）和超浅成岩（0.5—1.5公里）。与侵入岩相对，岩浆喷出地表冷却形成的就是喷出岩。在火成岩中，由火山作用所形成的各种岩石，就是火山岩，其中既有喷出地表的，又有侵入地壳的，既包括熔岩和火山碎屑岩，又包括与火山作用有关的潜火山岩。

常见的火成岩有黄长岩、碳酸盐岩、煌斑岩、金伯利岩、辉绿岩、结晶岩、伟晶岩、紫苏花岗岩、深成岩、火山熔岩、潜火山岩、火山碎屑岩等。[①]

（2）沉积岩（sedimentary rock）

在地表常温、常压条件下，已形成岩石在内外力的作用下，破碎成各种碎屑，这些风化物质连同火山碎屑、有机物及少量宇宙物质，经水流、风吹等搬运作用，堆积在陆地低洼处或水底，经沉积和成岩作用而形成的岩石，就是沉积岩。由于沉积岩的形成过程的影响，沉积岩有两个主要特征，一是具有分层次的层理构造，二是岩石中可能会有化石的存在。这两个特征也为判定地质年龄和研究古地理环境提供了珍贵的理论依据。

常见的沉积岩有砂岩、石灰岩、白云岩和砾岩等砂岩。

按照沉积岩的来源不同，沉积岩可分为：陆源沉积岩，它是由母岩经物理风化作用形成的陆源碎屑物质，经机械搬运、沉积、压实和胶结而成的岩石；内源沉积岩，其构成岩石的原始物质主要来源于陆源溶解物和生物源，少部分来自深源气热液和深卤，在沉积盆地中通过生物沉积作用和化学沉积作用形成的岩石。[②]

按沉积的外力不同，沉积岩又可分为：由自然风化而逐渐破碎松散的岩石及砂等，经风、雨、冰川、沉积等机械作用而重新压实或胶结而成的机械沉积岩，如砂岩；由溶解于水中的矿物质经聚积、反应、重结晶等形

---

① 《岩石的分类和命名方案：火成岩岩石的分类和命名方案》，1998年，中华人民共和国国家标准，标准代号：GB/T 17412.1 - 1998。

② 同上。

成的化学沉积岩，如白云岩；由各种有机体的残骸沉积而成的生物沉积岩，如石灰岩。

（3）变质岩（metamorphic rock）

地壳中原来已存在的岩石，由于受到构造运动，岩浆活动或地壳内热流演化等内力的影响，以及陨石冲击的瞬时热动力作用等，使岩石在固态（或基本保持固态）情况下发生矿物成分、结构、构造甚至化学成分的变化，这些变化总称为变质作用。根据变质的主要因素和地质条件，可将变质作用分为区域变质作用、动力变质作用、接触变质作用、气液变质作用、混合演化作用等。

在变质作用条件下，使地壳中已存在的岩石（可以是火成岩、沉积岩以及早已形成的变质岩）演变成新的矿物组合及结构、构造等特征的岩石，称为变质岩。因变质作用的影响，这类岩石一般具有片状或片理，或有新产生的变质矿物等特征。

常见的变质岩有：板岩、千枚岩、片岩、片麻岩、变粒岩、石英岩、角闪岩、麻粒岩、榴辉岩、铁英岩、磷灰石岩、大理岩、钙硅酸盐岩、碎裂岩板岩、糜棱岩、角岩、矽卡岩、气—液蚀变岩、混合岩等。[1] 其中，由岩浆岩变质而成的岩石，称为正变质岩，如片麻岩。由沉积岩变质而成的岩石，称为副变质岩，如大理岩。

这三类岩石无法确切地指出它们在地壳中的具体含量，这是因为在不同的区域或不同的深度，它们的含量都有明显的差异。

在日常建筑或装饰工程中使用的岩石，必须对所使用岩石的组成结构和物理化学性质能够有很清晰的了解，才能使之在最合适的领域发挥最佳的作用，为此一般使用按照岩石的组成和结构的分类方法。同样道理，一般石质历史档案的保护，也要对档案的制成石材的成分、结构等充分了解，方能够有针对性地对之施以恰当的保护手段。因此，按照石材的成分和结构对岩石进行分类尤为必要，在建筑和装饰石材应用领域，如作为全美装修装饰材料标准的权威——美国材料试验协会（ASTM）对天然饰面石材作了较全面的定义和分类，其对各类天然石材制定了严格的技术标准及规范，并且也获得了包括中国、欧盟、日本等世界上绝大多数国家和地

---

① 《岩石的分类和命名方案：变质岩岩石的分类和命名方案》，1998年，中华人民共和国国家标准，标准代号：GB/T 17412.3 – 1998。

区的认同与采纳。像我国的石灰岩、砂岩类石材的工程石材材料标准认定就是国家建筑材料工业石材质检中心直接以美国 ASTM 的标准进行检测的。按此方法，常见岩石有：

（1）花岗岩（Granite）

花岗岩是一种深层的酸性火成岩。其矿物主要由石英和长石组成，还可能含有辉石和角闪石，颗粒纹理均匀，颗粒的结晶较大，并且颗粒大小相似，不同类之矿物以规则或不规则方式相互交错排列，呈片麻或板状结构。其颜色通常从粉红到浅灰或深灰，色泽美丽，质地坚硬致密、强度高、抗风化、耐腐蚀、耐磨损、吸水性低，是建筑的好材料。天安门广场的人民英雄纪念碑和埃及的金字塔都属花岗岩文物。

花岗岩的主要化学成分包括：SiO_2、Al_2O_3、K_2O、Na_2O、CaO、FeO、Fe_2O_3、MgO 等。

花岗岩致密坚硬，是其主要物理性质，表观密度 2500—2700 kg/m^3，抗压强度 120—250 MPa，孔隙率 0.04%—2.8%，吸水率 0.1%—0.7%，莫氏硬度 6 以上。

（2）石灰岩（Limestone）

石灰岩主要由 50% 以上含量的碳酸钙（方解石矿物）或碳酸钙镁（白云矿物），或是由两种矿物的混合物组成的一种沉积岩，俗称"青石"。主要有灰屑岩、壳灰岩、白云岩、微晶石灰岩、麵状灰岩、再结晶石灰岩、凝灰石等。

石灰岩中常有其他混入物，如白云石、黏土矿物和石英等，依所含混入物的不同，可以分为白云质石灰岩、黏土质石灰岩和硅质石灰岩，纯石灰岩中混入物一般少于 5%。

依石灰岩密度的不同，可将石灰岩分为：低密度石灰岩，密度在1760—2160 kg/m^3 范围内；中密度石灰岩，密度在 1760—2560 kg/m^3 范围内；高密度石灰岩，密度在 2560 kg/m^3 以上。

石灰岩的颜色常见的有白、灰、褐、浅黄、浅红等。石灰岩的抗压强度 80—160 MPa，表观密度 2000—2600 kg/m^3。

石灰岩石质细腻，易于雕刻，但由于其组成主要是碳酸钙矿物，所以不耐风化腐蚀，国内著名的洛阳龙门石窟就是石灰岩质文物。

（3）大理岩（Marble）

大理岩的中文名称因其盛产于云南大理而得名。它是石灰岩或白云岩之类的碳酸盐矿物（方解石、白云石）受变质作用而重结晶的变质岩，故其矿物成分亦主要为方解石和白云石，含量都在50%以上，常含有钙硅酸盐、钙镁硅酸盐、钙铝硅酸盐类矿物，例如硅灰石、滑石、透闪石、透辉石、镁橄榄石、方柱石、方镁石、云母、斜长石、石英等。与盐酸反应会产生二氧化碳，具有等粒或不等粒的变晶结构，颗粒粗细不一。一般是白色，白色大理岩一般称为汉白玉，如果含有不同的杂质，就有各种不同的颜色，所以大部分拥有花纹或脉纹，磨光后非常美观。因此有许多著名的大理岩雕塑，如米洛的维纳斯（亦称断臂的维纳斯）、米开朗基罗的大卫雕塑。

　　大理岩依据方解石和白云石的相对含量高低，依次分为方解石大理岩、白云石方解石大理岩、方解石白云石大理岩和白云石大理岩，见表4－1。

表4－1　　　　　　　　　常见大理岩的矿物成分　　　　　　　　单位:%

岩石类型	矿物成分	
	方解石	白云石
方解石大理岩	>90	
白云石方解石大理岩	≥50	<50
方解石白云石大理岩	<50	≥50
白云石大理岩		>90

　　大理岩具有等粒或不等粒的变晶结构，结构致密，抗压强度70—110 MPa，表观密度2600—2700 kg/m³，莫氏硬度3—5。

　　（4）砂岩（Quartz - based）

　　砂岩属于沉积岩，主要由矿物和岩石颗粒胶结而成，其中含有60%以上砂粒（主要成分为二氧化硅），所以它的颜色和沙子一样，最常见的是棕色、黄色、白色，这也是几种常见砂岩的颜色。砂岩可分为：硅质砂岩、钙质砂岩、铁质砂岩、黏土质砂岩。砂岩具有硅土、氧化铁、碳酸盐或黏土凝结而成的一种多空隙结构，所以其耐酸性较好，吸水性好。我国著名的云冈石窟即属于砂岩类石窟。

　　砂岩的物理性质因胶结物质和构造的不同差异较大，其主要物理性质为：抗压强度5—200 MPa，表观密度2200—2500 kg/m³，孔隙率1.6%—

28.3%，吸水率0.2%—7.0%，软化系数0.49—0.97。

（5）板石（Slate）

板石属于微晶变质岩，通常大部分源于页岩，主要由云母、亚氧酸盐和石英组成。板石含有云母矿物，有近似平行的走向，可沿层理面劈开形成薄而坚硬的石板。

几类常见岩石的主要物理化学性质如表4-2所示。

表4-2　　　　　　　　几种常见岩石的主要物理化学性质

岩石种类	砂岩	凝灰岩	白云岩	花岗岩	大理岩
岩石抗压强度/MPa	20	25	80	100	100
岩石吸水率/%	4.48	6.45	0.20	0.32	0.12
岩石主要化学成分	SiO_2	SiO_2	$CaMg(CO_3)_2$	SiO_2	$CaCO_3$

二　岩石的结构

岩石的性质与岩石的组成和结构有关，岩石的组成有两方面的含义，岩石的结构也同样有不同层次的含义，即微观结构、显微结构和宏观结构三个层次。

岩石的微观结构是指原子或分子层次的结构，可用电子显微镜或X射线衍射仪来分析研究该层次的结构特征，其尺寸范围在10^{-6}—10^{-10} m（纳米级）。岩石的许多物理性质如强度、硬度、熔点、导热性等都是由微观结构所决定的。岩石在微观结构层次上可分为晶体和非晶体。

岩石的显微结构是指用光学显微镜所能观察到的岩石的组成及结构，可分辨的范围在10^{-3}—10^{-6} m（微米级）。如岩石材料的相组织、相界面等。岩石的显微特征、数量、分布和界面性质对岩石的性能有重要影响。

在地质、建筑工程中，与岩石的微观和显微结构相对的，还有岩石在宏观尺度上的结构，人们习惯用岩石的构造替代结构之谓。岩石的构造指的是岩石中用肉眼或放大镜即可分辨的粗大组织，其尺寸在10^{-3} m（毫米级）以上。如岩石的层理、裂缝、孔（空）隙等。

岩石的构造对岩石的工程性质，亦即在一定环境条件下测试的岩石性能指标影响尤为显著，如构造致密的岩石强度高，疏松多孔的岩石密度低，强度也低；新鲜岩石和风化岩石之间的构造区别尤为明显。

在岩石的构造指标考察中，岩石的孔隙是一项重要的考察参数，它对岩石的密度、强度、耐蚀性等，都有着重要的影响。孔隙率增大，岩石的表观密度减小，强度下降，孔隙中易于停留腐蚀物质，使岩石更易受风化因素的侵害。岩石中的孔隙，可分为与外界连通的开口孔隙和与外界隔绝的闭口孔隙。孔隙本身按尺寸大小又可分为极细孔隙（D < 0.01 mm）、细小孔隙（0.01 mm < D < 1.0 mm）和粗大孔隙（D > 1.0 mm）。

岩石的组成及结构的不同造成不同的岩石具有特定的比重、孔隙度、抗压强度和抗拉强度等物理化学、力学和热学性质。岩石的物化性质的差异是建筑、钻探、掘进等工程需要考虑的因素，也是石质历史档案或文物保护时必须考虑的重要因素之一。

第三节　石质历史档案的加工技艺

在石器时代，由于加工条件、技术水平和认知意识的限制，石材尽管在人们的生活中占有相当重要的地位，但对其开发利用一般是各类的石制工具，很少有石刻艺术品出现。这时的石制装饰品主要是一些玉石及其他石料制作的环、珠、坠等小型饰物，由磨、钻等工艺手段加工而成。如仰韶文化、大汶口文化等考古学文化区域内，都曾发现由石料制作而成的小型人体装饰品。辽宁省东沟县后洼遗址中曾出现一些猪、虎、鱼、鸟和人、人头像的小型石刻制品，但它们最大的也不过6厘米高，最小的仅1厘米左右。在浙江的良渚文化遗址中，发现了令人惊讶的大量的玉质礼仪用品，如用于祭祀和丧葬等仪式中的玉琮（内圆外方的筒形玉器）、玉璧（中央有穿孔的扁平状圆形玉器），这些玉器加工工艺精湛，刻画极其繁缛细致，纹饰独特。目前已发现的最高的玉琮高达49.5厘米，现收藏于英国的大英博物馆。玉不能像其他石头一样劈开，必须要用硬的磨砂进行加工，所以这些玉器可能都是用旋转的木轮加上硬砂磨制而成，与用钻凿的刻石工艺有所不同。

石器时代分为旧石器时代和新石器时代两段，这主要是依据石器加工的工艺不同，制作出的石器特点也就不同，分别称作打制石器和磨制石器。所谓打制石器就是通过锤击、碰砧、摔击、砸击等方式直接从大石头（石核）得到所需石器（石片），或者借用其他尖锐的器物介体（如骨棒），石锤通过中介物击打石片间接得到的石器。而磨制石器是先选定石料打制成适当雏形，然后再在坚硬砥石研磨加工而成。

对于比较大型的石刻，其加工制作的手法，从一些史前岩画发展中可以一窥端倪。云南省考古研究所吉学平教授2005年在云南永仁县境内的金沙江边海拔1342米的悬崖上，首次发现一处3000年前古人用手印绘就的岩画作品。它与中国目前所发现的最古老的岩画之一的新石器时期云南沧源岩画时代相当。这是金沙江发现的最南端的岩画点，也是金沙江流域首次发现手掌印的岩画点。岩画现存面积约为1.4米×1.6米，保存有11个手掌印，手掌的大小与现代人手掌大小相当，其中还有两个一大一小（代表男女）做舞蹈状的人型。绘画方法推测为铁矿粉调拌动物血浸染而成。岩画表层虽有风化脱落迹象，但掌形仍然清晰可见并呈红色，红色手印构成了一幅神秘莫测的岩画。

在古岩画中，常常可以见到手掌的轮廓，这可能是当时的人用手掌沾满颜料拍上去的，但更可能是那时人们的手就是绘画的工具，然后才发展到利用毛刷等工具作画。中国云南省在沧源、文山等多地都发现了大量的史前岩画，这些岩画基本都是赤铁矿粉等天然颜料绘制而成。

而在内蒙古阴山等中国北方地区发现的岩画则一般是先用工具敲凿石面，把要刻画的形体轮廓刻出来，然后再在其中涂颜色，这种岩画作法已经向石刻过渡了。从岩画古迹的制作手法可以看出人类利用石材表现信息的三个阶段，即用手和颜料涂画，用工具凿出轮廓线再涂色，完全用工具凿刻，这反映了人类已逐步掌握石刻的技艺，创造石刻形式的全过程。[①]

现在，从已发现的石质历史档案材料，根据雕刻手法，石质历史档案实体的加工手法主要可分为阴阳线雕、高浮雕、浅浮雕、圆雕和半圆雕几种，这些技工技艺事实上一直沿用至今。

（1）线雕，又称线刻，是指在光滑的石面上，用粗细不等、姿态各异的线条，或刚劲，或柔媚，或方折，或圆润，雕出各种图案花纹。其中，以凹陷形式刻画的就是阴线雕，以凸出形式线刻的就是阳线刻。

位于云南省昆明市的"缅甸战役中国阵亡将士碑"（又名"安澜纪念塔"，图4-8）的碑座（图4-9），上面雕刻了戴安澜将军的半身像，其雕刻手法即是阴线刻的技艺。塑像左右两侧分别阴刻了龙云和何应钦的

---

① 赵超：《石刻史话》，社会科学文献出版社2011年版，第5—6页。

题字:

马革一朝还光增日月，貂皮千古在名显朱波。

缅水照丹心百战成功酬壮志，胡笳鸣紫塞万方多难怅归魂。

"安澜纪念塔碑体"全高 8.53 米。碑身呈三角棱形，不过，这个三角棱形的三面不是以 60 度相交，而是在交角处切成钝角，这样，碑体截面实际为非对称六面形，只不过相邻两边相差较大，总体来看仍是三角棱形。戴安澜将军抗战期间率领中国远征军征战缅甸，并于当地殉国，年仅 38 岁。该碑的用材为云南通海的白马石，属优质青石，这种石材水纹少、颜色均匀、石质坚硬且整体性好，整块石材平整、光滑。在其上线刻的将军戎装配枪半身像，淡雅不浮夸，将军脸微扬，露微笑，没有表现战争的惨烈，表现手法的独特。而正是这种新颖视角，在线刻的简单表现形式下，却恰恰反衬出将军运筹帷幄以及对胜利的乐观、家乡的思念与和平的向往。

图 4-8　缅甸战役中国阵亡将士纪念碑，昆明

（2）浮雕是在石面上雕出凸起的形象的一种石材加工手法，不仅在我国，在世界各地的雕塑作品中浮雕都是一种通用的艺术表现手法。依表面凸出的程度不同，浮雕分为高浮雕、浅浮雕等，也有二者相结合的形式。浮雕的特点是在石板、石块或岩壁上只雕刻出艺术形象的一个面，因此表现对象形体的长阔比例尺寸不变，前后的体积（厚度）要压缩，通过压缩后形体的起伏（凸凹），不同转折面的方向，和不同受光面所造成阴暗对比的幻觉，以及透视、层次关系等来表现形象的立体感和空间感。所以浮雕主要从正面欣赏，不能从四周观看。

图4－9　缅甸战役中国阵亡将士纪念碑碑座，昆明

位于昆明市的"滇西抗战阵亡将士纪念碑"基座上的云纹浮雕图案雕刻即是采用了浮雕技法，该图案（图4－10）是中国古建筑、石刻或器物上常用的装饰图案，象征着吉祥如意、富贵高升等美好含义。在"滇西抗战阵亡将士纪念碑"的基座上用该图像装饰，寓意着阵亡将士的精神得到升华，在后人心中永存，也表达了对和平的期盼。

图 4 - 10　滇西抗战阵亡将士纪念碑基座的云纹浮雕，昆明

滇西抗战阵亡将士纪念碑碑体通高 9.7 米，似一把宝剑，直指苍穹（图 4 - 11）。"滇西抗战阵亡将士纪念碑"与"安澜纪念塔"被誉为"一碑一塔"，是"昆明十大抗战遗址"之一。前者立于 1947 年，后者立于 1945 年，后由于历史原因，均遭到毁坏。在多方人士的呼吁下，于 2013 年修缮重建。"滇西抗战阵亡将士纪念碑"的全称是"陆军第八军滇西战役阵亡将士纪念碑"，碑上刻有阵亡士兵和军官的名录。密密麻麻的阵亡将士名录，让人触目惊心。因此，这两座纪念碑不仅为研究中华民族英勇不屈的抗战史提供了珍贵的档案资料，有利于深化历史的认识，也证明了西南少数民族地区为整个华夏民族最终取得抗战的胜利作出的不可磨灭的贡献。

（3）镂雕是在浮雕的基础上，镂空其背景部分，有的为单面雕，有的为双面雕。镂雕亦称镂空、透雕。图 4 - 12 是牌坊的额枋上的云纹游龙戏珠，由于采用了镂雕的雕刻手法，雕刻立体感强，栩栩如生。

图 4 - 11　滇西抗战阵亡将士纪念碑，昆明

图 4 - 12　牌坊额枋的云纹游龙戏珠镂雕，昆明

（4）圆雕又称立体雕，通俗讲就是"石雕像"，是表现完整的、立体的形象的雕刻，用这种手法雕出的人、动物形象，最接近真实的人或动

物。与浮雕相比，圆雕作品是非压缩的三维立体雕塑，可以多方位、多角度欣赏。

　　图 4 – 13 是一对石狮子的石雕像，该石雕像位于昆明市圆通山动物园内"唐继尧墓"前，其摆放与内地一样，背对墓地，左雄右雌。但是，与一般的石狮子雕像不一样的是：一般雄狮都雕成右前爪玩弄绣球或者两前爪之间放一个绣球，雌狮则雕成左前爪抚摸幼狮或者两前爪之间卧一幼狮；而此雌狮石雕像左前爪也是玩弄一个绣球，不过在其胸前和臀部却有两个撒娇的幼狮，表现了鲜明的西南少数民族地方特色。

图 4 – 13　"石狮子"石雕像，昆明

第四节　岩石的风化

　　岩体形成之后，由于地壳上升运动与剥蚀作用而露出地表或近于地表时，它所处的环境同其形成时的环境大不一样。温度和压力相差很大，另

外空气、水与生物的活动十分活跃。在这种新条件下，岩石的物质成分、结构构造都将发生一系列的变化，这一过程就是风化作用[1]。据调查分析和实验评估发现新石器时代遗址的风化速度大约为 0 - 5 mm/a，远远超出了材料损失所能承受的最大极限，充分说明了环境对文物风化的严重影响。[2]

由于石质历史档案中，数量众多的碑刻一般都体积大，大部分分布在各种野外环境中，对于摩崖石刻更是无法移入室内，它们一般没有采取保护措施，历经岁月沧桑，都受到了不同程度的破坏，尤其是近代工业的发展和随之而来的环境污染更加速了室外石质历史档案的破坏速率。如不采取有效措施，许多珍贵的原始记录将不复存在。因此，研究石质历史档案的破坏机理及其保护措施是摆在我们面前的一个重要课题，而破坏机理的研究是保护措施的基础，因为只有破坏机理明了，才能够有针对性地选择保护材料和制定有效的保护方法。

石质历史档案的劣化破坏是由于受到了岩石的风化作用影响，岩石的风化作用从破坏机理看大致可分为两类：即机械破坏与化学破坏，相应地可把风化作用的类型分为物理风化作用与化学风化作用[3]。

一 物理风化作用

物理风化作用是指岩石在温度、水与植物根系的作用下发生的机械破坏过程。其结果只使岩体整体性发生破坏，产生风化裂隙，加大原有构造节理，进而使岩体破坏成碎块。对岩石而言只改变其结构与构造，而不改变其矿物成分，更不涉及化学成分。

（1）温度对岩石的机械破坏机理，表现在由于岩石是热的不良导体，岩石传热过程缓慢，外界温度发生变化时，吸热与散热过程不平衡，导致产生温差应力。一方面，白天阳光照射下，岩石表层因吸热而

---

[1] Pidwirny, M. , *CHAPTER* 10, *Introduction to the Lithosphere*；*Weathering*, 2006, Physical-Geography. net（http：//www. physicalgeography. net/fundamentals/10r. html）.

[2] Davidson, D. A. , Grieve I. C. , Tyler, A. N. , Barclay, G. J. , Maxwell, G. S. , "Archae-ological Sites：Assessment of Erosion Risk", *Journal Archaeological Scienc*, Vol. 25, No. 9, 1998.

[3] Fitzner, B. , Heinrichs K. , "Damage Diagnosis on Stone Monuments—Weathering Forms, Damage Categories and Damage Indices", In：Prikryl, R. , Viles H. A. , Ed. *Understanding and Managing Stone Decay.* Prague：The Karolinum Press, 2002.

升温，并处于相对热膨胀状态，而岩体里层仍处于较低的温度之下，相对处于冷缩状态；但在夜间则相反，岩体表层因散热而降温，相对处于冷缩状态，岩体里层却因白天吸收的热量不能及时散发而处于相对热膨胀状态。这样的反复作用，在岩体内产生较大的温差应力，引起各种形态的裂缝，久而久之，这些裂缝日益扩大增多，被这些裂缝割裂开来的岩石表皮层层脱落。原本完整的雕塑，就因温度的变化而表面松散，形态逐渐模糊。

另一方面，岩石是由多种矿物成分组成的，组成岩石的不同的矿物具有不同的热膨胀系数，如石英为 31×10^{-6}，长石为 17×10^{-6}，即使是在同一温度下，由于岩石内部各个部位热胀冷缩的程度不同，也会使矿物颗粒之间产生应力，这样连在一起的岩石矿物颗粒就会彼此脱开，使完整的岩石破裂松散[①]。

（2）水对岩石的机械破坏是通过雨水的冲刷作用、结晶作用、水引起岩石的膨胀收缩作用实现的。岩石中的水分除雨水还来自两个方面：一是岩体具有原生裂隙与构造节理而含有地下水；二是热空气遇到冷的岩石表面时，就会有相当一部分湿气凝结在岩石表面，气温下降时，水分会游离出来并聚集浓缩甚或向岩石内部活动。

水的结晶作用包括结冰与盐结晶两个方面。当气温下降，岩石内的水分结冰，其体积增大 9%，它将对岩壁产生压力，其值可达 1000—6000 kg/cm^2，超过一般岩石的抗压强度，足以使岩体发生进一步破坏。[②] 因此，温度降低，水结冰产生应力，使岩壁破坏成碎石屑。

另外，温度变化会明显影响岩石中水分的冷凝—挥发过程，造成在岩石表面频繁的干湿交替，也就是干湿。岩石有吸湿膨胀的性质，干湿循环引起岩石的频繁胀缩，产生的应力差会使文物表面慢慢遭到破坏。[③] 虽然该过程比较缓慢，但却十分普遍，这种破坏作用需要经过长期的积累才能

---

① 奚同庚：《无机材料热物性学》，上海科学技术出版社 1987 年版，第 213—273 页。

② Yang G., Zhang Q., Pu Y., "A Study on the Damage Propagation Characteristics of Rock under the Frost and Thaw Condition", *Chinese Journal of Geotechnical Engineering*, Vol. 26, No. 6, 2004.

③ Weiss T., Siegesmund S., Kirchner D, Sippel J., "Insolation Weathering and Hygric Dilatation: Two Competitive Factors in Stone Degradation", *Environmental Geology*, Vol. 46, No. 3 – 4, 2004.

察觉到。

同时，地下水一般都是溶液，其中含有各种盐分的溶解物质，这些盐分的浓度过大或地下水所处的环境发生变化而沉淀结晶时产生结晶应力，同样会对岩壁产生压力，具有巨大的破坏能力。[①] 对岩石产生破坏作用的可溶性盐，主要是氯化物及硫酸盐，NO_3^- 及 PO_4^{3-} 含量较小，其中硫酸盐最突出，这是由于硫酸盐不仅结晶应力较高，而且结晶形状呈树枝状，不像氯化物那样一般呈体积较小的粒状。[②] 可溶性盐的存在会使岩石表面结壳、脱落、产生裂缝等。

（3）植物根系的机械破坏也是一类风化作用现象，树木深深地扎根于岩体的裂缝中，随着树木的生长，根系将使岩石裂缝增大，直至岩石裂开。[③]

二 化学风化作用

化学风化是指岩体在空气、水与微生物的作用下发生的化学反应过程，其结果不仅使岩石破碎，而且使岩石的成分、结构与构造都发生显著变化，甚至可使岩石变质。[④] 岩石化学风化的作用方式有酸化、氧化、水化、碳酸盐化、溶解、水解与盐基交换等多种。其中，很多过程与水的活动紧密相关，水在化学风化过程中起主导作用，因此它常被称为"通用的催化剂"。

（1）酸化作用，是指酸雨的破坏作用，其实质是大气污染和水共同

---

① Hosono T., Uchida E., Suda C, Ueno A., Nakagawa T., "Salt Weathering of Sandstone at the Angkor Monuments, Cambodia: Identification of the Origins of Saltsusing Sulfur and Strontium Isotopes", *Journal of Archaeological Science*, Vol. 33, No. 11, 2006.

Vallet J M, Gosselin C, Bromblet P, Rolland O, Vergès - Belmin V, Kloppmann W, "Origin of Salts in Stone Monument Degradation using Sulphur and Oxygen Isotopes: First Results of the Bourges Cathedral (France)." *Journal of Geochemical Exploration*, Vol. 88, No. 1 - 3, 2006.

② Rodriguez - Navarro C., Doehne E., "Salt Weathering: Influence of Evaporation Rate, Supersaturation and Crystallization Pattern", *Earth Surface Processes and Landforms*, Vol. 24, No. 3, 1999.

③ Kelly E. F., Chadwick O. A., Hilinski T. E., "The Effect of Plants on Mineral Weathering", *Biogeochemistry*, Vol. 42, No. 1 - 2, 1998.

④ Delalieux F., Cardell C., Todorov V., Dekov V., Van Grieken R., "Environmental Conditions Controlling the Chemical Weathering of the Madara Horseman Monument, NE Bulgaria", *Journal of Cultural Heritage*, Vol. 2, No. 1, 2003.

作用产生的结果。[1] 能够对文物构成侵蚀的有害气体，主要是酸性气体和氧化气体。如二氧化碳、二氧化硫、硫化氢、二氧化氮、氮气和臭氧等。大气中除主要含有氮、氧之外，还含有 H_2O、SO_2、SO_3、NO_2、Cl_2 等，它们会溶解在水中附着在岩石表面，与岩石矿物相互作用形成腐蚀盐分。空气中的灰尘粒子也会随之黏附在表面，不仅会使表皮变黑，其中所含酸或碱式盐，还会增加石雕表面破坏侵蚀物。[2] 煤烟尘落在大理石表面上，会吸附大气中的 SO_2，煤烟尘中的 Fe、Mn 等能充当催化剂，使 SO_2 氧化成 SO_3，SO_3 雨水结合形成硫酸，腐蚀大理石等碳酸盐石材，其化学反应式为：

$$2SO_2 + O_2 \rightarrow 2SO_3$$
$$SO_3 + H_2O \rightarrow H_2SO_4$$
$$H_2SO_4 + CaCO_3 \rightarrow CaSO_4 + H_2O + CO_2 \uparrow$$
$$CaSO_4 + 2H_2O \rightarrow CaSO_4 \cdot 2H_2O(石膏)$$

酸性气体导致城市中雨水的 pH 值降到 4，从而造成石质文物的破坏。酸雨中也有 NO_2，溶于水生成硝酸，对大理石等同样有腐蚀作用。

（2）氧化作用，指矿物同空气或水中的氧气发生的化学反应。在自然界容易氧化的元素多数是金属元素，尤其是铁元素的氧化最为常见，例如，黄铁矿（FeS）在水的参与下氧化成褐铁矿（$Fe_2O_3 \cdot nH_2O$），其化学反应式为：

$$2Fe_2S_2 + 7O_2 + 2H_2O \rightarrow 2FeSO_4 + 2H_2SO_4$$
$$12FeSO_4 + 3O_2 + 6H_2O \rightarrow 4Fe_2(SO_4)_3 + 4Fe(OH)_3$$
$$2Fe_2(SO_4)_3 + 9H_2O \rightarrow 2Fe_2O_3 \cdot 3H_2O + 6H_2SO_4$$

经过这三步化学反应，一方面铜黄色的坚硬而闪亮的黄铁矿变为褐黄

① Philip K. , Denis S. , "Deterioration of Pentelic Marble, Portland Limestone and Baumberger Sandstone in Laboratory Exposures to Gaseous Nitric Acid", *Atmospheric Environment*, Vol. 29, No. 1, 1995.

② Levin Z. , Ganor E. , Gladstein V. , "The Effects of Desert Particles Coated with Sulfate on Rain Formation in the Eastern Mediterranean", *Journal of Applied Meteorology*, Vol. 35, No. 9, 1996. Mori I. , Nishikawa M. , Iwasaka Y. , "Chemical Reaction during the Coagulation of Ammonium Sulphate and Mineral Particles in the Atmosphere", *The Science of the Total Environment*, Vol. 224, No. 1 – 3, 1998.

Kozlowski R. , Hejda A. , Cęckiewicz S, Haber J. , "Influence of Water Contained in Porous Limestone on Corrosion", *Atmospheric Environment*, Vol. 26, No. 18, 1992.

色土状的褐铁矿，另一方面产生具有较强腐蚀性的硫酸，又可进一步引起其他矿物的腐蚀。

长期以来，氧化作用被认为是石质文物变色的根本原因，但是，Marinoni 研究了 Certosa 教堂（意大利）建筑用石的颜色变化，发现彩色风化造成岩石颜色变化的原因涉及无机和有机方面的诸多因素。一方面，石材的表层的确因化学反应而使成分发生了改变，并且，由于热膨胀导致石材的微观结构也发生了改变；另一方面，有机生物体的生命活动也是彩色风化的主要原因[1]。

（3）水合作用，指矿物吸收一定数量的水分子，嵌入矿物晶格内而成为新的含水矿物的过程，岩石中的很多矿物与水接触后都会发生水合作用。

例如，硬石膏（$CaSO_4$）吸水变成石膏（$CaSO_4 \cdot 2H_2O$）的过程，其化学反应式为：

$$CaSO_4 + 2H_2O \rightarrow CaSO_4 \cdot 2H_2O$$

这一反应的结果，一方面，水合矿物改变了矿物的原有结构，其硬度一般都低于无水矿物，削弱了岩石抵抗破坏作用的能力；另一方面，因为原子、分子期间增加了水分子，导致岩体的体积增大约30%，体积增大过程将对周围的岩石产生巨大的压力，从而促使物理破坏的进行，引起岩体的机械破坏。[2]

（4）水解作用，指矿物同水分解而产生的 H^+ 或 OH^- 反应，形成带 OH^- 的新矿物，结构发生相应改变的过程。这种作用对硅酸盐矿物的破坏作用尤为强烈。

例如，在温暖而潮湿的气候条件下，花岗岩中的正长石（$KAlSi_3O_8$）水解成为高岭石（$Al_4(Si_4O_{10})(OH)_8$），其化学反应式为：

$$KAlSi_3O_8 + 6H_2O \rightarrow Al_4(Si_4O_{10})(OH)_8 + 8SiO_2 + 4KOH$$

这个反应是不可逆的，经过这一反应，生成的氢氧化钾和二氧化硅呈溶液状态随水迁移而流失，只有松散的高岭石作为残积物留在原地，这就

[1] Marinoni N., Pavese A., Riva A., Cella F., Cerulli T., "Chromatic Weathering of Black Limestone Quarried in Varenna (Lake Como, Italy)", *Building and Environment*, Vol. 42, No. 1, 2007.

[2] Alesiani M., Capuani S., Maraviglia B., "NMR Study on The Early Stages of Hydration of a Porous Carbonate Stone", *Magnetic Resonance Imaging*, Vol. 21, No. 3-4, 2003.

是为什么有些岩石会变得非常疏松的原因之一。[1]

（5）溶蚀作用，是指矿物在水中被分离成离子的过程。在大多数情况下，水的溶蚀破坏占主导作用。水对岩石的溶解是普遍发生的现象，因为任何矿物都可溶解在水中，只是溶解度不同，各种矿物的溶解度相差很大。因此，溶解作用对由方解石、硬石膏、岩盐等易溶性矿物组成的岩石的破坏更为突出[2]。

矿物在水中溶解度的大小主要取决于元素本身及化合物的性质，也取决于外界条件，如二氧化碳的含量等。大理石、石灰石等岩石主要含碳酸钙，纯水对碳酸钙溶蚀作用很小，但自然界的水常含有二氧化碳等，水中二氧化碳的含量会大大提高水对碳酸盐的溶解能力，含有二氧化碳的雨水可在碳酸盐岩石表面形成风化物结晶，矗立在地面的叫石笋，悬挂的叫钟乳石。溶蚀作用的反应式为：

$$CaCO_3 + CO_2 + H_2O \rightarrow Ca(HCO_3)_2$$

此外，岩石内的湿气在岩石的细小通道内流动，也会溶解岩石的可溶成分。当水为弱酸性时，溶蚀作用会更加剧。水的溶蚀可使岩石裂缝的窄通道变为较宽通道，最终分裂为岩石。

溶蚀作用的结果使岩石易溶解的物质流失，难溶解的物质残留原地，降低了岩石的硬度，也为其他机械破坏作用创造了有利条件。

（6）碳酸盐化，指硅酸盐矿物内的碱金属同碳酸反应生成碳酸盐的过程[3]。通常空气中的二氧化碳溶解在雨水中形成碳酸，也是酸雨的主要成分之一。碳酸化作用实质上是水解作用的另一种形式。[4] 例如，花岗岩中的正长石由于碳酸盐转化为易溶的碳酸钾（K_2CO_3）而被破坏，其反应式为：

$$2KAlSi_3O_8 + 2H_2CO_3 + 9H_2O \rightarrow Al_2Si_2O_5(OH)_4 + 4H_4SiO_4 + 2K^+ + 2HCO_3^-$$

①　Friolo K. H., Stuart B, Ray A., "Characterisation of Weathering of Sydney Sandstones in Heritage Buildings", *Journal of Cultural Heritage*, Vol. 4, No. 3, 2003.

②　Hoke G. D., Turcotte D. L., "The Weathering of Stones Due to Dissolution", *Environmental Geology*, Vol. 46, No. 3 – 4, 2004.

③　Matsuoka N., "Rock Weathering Processes and Landform Development in the Sør Rondane Mountains, Antarctica", *Geomorphology*, Vol. 12, No. 4, 1995.

④　Pihlajavaara SE, Pihlman E., "Effect of Carbonation on Microstructural Properties of Cement Stone", *Cement and Concrete Research*, Vol. 4, No. 2, 1974.

经碳酸化作用，其中的碱金属钾转化为碳酸盐随水流失，产生的新矿物高岭土残留原地，这是此种岩石表面疏松的原因之一。斜长石碳酸盐化的速度比正长石还要快。由于水和空气中二氧化碳的存在，长石的碳酸盐化破坏是极为普遍的风化作用。

（7）盐基交换作用，是指矿物中的某些离子被水中的另外一些离子所置换，因此引起岩石的化学成分与晶格结构发生变化的过程。

例如，在淋溶环境下，云母转变为贝得石的过程，就是云母从解脱结合力最弱的层间钾离子处开始风化，然后沿边缘向纵深发展，单元层本身只进行局部改造，并无大的变化；但亚铁氧化、四面体片内铝的脱离和质子化，都可引起云母的负电荷减少，促使边缘楔状开口处的钾离子通过离子交换而被水化阳离子取代。云母就在降解过程中先变为水云母，再变为蛭石或贝得石。

（8）生物的化学破坏，是指生物在其生命活动过程，从矿物中吸取某些化学元素，产生 CO_2、O_2，并分泌排出各种有机酸和无机酸，与矿物中的盐基离子形成螯合物，促使矿物溶解与分解。[①]

例如，硝化细菌产生的硝酸，硫化细菌产生的硫酸，以及硅酸盐细菌对矿质元素的利用，都可以加速分解碳酸盐和硅酸盐类矿物。还有丁酸细菌能够用它分泌的物质使硅酸盐和磷灰石强烈地分解。含钾丰富的黑云母和长石所以受到分解，是与细菌、真菌和藻类从中吸取钾素分不开的。硅藻可以从硅酸盐中摄取硅，以组成本身的有机体，过去曾被认为是比较稳定的高岭石，也可以被硅藻分解。

生活在岩石表面的生物对岩石的风化作用往往是结合了物理作用和化学作用。例如，生长在岩石表面上的地衣，在湿润的情况下，可以吸收超过本身体重三倍的水分而充分膨胀，在干燥的情况下就强烈蜷缩，从岩石上拔起细小的岩屑，甚至连最难风化的石英也会呈鳞片状脱落。地衣的菌丝体可沿云母、角闪石及某些长石的解理裂缝往里深入，以吸取钾、钙、

---

① Garcia – Vallès M., Urzí C., De Leo F., Salamone P., Vendrell – Saz M., "Biological Weathering and Mineral Deposits of the Belevi Marble Quarry (Ephesus, Turkey)", *International Biodeterioration & Biodegradation*, Vol. 46, No. 3, 2000. Warscheid T, Braams J, "Biodeterioration of Stone: A Review." *International Biodeterioration & Biodegradation*, Vol. 46, No. 4, 2000. McNamara C J, Mitchell R, "Microbial Deterioration of Historic Stone." *Frontiers in Ecology and the Environment*, Vol. 3, No. 8, 2005.

铁等营养，结果造成这些矿物的破碎。在花岗岩及石灰岩上，地衣的菌丝体甚至伸入岩石内数毫米深，并形成极薄的土层。地衣酸是一些多羟基——多羧基酸，地衣分泌的这种酸，可以强烈地与岩石矿物中的盐基离子形成可溶形螯合物，引起矿物的溶蚀①。

以上多种风化破坏类型常常是相互关联，相互促进的。大多数实际破坏过程既包含物理风化也包含化学风化。例如：酸性气体遇水变酸，对碳酸盐岩石产生化学腐蚀，大气中的二氧化碳溶于水会溶蚀碳酸盐岩石，这属于化学风化；大气污染生成的盐类会产生结晶和水化压力的破坏，这属于物理风化。这些风化破坏作用类型，随着自然条件、地理位置、气候、地下水、地壳活动等诸多因素的不同而变化，但在一个地区内，它们往往是共同作用，相互关联的。

从某种意义上讲，物理风化是化学风化的前奏，因为物理风化使岩石或矿物变成碎屑，增加了水溶液与岩石及矿物的接触面积，是化学风化得以深入进行。而有些化学风化使岩石变得疏松，又为物理风化提供有利条件，加速了物理风化的进程，所以物理风化和化学风化往往是交替进行的。在诸多风化作用类型中，物理风化作用不仅作用于表面，由于与其他因素共同作用，还会影响石刻的整体坚固性，化学风化则主要作用于岩石石刻表面。化学风化作用对岩石的物理风化起到推波助澜的作用。可以说，实际中大多数破坏蚀变现象都是两种风化破坏作用的综合效果。

综上所述，石质历史档案的风化破坏是一个复杂的问题，并非只是各个因素简单的加和作用，而是许多因素互相影响共同作用的结果。除了上面提到的几种主要类型之外，影响室外石质历史档案的腐蚀破坏的因素还有很多，不同的季节、不同的地区起主导作用的破坏因素也会不同。因此，研究历史档案的保护不能只考虑一个原因，不能只从档案本身想办法，而必须考虑每一种因素，采取综合治理的方法，既要对历史档案本身采取措施，又要对历史档案的环境采取措施。只有系统地考虑，才能真正明白破坏的机制；也只有进行了综合治理，对症下药，才能从根本上达到保护的目的。

当人们面对风化日益严重的石质历史档案时，首先的反应肯定是

---

① 张香凝：《岩石风化与土壤的形成》（http://jwc.bjfu.edu.cn/jpkch/tr/trkj/pages/diyiz7.htm）。

"要抓紧保护"，可能立刻会使用大量的所谓先进材料对它进行保护处理。但是这种做法今天看来是十分不恰当的，从前面"历史档案保护的原则"可以认识到，就如同文物的保护处理一样，历史档案的保护在"以防为主、防治结合"的方针指导下，也要遵循"不改变其原状"的约束，也就是说要"和谐地保护"、"最低限度地干预或保护"。当然，在石质历史档案本身已发生致命性的危害时，主动性的保护也成为必需。

三 岩石风化的形态

（1）粉状风化形态

许多石刻表面存在着一层白色粉末状或絮状风化产物，它还存在于洞穴裂隙中，此现象在石窟下部最为明显。粉状物实际上是多种形态的盐类，其形成和分布都与水的活动密切相关。岩石内的渗水、外部的凝结水和底部的毛细水与空气中氧气、二氧化碳、二氧化硫等长期对石质文物表面岩石、胶结物中的钙质、黏土类矿物进行水合作用和溶解作用，同时水将盐类带到岩石表面集聚而形成含水的盐类产物。当这些盐类与风化产物被淋掉落后，石刻表面往往只剩下一些石质颗粒，手触即落。

（2）页片状风化形态

有些石刻表面呈薄片状剥落，薄片厚度随岩石中矿物颗粒的粗细而不同。粗砂岩形成的薄片厚度在3—4毫米，细砂岩形成的薄片厚度在0.5—1毫米。页片会翘起卷曲，往往有多层重叠，在片与片间或片与岩体间常有白色粉末状或雪花糊状物。此类风化在日照、通风较好的地段尤为明显，这是由于它与温度变化引起的水、盐的结晶应力破坏及岩石的膨胀应力破坏有关。

（3）带状、洞穴状风化形态

带状、洞穴状风化是指与层理大致平行，凹凸相间呈带状或洞穴状的风化形态。它是与岩性有关的差异性风化。此外，微生物的分泌物对石刻的腐蚀性破坏也会造成蚀坑类洞穴状风化形态。

（4）板状风化形态

开挖洞窟造像后当岩层接近水平时，窟内顶板由于悬空，岩层失去支撑力而导致顶板岩层逐渐呈板状剥落。此外在石窟内拐角及高大佛像突出的部位，将会形成大致与壁面平行的卸荷裂隙，致使岩层出现弯曲变形或呈板状剥落。①

第五节　西南少数民族石质历史档案的保护方法

目前，石质历史档案的保护一般认为包括四个基本的步骤，即：（1）表面清洗；（2）脱盐；（3）表面封护；（4）加固。这些保护措施的目的很明显就是清除已存在的风化腐蚀因素，隔绝后续的风化腐蚀因素，以及对已经受到风化腐蚀影响的部分进行处理，使石质历史档案能够尽可能地长时间保存下去。

一　表面清洗

当需要对石质历史档案进行保护时，一般来说，所采取的第一项措施基本都是对历史档案进行表面清洗，因为只有经过表面清洗才能够使历史档案呈现出本来的面目，以确定进一步所需采取的措施。当然表面清洗还有另外一个重要的目的，就是清除石质历史档案表面的一切有害物质，包括灰尘、污垢、烟垢、昆虫等生物的排泄物、地衣或苔藓以及其他一些表面沉积物（如碳酸钙盐的水化产物硬壳或具有鲜明颜色的岩石的氧化物等），以降低历史档案的腐蚀因素的进一步影响。因此，在对石质历史档案进行清洗时，需要对清洗去除的对象充分了解，认识其主要成分及性质，才能够高效、安全地达到历史档案表面清洗的目的。

在对石质历史档案进行表面清洗时，首先可借助毛刷或竹签对历史档案表面的杂草、微生物或附着的灰尘直接使用机械方法除去，再进行表面清洗，清洗方法按清洗剂和处理技术的特点可分为两类：水、酒精等无机或有机溶剂清洗及化学溶液清洗。

使用水清洗时，对于小型石质历史档案，可以浸泡，但是如果历史档案的保存状况已经出现问题，完全浸泡有可能由于水合作用导致石块的强

---

① Weathering Research Group at QUB：《Glossary of Stone Decay Features - Solution.》（http://www.qub.ac.uk/geog/documents/research/weathering/solution.html）；牟会宠、杨志法、伍法权：《石质文物保护的工程力学研究》，地震出版社 2000 年版，第 28—29 页。

度降低，造成保护性破坏。对于表面已经发生损坏的，也可采用水蒸气喷射清洗，由于水分很快挥发，降低了水清洗时的外力破坏。此外，还可使用雾化水淋洗，这时水通过很窄的喷嘴喷出，形成雾化的水，雾化水慢慢地落在石质历史档案的表面，因此作用力很轻柔，不会产生破坏性的冲击作用，同时雾化时覆盖面积大，清洗速度也就比较快。

使用乙醇、丙酮等有机溶剂清洗，一方面可以将石质历史档案表面的有机污物除去；另一方面，有机溶剂在使用过程中改善了石材的表面状况，疏通了石材的微孔，为后续保护材料的涂覆和渗透创造了有利条件。[①]

化学清洗主要针对较难去除的污物，但是在日常工作中常使用酸性或碱性较强的溶液方法情况，在石质历史档案清洗处理时，一定要绝对避免。

针对石质历史档案上常见的几类外来污染物，一般采用的清洗去除方法为：

（1）对于岩石表面的尘土、苔藓等较易溶于水的污物，可以用去离子水清刷，考虑到一般水中含有大量水溶性电解质离子，这些离子可以对历史档案进行新的破坏，所以作为保护性清洗用去离子水最佳。

（2）对于乌黑的油烟污垢，一般可采用低浓度的 $NH_3 \cdot H_2O$ 溶液和丙酮等有机溶剂清洗的方法。

（3）对于由于微生物或其他植物群落造成的绿色污物，可以先机械清除，再用去离子水清洗，这些污物一般易于除去，但是为了防止微生物的再生或霉变的复发，需要再用防霉剂或杀菌剂进行处理。

（4）对于石膏风化物，或是其与微生物生命活动的废物混合形成的污物薄层，可用水、丙酮、氨水及草酸的混合液清洗，先除去薄层的石膏风化污物，再用有机溶剂清洗，效果明显。

（5）对于由于雨水冲刷产生的污浊痕迹，可直接用去离子水清洗，除去易溶于水之污物，较难去除的一般多为空气污染成分与石材的反应产物，可用某些络合剂溶液清洗，如乙二胺四乙酸二钠（EDTA）或六偏磷酸钠等溶液清洗，这些络合物可以与金属离子形成较易溶于水的溶液从而

---

① 张秉坚、铁景沪：《大型石质文物表面清洗技术的现状和发展趋势》，《石材》2011 年第 11 期。

除去。

（6）对于某些氧化形成的红色污迹，可用草酸或草酸盐溶液即可。另外相关的清洗剂还有用碳酸氢钠、硼酸、氨水溶液等。

尽管这些清洗方法都可以将欲去除的污物除去，但是实际操作并不一定如此，如丙酮及氨水溶液的使用，不但增加了费用，而且也不安全，EDTA等作为一种高性能络合剂，在溶解金属离子污物的同时也增加了岩石本身的溶解，所以除去离子水和纯溶剂外的化学试剂的使用都应该特别慎重。

为了降低清洗试剂对岩石深层可能造成的破坏影响，也可以将化学清洗溶液与纤维素等制成胶黏性糊状物清洗法，在实际处理过程中，清洗的溶解作用只在湿润的糊状物与石材表面接触的部分才发生，作用相当缓慢，只要刮掉糊状物，溶解反应马上停止，没有任何渗透的危险，所以比较好控制。

此外，近年来，随着文保技术的提高，也出现了一些令人瞩目的新型石质历史档案保护技术，如激光清洗和微生物清洗等[1]。激光清洗的原理也十分简单，当激光束照射到石材表面，其能量被污垢吸收，污垢气化或者热膨胀使得其与岩石基底的附着力降低，从而自岩石表面剥落，而当岩石表面清洁时，激光束被干净的岩石表面反射，不会对历史档案本身造成破坏。由于清洗过程中，激光不与历史档案发生直接接触，所以对于劣化状况比较严重或者表面结构比较复杂的历史档案，都能够有很好的清洗效果。[2]

二　脱盐处理

盐结晶破坏是石质历史档案风化的重要因素之一，因此石质历史档案中水溶性盐分的去除，即脱盐处理，对石质历史档案保护而言十分必要。

---

[1]　Hsu, S. - C.; Lin, J., "Removal mechanisms of micro - scale particles by surface wave in laser cleaning." *Optics and Laser Technology*, Vol. 38, No. 7, 2006.

[2]　Potgieter - Vermaak S. S., Godoi RHM, Grieken R. V., Potgieter J. H., Oujja M., Castillejo M., "Micro - structural characterization of black crust and laser cleaning of building stones by micro - Raman and SEM techniques." *Spectrochimica Acta Part A: Molecular and Biomolecular Spectroscopy*, Vol. 61, No. 11 - 12, 2005.

脱盐处理看似容易，但在实际操作中，却有着诸多的不利因素。例如为防止盐结晶的破坏，加水溶解，可是如此会使盐分随水分进一步向石材深层迁移。作为对策，一般采用纸浆贴敷法，亦即在石刻造像上溶盐较多的部位，用纸浆或直接采用草纸吸水，贴敷在石材表面，并用排笔使纸张与石刻表面紧密贴敷在一起，利用毛细管作用将石材内部的盐溶液吸附至石材表面，并停留在其表面的纸浆内，待其干燥后，揭下已干燥的纸浆或纸张，其中的盐分即被去除。反复操作，由于石材浅层的盐溶液浓度降低，深处的离子会加快向表面的迁移速度，石刻内部可溶性盐大部分即可去除。

为了增大石材内部可溶性盐分的去除，还可用 EDTA 或六偏磷酸钠等络合物的溶液代替去离子水进行贴敷，EDTA 等络合剂可以与石刻缝隙中的 Ca^{2+}、Mg^{2+} 等阳离子并形成稳定的络合物，在水分完全蒸发后，吸附在纸张纤维中，而 CO_3^{2-}、SO_4^{2-} 等阴离子则与 EDTA 中的 Na^+ 形成可溶性钠盐析出在岩石表面。使盐分清理更加容易、便利。

但是由于 EDTA 引入新盐（乙二胺四乙酸二钠），所以脱盐处理完后，最好仍用水脱去新盐。此外，EDTA 有较强的与金属阳离子络合的能力，使用其作为脱盐处理的试剂，也正是基于这一原因，但是既然其与可溶性 Ca^{2+}、Mg^{2+} 能够发生反应，从机理上讲与不溶的 Ca^{2+}、Mg^{2+}，即基底岩石也有反应的可能，因此对石刻本身应也有影响，所以使用时一定要谨慎。

脱盐处理需要多次反复操作，为了检验最后是否还有盐分的析出，可以测量纸浆等贴敷材料的电导率，当测量的电导率恒定时，就说明清洗基本干净了。

三 加固

当岩石内部的天然胶结物因为风化而损失时，岩石的强度随之降低，为了提高风化历史档案强度，需要通过添加加固剂渗透到历史档案岩石中，替代由于风化引起损失的天然胶结物，使之强度重新恢复，这就是石质历史档案的加固保护。因此加固保护的目的就是针对已经风化的、有解体危险或已经砂化的石质历史档案，通过添加加固剂的方法使之机械强度尽可能地加强，之所以如此说，是因为要达到石材的原始强度，是不可能的，虽然随着技术的进步，加固后石材的强度可能更高，但其中的副作用影响也不可避免。

加固的实际操作也很简单，一般采用将加固剂制成熔化状态，采用喷涂、涂覆等方法将加固剂添加到粉化、酥碱甚至是已经开裂的石材表面，加固剂之间以及加固剂与石材之间产生较强的胶结作用，随着溶剂的挥发，加固剂凝固，被加固石材的强度得到加强。虽然石质历史档案加固保护的原理和操作都十分清晰明了，但由于历史档案保护要求的标准苛刻，所以实际操作时仍旧有许多困难，这些困难其实集中表现在对加固材料的苛刻要求上，比较优先考虑的加固材料的要求集中在：（1）加固剂要在石材一定深度范围能形成一种新的、抗风化的矿物质岩石胶结物；（2）不形成任何破坏岩石的含盐副产物；（3）对岩石的一些主要特性，如水蒸气透气性等不产生新的不良影响；（4）在岩石中有良好的渗透力，至少应能渗透到未风化部位，而且加固后，加固层岩石的力学参数应平稳过渡，不至于加固部分和未加固部分产生明显的力学强度分界；（5）不会引起岩石表面颜色的变化。

加固材料通常分为有机材料和无机材料两大类。无机材料的加固是通过加固剂中某些成分与 CO_2 的反应或水合作用形成新物质而实现的，例如石灰水加固即是氢氧化钙与 CO_2 形成碳酸钙，碳酸钙与石材中的矿物成分近似，从而实现加固目的。显然，使用无机加固材料所形成的新物质与矿物的连接比较脆弱，故其黏结的裂缝宽度不可能过大，用无机加固剂也不能黏结裂开的岩石。另外无机加固材料需要通过化学反应来实现加固，化学反应一旦开始，反应物会阻塞岩石表面的孔隙，从而抑制了加固剂的进一步渗透，所以很难获得良好的渗透效果。

与无机加固剂相比，有机加固剂强度高，可以黏结开裂的岩石，但是像通常的有机材料一样，它们易于受环境因素的影响，例如氧、臭氧、水、紫外及红外辐射等，从而发生老化的现象，材料的成分、结构和性能都发生较大的变化，不但丧失加固功能，甚至产生新的破坏。同时，作为有机材料的加固剂和无机岩石基底，物理化学性质差异较大，如热膨胀系数等，所以基于此原因，也要求有机加固材料具有良好的渗透性能，因为如果加固材料渗透到石材的孔隙内部，这些不利因素的影响就会受到限制。可是由于有机加固剂的主要成分是长链分子，且具有极好的黏结，所以这些不利因素的消除依旧十分困难，特别是有机材料老化后颜色的改变，以及有机薄膜形成后产生的眩光现象更是一件令人头疼的事情。

关于这些保护材料的详述请见后面章节的详细讨论。

另外，加固操作时，时间的选择也很关键。因为随着温度的变化，岩石裂缝的尺寸也会发生明显改变，选择适宜的温度下操作，不仅岩石的缝隙大，有利于加固剂的灌注，降低了温度改变时产生的应力破坏，同时也可以将注入水分、材料试剂的挥发速度的影响降至最低。[①]

四 表面封护

当发生风化破坏的石质历史档案加固之后，还需要对其进行表面封护或称表面防护来对石质历史档案进行保护的最后一道保护程序。其实，表面防护所用的材料和加固的材料有很多重合和交集，因为目前最常用的仍是高分子材料，这些高分子材料往往都具有憎水、防腐蚀的性能，也同时具有黏结的性能。但是，如果据此认为，表面防护和加固是一回事，就是完全错误的了。

加固是为了改善和恢复石质历史档案的强度，表面防护是为了隔绝历史档案的风化腐蚀因素的影响，使之不再发生新的伤害，以使历史档案保存的时间更长。例如，常见的石质历史档案风化因素包括水、酸碱性腐蚀物、污物等，作为对策，相应的表面防护材料的类型就有憎水剂、防酸剂、防污剂等，当然我们希望一种材料有尽可能多的防护效果。

另外，防护剂适用于石质历史档案的表面，所以不能改变历史档案的外貌，这一点要求尤甚，甚至可以牺牲一些防护效果，作为补充，定期实施表面防护操作即可。但是对于加固剂，定期加固处理显然操作可能性极小，所以其使用寿命的要求就更高一些。

第六节　西南少数民族石质历史档案的保护材料

一 无机类石质历史档案保护材料

无机类石质历史档案保护材料在 19 世纪曾被广泛运用[②]，在今天偶

---

① 刘景龙：《龙门石窟洞窟漏水病害治理》，《中国文物报》2004 年 9 月 17 日。

② Clifton J. R.：《Stone Consolidating Materials：A Status Report.》（http：//palimpsest. stanford. edu/ by auth/clifton/stone/）.

尔也被应用。无机材料的保护机理是通过材料中的某些成分与二氧化碳反应或水合作用形成新物质而实现的。国际上常用的无机加固材料主要包括：

（1）石灰水

氢氧化钙水溶液几个世纪以来都被用来保护和加固石灰石。英国曾用石灰水加固 Wells Cathedrals 的雕刻作品。[①] 氢氧化钙本身不能防护石灰石，但在溶液中或潮湿环境下，能与空气中的二氧化碳反应生成不溶的碳酸钙，将钙质石头的粒子黏结在一起，其化学反应式为：

$$Ca(OH)_2 + CO_2 \rightarrow CaCO_3 \downarrow + H_2O$$

可是，需多次用石灰水处理才能逐渐防护石灰石，这样前面使用的石灰水生成的晶体沉淀物就会影响后续保护处理的实施。另外，石灰水防护会在石材表面形成一层硬壳，破坏石材的天然外观。

（2）氢氧化锶、氢氧化钡

与氢氧化钙的保护机理相似，氢氧化锶与氢氧化钡会与二氧化碳反应生成不溶的碳酸盐，碳酸盐晶体便留在岩石的孔隙中，与碳酸钙呈分子联结，在相邻颗粒之间形成矿物桥[②]。在美国，曾用氢氧化钡加固康涅狄格州议会大厦。该法很早就用来加固石质历史档案，但效果并不理想。因为，反应速度快，会在表面形成硬壳，然后，碎成小块。为了减缓反应，加入尿素，又易使岩石变黑[③]。

（3）碱性硅酸盐

该法曾在欧洲广泛使用过，它是通过可溶性的碱性硅酸盐填补缺失的矿物颗粒胶结物，以加固酥脆的石质历史档案。如商用的钠、钾水玻璃，当溶液接触矿物时，它固化成 Na_2SiO_3 或 K_2SiO_3，并且在几个小时内将松散的矿物颗粒结合在一起。其中起主要作用的是硅石，非晶的硅石将沙砾、石英、碳酸盐结合在一起，由此达到保护碳酸盐岩石的目的。但由于反应

① Peter M. , "Breathing New Life into Statues of Wells", *New Scientist*, Vol. 76, 1977.

② Lewin S. Z. , Baer N. S. , "Rationale of the Barium Hydroxide – Urea Treatment of Decayed Stone", *Studies in Conservation*, Vol. 19, No. 1, 1974.

③ Schnabel L. , "Evaluation of the Barium Hydroxide—Urea Consolidation Method", In: 7th International Congress on Deterioration and Conservation of Stone, Lisbon: Laboratório Nacional de Engenharia Civil, 1974；黄克忠：《石质文物的化学保护法》，载中国文物研究所《文物科技研究》第一辑，科学出版社2004年版，第16—23页。

最终同时会产生有害的副产物，主要是一些钠、钾的碳酸盐，给将来的保护处理带来困难，因此现在并不常用，至少对重要历史档案是这样。[①]

二 有机类石质历史档案保护材料

有机类石质历史档案保护材料主要是一些有机聚合物，它们具有耐水、耐腐蚀、耐冲击、加工性能优良、能以各种形态予以应用的特点。[②]这类保护材料包括自天然的（如植物油）到人工合成的聚合体等许多种。主要有：

（1）石蜡

石蜡用于保护石头有两千年的历史了。首次记录石蜡保护石头是在公元 88 年。1857—1859 年人们用石蜡溶于松节油来保护已风化的 Westminster Abbey 的石头。例如，石蜡可使石头拉应力增加 1.06—4.12 mN/m^2，而四乙氧基甲基硅烷只能使石头提高 1.88 mN/m^2。另外石蜡是较耐用的石质历史档案保护材料，且可固定可溶性盐[③]。

石蜡应用于石质历史档案的保护，常是将石蜡溶在有机溶剂中，若渗透深度不够则会形成表面壳层，最终表层会剥落。更主要的问题是温度较高时，石蜡会变软，且易吸附灰尘和污秽，并且清洗这些石蜡十分困难。

（2）有机硅类

有机硅类加固剂主要有硅酸乙酯、烷基硅酸盐、硅氧烷等，其分子中含有烷基和硅氧键链，是一种介于有机高分子和无机材料之间的聚合物，因此，也称为硅酸盐的衍生物。许多石质文物保护者认为有机硅类保护材料是防护硅基质砂石最有前途的防护材料之一，这是因为有机硅的渗透能力较强，其聚合速率可被调节使之达到一定的渗透深度，在多孔的石头上的渗透深度可达到 20—25 毫米以上[82]，而且其聚合产物结合的化学键与硅基质砂石结合的化学键十分相似。有机硅材料具有一般高聚物的抗水性，又具有透气和透水性，不仅与历史档案有物理结合，而且有时会形成

---

① Jiri, B., Petr, K., "Crac king of Organosilicone Stone Consolidants in Gel Form", *Studies in conservation*, Vol. 41, No. 1, 1996.

② 周宗华：《用于文物保护的高分子材料》，《高分子通报》1991 年第 1 期。

③ Price C. A., "Stone Decay and Preservation", *Chemistry in Britain*, Vol. 11, No. 9, 1975.

新的化学键，最终形成的物质是稳定的硅化物，起到明显的加固作用，其
化学反应式为：

$$Si\ (OR)_4 + 4H_2O \rightarrow SiO_2\ (Silicagel) + 4R - OH$$

因此，有机硅类实施加固时，一般需要一定的水分，首先与湿气反应，
然后是凝聚反应，这一反应大概需要几周才能进行完全，这也使得该法在相
对比较干燥地区使用时受到限制。而且，该法使用时的保护效果随着岩石成
矿组分的不同而不同，硅酸盐岩石的效果较佳，而石灰石岩石则效果一般。
而且，有机硅的憎水性与石材的亲水性引起的应力破坏极为明显突出，这种
副作用使有机硅有可能不仅起不到保护的作用，甚至会产生破坏。[①]

（3）丙烯酸聚合物

如甲基丙烯酸和丁基丙烯酸等，这些单体随溶剂渗入石头并在石头里
面聚合。当渗透率很好、聚合度很高时甲基丙烯酸酯和其他丙烯酸树脂能
有效地提高多孔石质历史档案的强度和耐候性。1968 年，首次在意大利
用丙烯酸聚合物加固 Sienacathedral 大门框中的雕刻。

尽管人们关注的不同取代基的丙烯酸酯的聚合体较多，但其脆性大，
且玻璃态转化温度高，黏度大，渗透效果差，所以一般认为也不适合作为
石头加固剂。[②]

（4）环氧树脂

实际上是一种由环氧树脂与凝固剂组成的聚合试剂。环氧树脂与凝固
剂混合就会转变成一种坚硬的、热固性的交联的聚合物。最普通的环氧树
脂是由双酚 A 二苯酚基丙烷（双酚 A2－2，双对羟苯基丙烷）合成而得。
环氧树脂虽然黏度较高，但作为加固材料并不理想，因为它难渗透、易

①　Tarasov V. I.，"New Colloid Silicate Solutions for Restoration and Conservation of Stone Fa-
cades"，*Russian Journal of Applied Chemistry*，Vol. 74，No. 12，2001.

Cardiano P.，Mineo P.，Sergi S.，Ponterio R. C.，Triscari M.，Piraino P.，"Epoxy－Silica Poly-
mers as Restoration Materials. Part II."，*Polymer*，Vol. 44，No. 16，2003.

Cardiano P.，Sergi S，Lazzari M.，Pirainoa P.，"Epoxy － Silica Polymers as Restoration Materi-
als"，Polymer，Vol. 43，No. 25，2002.

②　Furukawa H.，"Cure Mechanism and Properties of Acrylosilane Coatings"，*Progress in Organic
Coatings*，Vol. 24，No. 1－4，1994.

Mazzola M，Frediani P，Bracci S，Salvini A，"New Strategies for the Synthesis of Partially Fluorina-
ted Acrylic Polymers as Possible Materials for the Protection of Stone Monuments."，*European Polymer
Journal*，Vol. 39，No. 10，2003.

碎、时间一长易泛黄①，所以没有被广泛使用。

尽管环氧树脂作为石刻的加固材料失败的例子不少，但是就此将其完全放弃也是不理智的。Selwitz 在总结了先前的成功和失败的案例，指出如果环氧树脂使用时注意溶剂和操作方式的正确选择，环氧树脂同样可以取得较满意的效果。② 如我国南京博物院采用环氧类保护剂 E44 对明祖陵石刻进行了加固保护。③

（5）其他的人工有机聚合物

其他的人工有机聚合物可用于石质历史档案防护的有含氟聚合物④、聚氨酯⑤、尼龙和聚酯⑥等，它们都可在石质历史档案表面形成一层密封

---

① Cardiano P., Ponterio R. C., Sergi S., Lo Schiavo S., Piraino P., "Epoxy – Silica Polymers as Stone Conservation Materials", *Polymer*, Vol. 46, No. 6, 2005.

Ginell W. S., Coffman R., "Epoxy Resin – Consolidated Stone: Appearance Change on Aging", *Studies in conservation*, Vol. 43, No. 4, 1998.

② Selwitz C. M., "The Use of Epoxy Resins for Stone Conservation", In: Vandiver P B, Druzik J R, Wheeler G. S., ed. *Materials Issues in Art and Archaeology* 2, Pittsburgh: Materials Research Society, 1991, pp. 181 – 191.

Selwitz C. M., "The Use of Epoxy Resins in Field Projects for Stone Stabilization", In: Vandiver P. B., Druzik J. R., Wheeler G S, ed. *Materials Issues in Art and Archaeology* 2, Pittsburgh: Materials Research Society, 1992, pp. 925 – 934.

③ 陶保成、杨毅、何伟俊：《明祖陵石刻加固保护竣工报告》，《东南文化》2002 年第 11 期。

④ Frediani P., Manganelli C., Matteoli U., Tiano P., Piacenti F., "Perfluoroethers as Water Repellents in Stone Conservation", *Journal of Fluorine Chemistry*, Vol. 16, No. 16, 1980.

Piacenti F., CamaitiE M. Strepparola E, Moggi G., "Recent Developments with Fluoropolymers for Stone Conservation." *Journal of Fluorine Chemistry*, Vol. 58, No. 2 – 3, 1992.

Rizzarelli P., La Rosa C., Torrisi A., "Testing a Fluorinated Compound as a Prote ctive Material for Calcarenite", *Journal of Cultural Heritage*, Vol. 2, No. 1, 2001.

和玲：《含氟聚合物及其对文物的保护研究》，博士学位论文，西北工业大学，2002 年。

⑤ Coffman R. L., Agnew N., Selwitz C., "Modification of the Physical Properties of Natural and Artifical Adobe by Chemical." In: Vandiver P. B., Druzik J R, Wheeler G. S., ed. Materials Issues in Art and Archaeology 2, Pittsburgh: Materials Research Society, 1991.

Adler H. J., Jahny K, Vogt – Birnbrich B., "Polyurethane Macromers—New Building Blocks for A-crylic Hybrid Emulsions with Outstanding Performance", *Progress in Organic Coatings*, Vol. 43, No. 4, 2001.

⑥ Hansen E. F., Agnew N., "Consolidation with Moisture Curable Isocyanates: Polyureas and Polyurethanes", *I COM Committee for Conservation*: 9th Triennial Meeting, *Dresden*, Los Angeles: ICOM Committee for Conservation, 1990, pp. 557 – 562.

的保护膜，防止水汽、酸和盐的破坏，但同时也克服不了其他有机聚化合物的缺陷。

第七节　石质历史档案保护材料的性能表征

目前，石质历史档案保护材料的性能表征方法基本都是为了检验材料是否能满足保护者某方面的要求。例如，历史档案保护后，如果是为了使历史档案憎水，则检验接触角、吸水率；如果为了防酸雨，则检验质量损失率。但是，即使是同一检测指标也是方法众多，各不相同，这样，就造成不同保护材料比较的困难。至今，国内外都还没有一个统一的石质历史档案保护材料性能表征的标准，尽快制定统一的标准，已成为国内外石质历史档案和文物保护工作者都热切关注的问题。

在此，根据前人经验和本实验室的过去工作，总结了石质历史档案与文物保护材料的常用检验方法，如下：[①]

① Price C., *Stone conservation: an overview of current research*, Los Angeles: Getty Conservation Institute, 1996, pp. 25 – 28.

Peruzzi P., Poli T., Toniolo L., "The Experimental Test for the Evaluation of Protective Treatments: A Critical Survey of the 'Capillary Absorption Index'", *Journal of Cultural Heritage*, Vol. 4, No. 3, 2003.

Melo M. J., Bracci S., Camaiti M., Chiantore O., Piacenti F., "Photodegradation of Acrylic Resins Used in the Conservation of Stone." *Polymer Degradation and Stability*, Vol. 66, No. 1, 1999.

Rizzarelli P., La Rosa C., Torrisi A., "Testing a Fluorinated Compound as a Protective Material for Calcarenite", *Journal of Cultural Heritage*, Vol. 2, No. 1, 2001.

和玲、梁国正：《含氟成膜聚合物应用于文物的表面保护》，《膜科学与技术》2003 年第3 期。

《建筑装饰用天然石材防护剂》，2005 年，中华人民共和国建材行业标准，标准代号：JC/T973 – 2005。

《天然饰面石材试验方法，第 1 部分：干燥、水饱和、冻融循环后压缩强度试验方法》，2001 年，中华人民共和国国家标准，标准代号：GB/T 9966. 1 – 2001。

《天然饰面石材试验方法，第 2 部分：干燥、水饱和弯曲强度试验方法》，2001 年，中华人民共和国国家标准，标准代号：GB/T 9966. 2 – 2001。

《天然饰面石材试验方法，第 3 部分：体积密度、真密度、真气孔率、吸水率试验方法》，2001 年，中华人民共和国国家标准，标准代号：GB/T 9966. 3 – 2001。

《天然饰面石材试验方法，第 6 部分：耐酸性试验方法》，2001 年，中华人民共和国国家标准，标准代号：GB/T 9966. 6 – 2001。

（1）耐酸蚀性

试样每组 4 块，其中 2 块为平行试验样品，另 2 块为参比样品。做好试验样品的起始质量记录 m_0（g），然后，把它们直立浸泡在盛有 1%（V/V）的硫酸溶液的容器中 24 h，再将样品放在 60℃ 的烘箱恒温 6 h，然后取出冷却至室温，最后称重并记录 m_1（g），计算质量损失率。

质量损失率 Δm（%） 按式（4.1）计算：

$$\Delta m = \frac{m_1 - m_0}{m_0} \times 100\% \tag{4.1}$$

以上记为一个循环。

（2）耐碱蚀性

试样每组 4 块，其中 2 块为平行试验样品，另 2 块为参比样品。作好试验样品的起始质量记录 m_0（g），然后，把它们直立浸泡在盛有饱和 $Ca(OH)_2$ 溶液的容器中 24 h，再将样品放在 60℃ 的烘箱恒温 6 h，然后取出冷却至室温，最后称重并记录 m_1（g），计算质量损失率。

质量损失率 Δm（%） 按式（4.2）计算：

$$\Delta m = \frac{m_1 - m_0}{m_0} \times 100\% \tag{4.2}$$

以上记为一个循环。

（3）耐盐蚀性

试样每组 4 块，其中 2 块为平行试验样品，另 2 块为参比样品。做好试验样品的起始质量记录 m_0（g），然后，把它们直立浸泡在盛有 pH = 1 的 $NaHSO_4$ 溶液的容器中 24 h，再将样品放在 60℃ 的烘箱恒温 6 h，然后取出冷却至室温，最后称重并记录 m_1（g），计算质量损失率。

质量损失率 Δm（%） 按式（4.3）计算：

$$\Delta m = \frac{m_1 - m_0}{m_0} \times 100\% \tag{4.3}$$

以上记为一个循环。

（4）憎水性

用接触角测量仪测量水对成膜后石材表面的浸润性，即接触角，以接触角的大小定量地表征材料的憎水性。

（5）耐污性

污染试剂为纯的高级蓝黑墨水。

标样的制备：在 5 块干净的汉白玉石块表面分别滴加 1 滴不同浓度的蓝黑墨水，静置 1 min 后，用去离子水冲去。该 5 块样品即作为参比的标准样品，相应的污染级别及对应墨水浓度如表 4 - 3 所示。

表 4 - 3　　　　　标样蓝黑墨水的浓度（墨水：水的体积比）

Grade Ⅰ	Grade Ⅱ	Grade Ⅲ	Grade Ⅳ	Grade Ⅴ
1 ／ 4	2 ／ 3	3 ／ 2	4 ／ 1	5 ／ 0

保护处理后耐污等级的确定：操作与标样的制备相同，只是在被测石材表面滴加纯的蓝黑墨水，与标样进行比对，以颜色深浅的程度来确定耐污等级。

（6）耐酸度

耐酸度测试与"耐酸蚀性"测试的目的不同，耐酸性测试是为了表征材料抵抗长期酸腐蚀的能力，而耐酸度测试是为了检验材料所能抵抗腐蚀酸的酸度值，可用腐蚀酸 pH 值的大小表示。

配制一系列不同浓度的 H_2SO_4 溶液，pH 值分别为：3.0，2.5，2.0，1.5，1.0，0.8，0.6，0.4，0.2，0.0，- 0.3 和 - 0.6。

在石材表面，用滴定管分别滴加不同 pH 值的 H_2SO_4 溶液，持放大镜仔细观察 2 min，其间若气泡产生则说明其能够抵抗此酸度的 H_2SO_4 溶液腐蚀，耐酸值就为该 H_2SO_4 溶液 pH 值。若无气泡则继续检验，直到测到 pH 值等于 - 0.6 为止。耐酸值 = pH 值。

（7）耐候性

耐候性之一：耐光老化性

将样品置于 500 W 紫外线高压汞灯老化箱内，距紫外线灯管 20 厘米，温度 50℃，每隔两小时喷去离子水一次。分别于 1 天、3 天、7 天、10 天、15 天后，根据表面粉化程度、（变色情况）及光泽度的测量，评定级别。

耐候性之二：耐热老化性

把样品放置于 140℃ 的烘箱内，1 天、3 天、7 天、10 天、15 天后，取出，放置 6 h 后观察，根据表面粉化程度、（变色情况）及光泽度的测量，评定级别。

耐候性之三：抗冻融性

试样每组 4 块，其中 2 块为平行试验样品，另 2 块为参比样品。做好试验样品的起始质量记录。将样品浸在水中 24 h，使其孔隙中完全充满水分。24 h 后，擦干样品表面后称重，记录此时样品重量，用于求样品的吸水率。然后将样品放在冻柜中冷冻 2—3 h，冰柜温度保持在 -40℃ 左右。取出后在 60℃ 左右烘干，再冷却称重记录。以此为一个循环，连续做几十个循环。记录每次循环，各个样品的外观及质量变化。

（8）透气性

将石材放置在塑料口杯上，杯内盛有一定量的水，用玻璃胶密封。等玻璃胶彻底固化后，定时称量水分的减少量，或用透气性参数 μ（每平方米样块/或每立方米每天透过的水蒸气量）来表示。

（9）吸水率

暂参照国家石材标准（GB/T9966.3 - 2001）将试样用刷子清扫干净放入 $105 \pm 2℃$ 烘箱中干燥 24h，取出冷却到室温，称其质量 m_0（g），精确到 0.02 g。再将试样放入室温的蒸馏水中，浸泡 48 h，取出，用拧干的湿毛巾擦去表面水分，并立即称量质量 m_1（g），精确到 0.02 g。吸水率 Δm_a（%）按式（4.4）计算：

$$\Delta m_a = \frac{m_1 - m_0}{m_0} \times 100\% \tag{4.4}$$

（10）抗压强度

样品的抗压强度可直接由拉力试验仪测得。

（11）表面硬度

表面硬度可直接由硬度计测得。

测量时，压针距离试样边缘至少 12 毫米，压针压足，且和试样完全接触 1 s 内读数，测点间距不小于 6 毫米，至少测量 5 次取平均值。

第五章

西南少数民族金属质历史档案的保护

第一节　西南少数民族金属质历史档案

用金属材料作为载体的历史档案，以带有铭文的青铜器居多。在青铜器上铸字铭文，在商朝就已经出现，到了西周，中国的青铜器进入极盛时期，此时铸于青铜器上的文字数量增多，记事广泛，甚至发展到专为记事铭文而铸造青铜器，这些青铜器就具有了书史的性质，这种具有记史性质的青铜器铭文就称为金文档案。金文档案是继甲骨档案后又一种珍贵的历史档案，是我国古代档案、文物宝库中的一颗璀璨明珠。

古代先民以金属统称为"金"，刻于青铜器上的文字就称作"金文"或"铭文"，从出土的金文档案记事范围看，它比甲骨档案更为广泛而详细，对研究当时的历史具有极其重要的史料价值。因此，在我国很早以前，就有人开始研究金了。青铜器与石刻碑碣一起作为了一门新兴的研究对象，渐渐崭露头角，虽然在五代以前，没有专门研究金石学的学者，但到了宋代，就开始有专门研究金石学的学者了。欧阳修的《集古录》被认为是宋代金石学的开创之作，他的学生曾巩的《金石录》提出金石一词，金石学于北宋时期正式形成。及至清代以后，由于受到乾嘉学派的影响，金石学进入鼎盛，王鸣盛等人正式提出金石之学这一名称。纵览我国金石学的发展，一方面我们感叹先人的治学，另一方面也肯定会惊异于我国金石铭文资料的丰富。①

---

① 张之恒：《中国考古通论》，南京大学出版社 2009 年版，第 24—27 页。

关于"金石学"的定义及其范围，中国近代考古学先驱、著名的金石考古学家、书法篆刻家马衡先生，1923年在北京大学专门讲授中国金石学课程。在课程中，不仅探讨了金石学的定义、范围与历史，同时也指出了金石学研究的方法与材料的收集、保存、流传等处置方法，成于课程讲义的著作《中国金石学概论》堪称全面的学科导论性文献，具有统领学科的巨大价值，被誉为近代金石学的开山之作。书中对金石学的定义及其范围作了如下定义：

> 金石者，往古人类之遗文，或一切有意识之作品，赖金石或其他物质以直接流传于今日者，皆是也。以此种材料作客观的研究以贡献于史学者，谓之金石学。古代人类所遗留之材料，谓之中国金石学。
>
> 凡甲骨刻辞、彝器款式、碑版铭志及一切金石、竹木、砖瓦之有文字者，皆遗文也。其虽无文字而可予吾人以真切之印象者，如手写或雕刻之图画，明器之人物模型及一切具形制之器物等，皆有意识之作品也。
>
> 由上所言，既名金石学，而范围乃不仅限于金石者何欤？盖有故焉。试先述其名称之由来及学科成立之概况。①

马衡先生毕生致力于金石学的研究，精于汉魏石经，其治学上承清代乾嘉学派的训诂考据传统，又注重对文物发掘考古的现场考察，主持过"燕下都遗址"的发掘，对中国考古学由金石考证向田野发掘过渡有促进之功，遂使其学术水平领先于时代，被誉为"中国近代考古学的前驱"。郭沫若先生认为："马衡先生是中国近代考古学的前驱。他继承了清代乾嘉学派的朴学传统，而又锐意采用科学的方法，使中国金石博古之学趋于近代化。"

由马衡先生关于"金石学"的定义及其范围可以看出金石学概念的几点变化：（1）由"古人类之遗文"到"一切有意识之作品"的变化。"遗文"指的是甲骨刻辞、彝器款式、碑版铭志及一切金石、竹木、砖瓦上的文字。手写或雕刻的图画，以及明器的人物模型，或其他一切具有形制的器物，它们虽然没有文字，但是可以给予我们真切、实在、可理解的印象意识，这些都是有意识的作品。当然，遗文肯定也属于有意识的作品

---

① 马衡：《中国金石学概论》，时代文艺出版社2009年版，第4页。

之行列。（2）由"金石"到"其他物质"的变化，即金石学的研究对象可以是古人依靠"金石"或"其他一切物质"，如甲骨、彝器、碑版铭志及一切金石、竹木、砖瓦，直接流传到现在的一切有意识的作品。

图 5 - 1　贵州大方县明成化钟，现收藏于大方县奢香博物馆

马衡先生对于金石学的新界定诞生于清末民国初年金石学的兴盛期，这一时期，近代考古学已在中国萌生、发芽和成长，于是金石学的研究逐渐演化为考古学的组成部分，因而金石学作为独立学科不复存在了。但是，马衡先生对金石学的定义及其范围的限定变化，其重要意义不仅在于给我们明确地定义了金石学的定义及其范围，更重要的是为我们在方法论上带来的新气息，即"打破传统，勇于探索，锐意改革"。正如之前对档案、历史档案、文物、文化遗产等概念的讨论，国家颁布的《文物保护法》和《档案法》的规定，明确地指明了文物或档案收集时，既要"尊重既成事实"，又要"互相协作"的工作方向，而不必纠缠在支离末节之处，舍本逐末。《国务院关于加强文化遗产保护的通知》则更是直接将"文物"与"历史档案"等都统一在了文化遗产的范畴内，这样做的好处

是起码加强了文物与档案研究的交流与合作，扩大了文物与档案的各自研究对象的来源，使得文物和档案都可以借助"文化遗产"抬升自己研究、管理和保护的平台建设。

在西南少数民族文字金文以彝文金文较为典型，彝文金文在西南地区时有发现，但数量不多，是一种比较珍贵的档案史料。比较珍贵的彝文金文如《明成化钟铭文》（见图 5 - 1①），系 1982 年在贵州省大方县城关小学内发现，因钟面彝、汉文均注明是铸于明成化二十一年，即公元 1485 年，故称之"成化钟"，迄今已有 521 年历史，现存有彝文 128 字，钟面刻写的彝文是现存最早的彝文铭文。明成化钟上不仅铸刻有彝文，还有汉文，故对研究明代贵州当地的历史情况越发显得弥足珍贵。此外，傣族先民在历史上也常把一些需要长期铭记的事情以傣文镌刻在金属器物上，也产生了一定数量的傣文金文。②

除金属器物的铭文之外，在西南地区，还有一部分印章由于其材质是金属材料，所以这部分印章也可以划归到西南少数民族金属质历史档案中。如四川博物馆收藏的"清瓦寺宣慰司铜印"，铜印方形，长 8.9 厘米，宽 8.9 厘米，高 12.8 厘米，椭圆形柱钮，印面阳刻汉、满篆文各半，内容为"瓦寺宣慰司印"，印右边侧阴刻汉文"嘉庆九年四月日"，左边侧刻"嘉字四百六十八号"，印背右刻"瓦寺宣慰司印礼部造"。

雅安博物馆收藏的"雅州铜印"与"清瓦寺宣慰司铜印"形制类似，雅州印为铜质，重 1161.27 克，印身为正方形，椭圆柱形钮，印身四边各长 7.4 厘米，厚度 1.5 厘米，把高 8.6 厘米，印面和雕刻字样完好。雅州铜印，印面宽边，柜内满汉两种阳刻文字，各占印面一半，汉文为九曲篆"雅州印"三字，一侧铸满文对应。印台楷书阴刻款"雅州印礼部造 顺治三年（1646 年）正月 × 日"，印身一侧为阴刻楷书"顺字二千三百三十四号"边款，把柄呈上小下大的椭圆柱状（见图 5 - 2）。

这枚"雅州印"印章虽是明末清初的物件，但把柄圆润，光泽如初，其珍贵之处在于它是雅安现存的唯一一枚雅州官印，印证了中国历史上雅安在西南边疆的重要地位。"雅州铜印"制造的时间为明末清初，处于政

---

① 刘国艳：《奢香博物馆镇馆三宝》，《乌蒙新报》2014 年 9 月 22 日。
② 华林：《西南少数民族历史档案管理学》，民族出版社 2001 年版，第 28—103 页。

图 5 - 2　雅州铜印，现收藏于雅安市博物馆

权更替阶段，其把印造型既沿袭了明朝官印的特点也有了清代官印的影子，因为明代百官印都用九叠文（或称九叠篆，九曲篆），铜印直钮，这类印比重最大，直钮已从两宋长方形板状钮变为上小下大的椭圆柱状，加高到 8 厘米左右，形成后世俗称的"印把子"。同时，明代官印背款皆凿年款及编号，这些特点都可以从雅州铜印上得到验证。此外，清代百官印字体有蒙古文楷书、满文、汉篆等，最常见的是汉满文对照同时出现在印面上，这也是清官印的一大特点，雅州印就是在明朝官印的基础上加上满文等特色制造的。

雅州铜印在发现前藏于寺庙横梁上向地一面的封闭凿孔内，该地属射洪县，非雅安辖区，后农民拆除寺庙时发现。雅安明至清雍正六年称雅州，清雍正六年后改州为府，不用雅州印信，应上缴清廷截角注销了，而此印虽经使用但耗损轻微，故专家推断其流落的时间可能在康熙十三年吴三桂进军雅州，清官吏出走遗失。因此，雅州铜印与其发现的过程也反映出了当年雅安及整个四川，在明末清初处于的那样一个政权渗透、交替时期的混乱政局。

西南少数民族地区还发掘到部分彝文印章，如昭通的"昭通蛙钮彝文铜印"，印体长 4 厘米，宽 3.5 厘米，印面厚 2.5 毫米，印钮与印面高 1.5 厘米，重 39 克。印钮为立体青蛙，成蹲伏状，栩栩如生。印面系阴印阳文，有 7 个彝文符号，自上而下排列，刻工反刻，印面和字里行间有界格。①

　　除了这些刻有少数民族文字的珍贵印章之外，还有一些印章，虽然它
们上面刻的是汉文，但是由于其反映或佐证了某些重要的历史事件，或者
是区域少数民族的发展史，对于增进民族向心力、凝聚力，以及促进民族
团结和国家统一，均具有十分重要的档案价值，因此，显得弥足珍贵。
"滇王之印"金印就是这样一件珍贵的印章档案（见图5－3）。

图5－3　滇王金印，现收藏于中国国家博物馆

司马迁在《史记·西南夷列传》中记载：

　　西南夷君长以什数，夜郎最大。其西，靡莫之属以什数，滇最
大。……

　　……滇王离难西南夷，举国降，请置吏入朝。于是以为益州郡，
赐滇王王印，复长其民。

　　西南夷君长以百数，独夜郎、滇受王印。滇小邑，最宠焉。②

　　可是，司马迁在《史记》中称之为"滇"的古老王国，在我国浩如
烟海的历史典籍中，除了《史记》中的寥寥几百字的记载外，再也找不

---

　　①　谭莉莉：《珍贵的西南少数民族印章历史档案》，载杨汝鉴《兰台荟萃·云南省档案学
术论文集》，云南科技出版社2006年版，第160—162页。

　　②　（汉）司马迁：《史记》，线装书局2006年版，第481—482页。

到任何可供研究的历史文字记载了。古滇国的存在就成了一个困扰人们的谜，也是史学界关注的热点问题。1956 年"滇王金印"在云南省晋宁县石寨山 6 号墓出土，印证了《史记》中有关汉武帝"在西南滇国设郡、赐印"的史实，这是云南隶属中央最早的物证，也充分说明了古滇王国确实存在。此印用纯金铸成，金印重 90 克，印面边长 2.4 厘米，通高 2 厘米；蛇纽，蛇首昂起，蛇身盘曲，背有鳞纹。①

图 5 - 4　巴蜀印章，现收藏于雅安市博物馆

①　徐发苍：《云南省历史文化名村名镇·可渡》，云南人民出版社 2008 年版，第 13—14 页。

说到西南少数民族地区的印章，不得不提"巴蜀印章"。在巴蜀青铜器中有不同形制的青铜质和其他质地材料做成的印章，这些印章一般带有小纽，印文中除少数汉字（如"王"字）外，常常铸刻出各种神秘的图案和纹饰（见图5-4），其含义至今尚未被解读，给世人留下无数待解之谜。它们是否代表着巴蜀文化特殊的文字系统？它们是否是巴蜀古代部族通行的某种图语形式？或者是某种图腾崇拜的产物？这些问题都有待人们今后最终揭示。

还有一件著名的金文档案就是1972年在四川省郫县独柏树发掘出土的一件铜戈（见图5-5），现收藏于四川博物馆，戈"援"后部至"内"的两面都装饰半浮雕虎头，虎身阴刻，戈上有阴刻铭文，有学者研究认为属于古代巴蜀文字。①

图5-5 四川省郫县出土战国虎纹铜戈，现收藏于四川省博物馆

在雅安博物馆同样收藏有一件精美的带有铭文的战国晚期兵器，即"成都"铭文青铜矛。这件青铜矛矛身通长21.9厘米，宽3.1厘米，骹长2.8厘米，在弓形双耳间骹面铸饰一浅浮雕虎像，一面铸虎的头顶及虎的前躯，虎身绕骹侧迂回向上，虎身双腿匍匐，虎尾伸直，尾尖上卷直至

---

① 华林：《西南彝族历史档案》，云南大学出版社1999年版，第107页。

矛身，虎头的下颚饰在骹的另一面前端，虎头硕大，身躯长如蛇，蜿蜒至另一面，虎的长舌则由骹前部和刺叶取代。在虎首前的骹面阴刻铭文"成都"二字，刺身脊上另阴刻一"公"字（见图5－6）。"成都"铭文青铜矛的发现，可将成都历史向前推约两百年，这是因为关于"成都"的城市称谓最早由来是在西汉，而在战国墓里发现了"成都"矛，说明早在战国时期，便已经有了关于"成都"的说法。此类带铭文的青铜矛迄今为止仅在全国发现一件，十分珍贵，故被誉为雅安市博物馆的"镇馆之宝"。①

图5－6　"成都"铭文青铜矛，现收藏于雅安市博物馆

镌刻在金属器物上的金文，纪实性强，能长久流传给后世，但总体来

① 严玉琳：《镇馆之宝"成都"铭文青铜矛》，《雅安日报》2011年3月20日。

讲，西南古代少数民族形成的金文档案史料传世的数量较少，但这是从狭义上来讲，即金文档案仅指镌刻在金属器物上的铭文。如果将金文档案的定义拓展到凡是在金属制的器物上刻有遗文或图案纹饰，以及可理解信息的一切具有具体形制的实物，则会发现在西南地区有着和中原地区或华夏其他地区一样璀璨的历史档案史料，而且这部分档案史料焕发着独具少数民族特色的魅力。

图 5－7　李家山 M17：30 鼓，江川，云南

西南地区少数民族金属质古物史料的这种鲜明特点，一方面是在中原文化的影响下发展起来的，另一方面也是该地区的少数民族自创的结果。例如"羊角钮铜钟"，这种云贵青铜文明中的器物，就是在中原商周青铜文化的影响下，在中国西南地区产生的"次生型"青铜礼乐器，它在保留了中原礼乐器功能的前提下，对器形做了重大改造。而中国南方青铜文

明的重要礼乐器——铜鼓，则与中原青铜文明没有任何渊源关系，是云南少数民族先民在春秋时期自创的一种重要礼乐器（见图 5－7①）。铜鼓文化通过技术传播、民族迁徙、贸易、馈赠，在中国南方贵州、四川、广西、广东、海南、湖南、重庆、湖北等省区和越南、泰国、老挝、缅甸、柬埔寨、马来西亚、印度尼西亚 7 个东南亚国家产生铜鼓和铜鼓文化，影响了整个中南半岛青铜文明的发展与繁荣。②

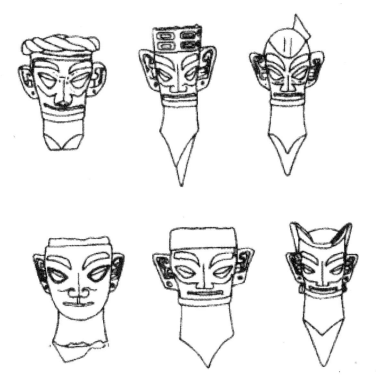

图 5－8　各种造型的青铜人头像，三星堆，四川

此外，像在四川省广汉市发掘的三星堆遗址③和在成都市发掘的金沙

---

① 李昆声、黄德容：《中国与东南亚的古代铜鼓》，云南美术出版社 2008 年版，第 87 页。

② 李昆声、陈果：《中国云南与越南的青铜文明》，社会科学出版社 2013 年版，第 568—569 页。

③ 黄剑华：《三星堆——震惊天下的东方文明》，四川人民出版社 2002 年版。

遗址①都出土了大量的青铜器物，具有极强的相似性和继承性。两处遗址发现的青铜器物中，除青铜容器具有中原殷商文化和长江中游地区的青铜文化风格外，其余的器物种类和造型都具有极为强烈的本地特征。如图5-8②所示，各种造型的青铜人头像，从形态与装饰方面看，它们既有共同的风格，又各具特点，千姿百态，绝不雷同。它们的出土，首次向世人展示商代中晚期蜀国青铜文明的高度发达和独具一格的面貌，表明在商周时期，该地区的古蜀国即已具有高度发达的青铜文明，有力地驳斥了传统史学关于中原周边文化滞后的谬误。

第二节　金属材料的结构特点

人类社会在由野蛮、蒙昧走向文明的历程中，先后经历了石器时代、青铜时代和铁器时代，一个石器时代就经历了上百万年的缓慢演化，在这期间，人类社会的进步是缓慢的。而从石器时代进入青铜时代，生产力发生了一次质的飞跃；从青铜时代进入铁器时代，社会历史呈现出突飞猛进的发展，生产力发生了突变。可以讲，金属材料的使用是现代文明的基础。在这段文明突变的转折期，遗留下了大量珍贵的史学材料，不仅是人类社会的珍贵遗产，更是人类文明发展的佐证，所以一直都是考古学、历史学和档案学的研究热点。

青铜器和铁器都属于金属制品，金属学上所谓的"金属"是指具有良好的导电性和导热性、有一定的强度和塑性、并具有特殊金属光泽的物质，金属材料是由金属元素或以金属元素为主，其他金属或非金属元素为辅构成的，并且具有金属的特性。前一种即为纯金属，后一种就是合金，例如，铜、铁是纯金属，青铜就是合金，一般所说的钢，也是一种合金，也就是含碳量（质量百分比）介于 0.02%—2.11% 的铁和碳的合金。

关于金属的定义，从化学角度看，指的是在化学反应中能形成强碱性

---

① 黄剑华：《古蜀金沙：金沙遗址与古蜀文明探析》，巴蜀书社 2003 年版。

② 黄剑华：《古蜀的辉煌：三星堆文化与古蜀文明的遐想》，巴蜀书社 2002 年版，第 105 页。

的氧化物或氢氧化物，并与酸化合生成盐的一类元素。金属的化学定义，很好地表达了金属原子的结构特点，即价电子数少，而且与原子核的结合力弱，容易摆脱原子核的束缚而变成自由电子。因此，在金属晶体内部，绝大多数金属原子会失去价电子而变成正离子，正离子又按照一定几何形式规则的排列，并在相对固定的位置，作高频的热振动，而所有的价电子则以自由电子的形式，在各离子间作穿梭运动，它们为整个金属所共有，形成所谓的"电子气"。金属晶体就是依靠各正离子与共有化的自由电子之间的吸引或排斥的相互作用而结合在一起，金属晶体内部的这种相互作用就称为金属键。影响金属的一切物化性质和基本性能的基本因素就在于金属的这种内部微观结构和组织状态，所以了解金属的结构与性能，是金属防腐的基础。

除极个别的亚金属为共价键结合外，几乎所有的金属都依靠金属键结合，所以了解了金属键的特性，就可以理解固态金属的特性。如由于金属中存在电子气，在一定的电位差下，其自由电子便会作定向运动，形成电流，从而使金属显示出良好的导电性。自由电子和正离子的运动，使金属具有良好的导热性。金属键的键能较大，所以金属具有较高的强度。金属键没有方向性和饱和性，因此当金属在外力作用下产生形变时，正离子与自由电子之间的结合键，仍可以保持原来的相对关系，使金属不致破裂，表现出良好的塑性。金属中自由电子能吸收可见光的能量，故金属不透明，当吸收了能量而被激发到较高能级的电子跳回到较低的能级时，就会产生辐射，宏观上就会表现出明亮的光泽。因此，金属的主要特性都与它的金属键密切相关。

当然，这种利用经典的自由电子理论解释金属的一般属性是相对粗略的，因为金属中的自由电子并非"完全自由"，根据量子力学的观点，在金属运动中运动的电子可看成是电子波，即德布罗意物质波，它们在金属周期性的电场作用下，电子所具有的能量是不连续的，它们是以能带呈量子化分布的。[①] 但是这并不妨碍我们利用经典的自由电子理论对金属一般属性的解释。

---

① 胡德昌：《金属结构与抗蚀》，宇航出版社 1987 年版，第 5—6 页。

第三节　金属历史档案的制作

常见的金文档案以青铜材料制的居多，因为一般金属冶炼的原理基本一致，都是由氧化物或金属盐矿物还原制得，而且，它们的腐蚀破坏机理也相似，故本文以青铜制的金属铭文探讨其加工和腐蚀的机理。

金属冶炼技术是随着烧陶技术的发展而诞生的，烧陶技术的发展提供了金属冶炼所需要的高温条件，当人们发现天然金属及其矿石，这些颜色醒目的"岩石"可以烧熔，并改变它们的加工性能时，金属冶炼便自然而然地诞生了。在金属中，首先被加工和冶炼的就是铜和铜合金。

在自然界中存在少许的天然红铜，亦即纯铜，它们具有美丽的金属光泽，且混杂在铜矿石之中。可能是古人最初发现了利用质地坚硬的岩石对其进行锤打，可以加工成自己想要的工具或器物，并继而在偶然的情况下发现了火烧、加热、铸造可以改变其加工的便利，这样终于诞生了铜冶炼的工艺。

最初的铜冶炼利用的原料是氧化铜矿的孔雀石 $[Cu_2(OH)_2CO_3]$ 类铜矿石，铜矿石比天然红铜的冶炼更容易，这类铜矿石在800℃左右即可被碳还原，所以，在熔铸自然铜的过程中，人们掌握了铜矿石的选择和冶炼。以焦炭为燃料，孔雀石为原料，冶炼铜时，利用焦炭燃烧时生成的一氧化碳还原铜矿石，首先铜矿石被加热分解，形成氧化铜，随后氧化铜再与焦炭燃烧所生成的一氧化碳接触，即使得氧化铜中的铜还原为金属铜，其化学反应为：

$$Cu_2(OH)_2CO_3 \xrightarrow{\Delta} 2CuO + CO_2 \uparrow + H_2O$$
$$CuO + CO \rightarrow Cu + CO_2$$

这样冶炼制得的铜含量一般在95%—97%，其原因一方面是因为炉渣中的铜的损失，另一方面是由于金属矿中不同金属成分的共生。因此，采用铜矿石冶炼出来的铜，相当一部分不是很纯的红铜，而是铜合金。当时的人们不可能区分单一矿和共生矿，也没有合金的知识，只能注意到不同的孔雀石冶炼出的铜在颜色上有些差异，所以人们在炼铜之初，就不自觉地冶炼出了铜合金。再者，铜矿石中常常伴有与铜共生的铅、锡、锌等矿物成分，从而降低了冶炼的熔点，冶炼出的铜合金比红铜坚硬，延展性又好，较适合制成各种工具，这样伴随着炼铜技术的发展，铜合金就逐渐被人们认识了。[①]

虽然古人铜冶炼明确的历史还不得而知，但是毫无疑问的是铜的冶炼是劳动人民长期实践探索的结果，同样通过长期的时间摸索，古人把铜、锡、铅所占的比例适当调配，把铜铸造推向了新的高度，终于制造出了性能符合所铸器物要求的青铜。正是在商周青铜铸造技术十分成熟的基础上，形成了《考工记》中"金有六齐"这段世界上最早的青铜合金配制法则。《考工记》说：

> 攻金之工，筑氏执下齐，冶氏执上齐，凫氏为声，栗氏为量，段氏为镈器，桃氏为刃。金有六齐：六分其金而锡居一，谓之钟鼎之齐；五分其金而锡居一，谓之斧斤之齐；四分其金而锡居一，谓之戈戟之齐；三分其金而锡居一，谓之大刃之齐；五分其金而锡居二，谓之削杀矢之齐；金锡半，谓之鉴燧之齐。

《考工记》记述的青铜合金成分比例，从现代合金知识来看，也是比较合理的，例如，含锡量17%—20%的青铜最为坚利，与"六齐"中的斧斤、戈戟之齐大概相当。"六齐"中把钟鼎之类含锡量定为1/6，曾侯乙墓编钟的复制研究表明，锡含量在14%左右，铅含量在2%—4%时，乐钟的机械、工艺和声学综合性能最优。[②]《考工记》里记载的工匠们对于制作六种不同类别的青铜器所采用的六种不同的铜、锡的比例，与现代科学研究的结果比较一致，展现了我国古代先民的智慧和总结探索的精神。

一般所说的"铜"指的就是纯铜、青铜、黄铜和白铜，其中，青铜是铜、锡合金，黄铜是铜、锌合金，而白铜是铜、钴、镍的合金。

在中国，青铜中往往还含有一定量铅的成分，锡和铅的加入改变了铜的物理特性，使它更适合作为制作生产生活工具的原料。与纯铜相比，青铜的主要优点是：（1）熔点低。锡的加入降低了铜的熔点，纯铜的熔点

---

① 邢春如：《古代化学》，辽海出版社2007年版，第29—32页。

② 戴吾三：《考工记图说》，山东画报出版社2003年版，第104—105页。

为1084.5℃，25％的锡青铜熔点可降低至810℃。（2）硬度高。锡的加入还提高了铜的硬度，这样不仅可以克服纯铜质地较软的缺陷，而且可以根据不同的需要，选择合金比例，铸造出硬度不同的器物。（3）易于铸造。一方面，铅的加入改善了铜金属的延展性；另一方面，青铜合金中的铅，在铜中呈游离状态，使青铜合金液态下的流动性大大提高，而具有良好的填充性，浇铸时可以填满整个模范，铸出精细的纹饰。

经过矿物冶炼，得到一定纯度的金属，然后进行熔铸及其他加工过程，就可以制得各种所需的金属器物。由冶炼制得的青铜铸造青铜器的方法主要有两种，一是模范法（或称"陶范法"），二是失蜡法。

"模范法"是商周时期最先采用，亦是应用最广泛的一种青铜铸造的方法，其工艺流程主要包括：（1）制"范"。制范包括制模、制型和合范三项程序。首先根据制造器形的需要，用泥土和其他配料配制成原料，塑造成模型，这就是模范法所指的"模"，亦称为母范，并在上面雕刻纹饰，在窑中焙烧、烘干和修正。再在其表面涂一层油脂，然后外敷上泥，并且按照器物的形状要求，用刀分割成若干片，各片之间留下榫、眼或子母口，以便以后合范时严密相接，再行烘烤和修饰，即成外范。将内模表面刮去一层就是内范，刮去的厚度就是铸出器壁的厚度，内范的体积、形状必须与打算铸造的器物内腔完全相同。最后把内、外范合在一起，并敷上加固泥层，做上浇口。（2）浇铸。内、外范套合后，其间的空隙就是型腔。将熔化的铜液注入型腔内。铜液冷却后除去内、外范，就得到了想要铸造的器物。在铸造过程中，为了保障复杂形状铸件的壁厚均匀性，可以在内外范采用用金属芯支撑技术。当器物的结构特殊或比较复杂（例如鼎耳），一件器物的各部位一次浇铸无法完成，需要分别铸造，并将不同的铸件连接在一起，这就是"分铸法"。如果一次浇铸片刻成型，则称"混铸法"。

因此，在模范法制备青铜器物中，"模"是制范的原型，"范"是依照模的形状和纹饰等，翻制出来用于铸造青铜器的铸型，二者决定了青铜器的形状。

"失蜡法"的大致工艺流程与模范法类似，也要先制作器物模具。与模范法不同的是，其模具所用的材料是石蜡等容易加工成型且易于熔化的材料，然后在蜡模上面多次浇淋细泥浆，以形成泥质硬壳，再在其表面敷上耐火材料使之硬化成为铸型。当烘烤模型时，泥模加工成了陶模，同时蜡油融化流出，即成陶范了。[①]

青铜器铭文的制作方法与纹饰一样，需要在制作陶范时，在陶范上面预先制备出与青铜器上铭文凹凸相反的铭文字型，这样在浇铸青铜器的同时就铸造出了所需的铭文字样。为了使青铜器更多姿多彩，青铜器上往往还会使用镶嵌工艺进行装饰，如镶嵌绿松石、镶嵌红铜与错金银等。

第四节　金属的腐蚀

一　金属腐蚀的定义

在博物馆展出的金属文物中，很少能够看到铁质的，一般以青铜居多，但即使青铜器的表面往往也都是锈迹斑斑，只有某些金制的器物才会像新制的一样，其中的原因就在于铁和青铜在自然环境中都会遭受腐蚀破坏，而且铁相较铜而言，更易遭受腐蚀破坏，而金基本不会被腐蚀。这一现象就是"腐蚀"（Corrosion），曹楚南先生在其著作《悄悄进行的破坏：金属腐蚀》中称为"悄悄的破坏"。[②] 关于金属腐蚀的书，正式出版物很多，但是读了曹先生的这本书仍会让人眼睛一亮，因为这本书是一位中国科学院院士写的科普读物，专业人士可以读它，非专业人士读一读更是受益匪浅，书中的语言生动、易懂，读起来丝毫无枯燥、晦涩之感觉，令人称奇。

曹楚南先生，浙江大学教授，中国科学院院士。我国著名的腐蚀科学与电化学专家，在中国领导和开拓了腐蚀电化学领域，其专著《腐蚀电化学原理》从平衡热力学、不可逆过程热力学、多电极系统和多反应耦合系统的电极过程动力学等方面论述了腐蚀电化学的特殊规律，形成了比较完整的理论体系。担任多家期刊的编委，发表论文、出版专著众多，令人想不到的是，这么一位大家写了一本叫《悄悄进行的破坏：金

---

① 北京钢铁学院《中国古代冶金》编写组：《中国古代冶金》，文物出版社1978年版，第22—42页。

② 曹楚南：《悄悄进行的破坏：金属腐蚀》，清华大学出版社2000年版，第3页。

属腐蚀》的科普读物。想想有些"著名的学者"不屑于向大众宣扬自己的专业理论知识，借口就是"他们素质太低，弄不明白"，是否觉得汗颜？

金属材料的各种制品都有一定的使用寿命，随着时间的流逝，它们总是受到不同形式的直接或间接破坏或损坏，损坏的形式虽然多种多样，但最重要、最常见的破坏形式是断裂、磨损和腐蚀。断裂是金属制品受力超过其弹性极限、塑性极限而发生的破坏。磨损是指金属表面与其接触的物体或与其周围环境发生相对运动，因摩擦而产生的损耗或破坏。腐蚀是指金属在其周围环境的作用下引起的破坏或变质现象，或者说：金属材料表面和环境介质发生化学或电化学作用，引起金属材料性能的改变，导致金属或其构成的一部分技术体系功能的退化与损坏。[①]

现在的腐蚀学术研究存在一个趋势，就是把腐蚀的定义从技术扩大到所有物质，包括金属和非金属，这样腐蚀更广泛的定义就是：某种物质由于环境的作用引起的破坏、变质或性能降级。当然，这种广泛的腐蚀定义，不在本书的讨论之列。

从腐蚀的定义可以看出，腐蚀与断裂、磨损，本质上存在着根本的不同，断裂与磨损都属于机械破坏，腐蚀则发生了化学反应。当然在日常情况下，金属材料的断裂、磨损和腐蚀三种破坏形式经常同时存在，甚至难以区分，而且会互相促进发生，加速破坏。所以在青铜器物中，这三种形式的破坏，也往往都可以观察到。与断裂不同，金属材料的磨损和腐蚀是一个渐变的过程。青铜器物发生断裂，可以修复；磨损，注意可以尽可能地避免；但是腐蚀一旦发生，器物的金属材料就会转变成化合物，再也无法恢复，这是与金属的冶炼相反的一个过程。按照热力学第二定律的观点，腐蚀是一个自发过程，自由能降低，故在自然状态下，金属总是存在由金属单质转换为化合物状态的被腐蚀趋势，而不会自发地由化合物状态转化为金属单质。因此，在青铜器物或金文档案的保护中，既有变形青铜器的整修，如锤打或模压，又有破碎青铜器的焊接、黏结和加固，更有青铜器的除锈防护与封护保护，其中，尤以除锈防蚀处理难度最大和最为引人关注。

---

① 杨德钧、沈卓身：《金属腐蚀学》，冶金工业出版社 1999 年版，第 1 页。

二　金属腐蚀的分类

金属腐蚀的现象与机理均比较复杂，因此金属腐蚀的分类也多种多样，至今并未有一个统一的标准，但是常用的分类依据主要包括金属腐蚀的过程、温度、环境和破坏形态四个，而且在分类过程中，它们往往又是相互联系的。

根据金属腐蚀过程的特点，金属腐蚀包括化学腐蚀和电化学腐蚀两类，具体的金属材料是按哪一种过程进行腐蚀，主要取决于金属所接触的介质种类。其中，化学腐蚀是金属表面与周围非电解质介质直接发生化学反应而引起的腐蚀，电化学腐蚀是金属材料（合金或不纯的金属）与电解质溶液接触，通过电极反应产生的腐蚀。它们最显著的区别就是：在反应过程中，化学腐蚀没有电流产生，电化学腐蚀有电流产生。相比较而言，电化学腐蚀是更普遍、更常见的腐蚀形式。

根据金属腐蚀的环境温度，金属腐蚀分为常温腐蚀和高温腐蚀。温度对于任何化学反应都是非常重要的影响因素，一般来讲，温度会加快化学反应的速度。常温条件下发生的金属腐蚀就是常温腐蚀，如果金属的腐蚀是金属在高温状态下与周围环境气体介质发生了破坏反应，就称为高温腐蚀。但是高温腐蚀所指的高温，只是一个相对概念，它与金属材料的熔点和活性有关，例如：$\alpha - Fe$ 的熔点为 909℃，450℃以上为高温；Al 的熔点为 660℃，故 200℃以上就是高温了；而 $\beta - Ti$ 的熔点为 1660℃，所以500℃以上才为高温。一般地，只要金属在某一温度下发生了明显的腐蚀现象，那么这一温度对于该金属而言就属于高温。[1]

高温腐蚀是金属材料与各种高温的腐蚀介质发生的破坏反应，最常见也是最基本的就是高温氧化，即金属与氧气形成金属氧化物的反应，这是由于氧气是自然界和人为环境中最常见的气体介质，该反应的实质就是：

$$2aM + bO_2 \rightarrow 2M_aO_b$$

但是该定义仅是通常意义的高温氧化的狭义定义，事实上，高温腐蚀范畴的金属高温氧化尚有一个更宽泛的定义，广义的金属氧化反应是指金属与含硫、碳、卤素、氮等非氧气体介质反应形成金属化合物的过程，主

---

① 李美栓：《金属的高温腐蚀》，冶金工业出版社 2001 年版，第 1—2 页。

要包括：金属与硫的硫化反应形成低硫化合物，金属与碳的碳化反应形成碳化合金，金属与卤素的卤化反应形成卤化物，金属与氮气的氮化反应，等等。由于高温氧化反应一般是在非溶液的相对干燥环境下进行，所以早期也有干腐蚀、气体腐蚀等称谓，但是目前国内外已经统一采用高温氧化这一专业术语。[①]

高温腐蚀的实际过程非常复杂，一方面是因为其反应机制非常复杂，另一方面，腐蚀环境本身也相当复杂，环境中一般都会包含多种介质，所以参与反应的介质自然也有多种的可能性，例如，金属与两种或两种以上介质的反应就称为混合气氛腐蚀。另外腐蚀介质中除了一些常见腐蚀性气体外，还可能包括灰分、沉积盐、熔融盐、液态金属等，与盐的反应称为热腐蚀，与热态金属的反应称为液态金属腐蚀。[②] 在上述的各种高温腐蚀反应中，各种腐蚀介质的主要物质存在形式如表 5 - 1 所示。

表 5 - 1　　　　　　高温腐蚀环境介质的主要物质存在形式

腐蚀介质	腐蚀介质的物质存在形式	腐蚀现象
含硫气体	SO_2，SO_3，H_2S	硫化
含碳气体	CO，CO_2，CH_4	碳化
卤素	Cl_2，HCl	卤化
含氮气体	空气，NH_3	氮化
熔融盐	Na_2SO_4，K_2SO_4，$NaCl$，KCl，$NaCO_4$，K_2CO_3	热腐蚀
灰分/沉积盐	V_2O_5，MoO_3，$NaSO_4$（固态）	磨蚀、浸蚀、氧化、硫化
液态金属	Al（600℃以上）Na（97.8℃以上）	液态金属腐蚀

根据腐蚀的环境状态，在自然环境下，腐蚀包括了大气腐蚀、海水腐蚀、淡水腐蚀、土壤腐蚀、生物腐蚀等。这些环境亦即通常金属史料的保存和发现的环境，所以，了解金属腐蚀的类型和分类对于有针对性地保护金文档案具有十分重要的指导意义。

此外，当金属腐蚀发生时，一般会有相应的腐蚀现象出现，这是因为

---

① 陈鸿海：《金属腐蚀学》，北京理工大学出版社 1995 年版，第 19 页。
② 翟金坤：《金属高温腐蚀》，北京航空航天大学出版社 1994 年版，第 104—142 页。

金属腐蚀通常是从金属表面开始，然后金属逐渐发生从外及内的破坏，致使金属的外形与内部结构均产生破坏性变化，因此，根据金属腐蚀的破坏形态对金属腐蚀进行分类也是常见的一种金属腐蚀分类方式。但是，由于金属腐蚀的形态对了解金属腐蚀的特性、机理及相应防护措施的选择都具有非常重要的指导价值，故将其在下文"常见的金属腐蚀形态"中单列，在此不再赘述。

三　金属腐蚀的因素

金属腐蚀是一个十分复杂的过程，影响因素众多，但从影响因素的动力来源来分，基本可以分为金属的内在属性因素和外界环境因素两大类。

金属腐蚀的金属内在属性因素主要是指金属的反应活性或金属的活动性强弱如何，为什么在博物馆展品的例子中会看到金、铜、铁的耐腐蚀性能有这么显著的差异，这即与它们的金属活动性强弱有关。金属活动性的强弱可以依据金属活动顺序表来判断，如表 5 - 2 所示，表中位置越靠前，化学性质越活泼；位置越靠后，稳定性越强。金属的活动性，在化学反应中表现出的就是金属元素的还原能力，亦即金属在化学反应中失去电子的能力。例如，在表 5 - 2 中，铁在铜的前面，所以铁金属比铜金属活泼，与铜金属比较，铁的耐腐蚀能力就较差。

表 5 - 2　　　　　　　　　　金属活动顺序表

金 属 活 动 性 增 加

金 属 活 动 性 降 低

钾	钡	钙	钠	镁	铝	锌	铁	锡	铅	氢	铜	汞	银	铂	金
K	Ba	Ca	Na	Mg	Al	Zn	Fe	Sn	Pb	H	Cu	Hg	Ag	Pt	Au

常温时与水反应　　加热或高温下与水蒸气反应　　　不与水或稀酸反应

能够与酸反应

由于金属腐蚀一般是电化学腐蚀，电化学腐蚀本质上是一个原电池反应的过程，金属相当于发生了得失电子的氧化还原反应，构成了一个氧化还原电极，所以也可以从金属的氧化还原电极电位判断金属的稳定性。从热力学稳定性的角度来看，电位越正的金属越稳定，耐蚀性越好，电位越负的金属越不稳定，发生腐蚀的趋势越强。在电化学腐蚀过程中，电位较正的金属充当阴极受到保护，电位较负的金属充当阳极而受到腐蚀。例如：

$$Fe^{2+} + 2e \Leftrightarrow Fe, \qquad E^{\theta} = -0.44v$$
$$Cu^{2+} + 2e \Leftrightarrow Cu, \qquad E^{\theta} = 0.337v[1]$$

从电极电位同样可以判断出，铁金属比铜金属活泼，铁的耐腐蚀能力比铜的差。因此，从电极电位和金属活动顺序表判断金属的耐蚀性，结论是一致的。

金属腐蚀的外界环境因素主要包括相对湿度、温度、环境介质等。相对湿度越高，空气中的水分含量越高，水分可以加快许多腐蚀类型的发生，如与二氧化硫、氧化氮等结合形成酸性溶液，产生酸蚀；促进微生物的生命活动，发生微生物腐蚀。另外，当金属在潮湿环境中，其表面形成一层水膜，空气中的氧透过水膜到达金属表面，发生作用，当相对湿度达到一定数值时，金属腐蚀的速度会大幅上升。

温度对金属腐蚀的影响主要也表现在对各种腐蚀因素的促进作用上，例如，温度与环境相对湿度互相关联，干燥的环境下，气温再高金属也不容易锈蚀。但是当相对湿度达到临界值时，温度的影响明显加剧，温度每增加10℃，锈蚀速度提高两倍。另外，从金属的高温腐蚀现象也可以看到，温度对金属腐蚀的严重影响。

环境介质主要是指金属存放的各种环境类型，如水分、氧气等，例如铁在潮湿空气中发生锈蚀反应，其过程可用化学反应式表示为：

$$Fe + H_2O \rightarrow Fe(OH)_2$$
$$4Fe(OH)_2 + 2H_2O + O_2 \rightarrow 4Fe(OH)_3$$
$$4Fe + 6H_2O + 3O_2 \rightarrow 4Fe(OH)_3$$

可见没有水和氧气，金属就不会生锈。此外，大气中常见的污染物，如盐分、二氧化硫、硫化氢和灰尘，均会加速腐蚀，因此，不同环境下腐

---

① 陈建华：《无机化学》，科学出版社 2009 年版，第 271—275 页。

蚀发生的概率大小存在明显的差别，改善金属保存环境的质量对于其保护
应该是首要选择。

四　常见的金属腐蚀形态

金属的腐蚀形态包括：应力与环境因素共同作用下的腐蚀、全面腐蚀
和局部腐蚀三种情况，各种具体腐蚀形态如图 5 - 9 所示。

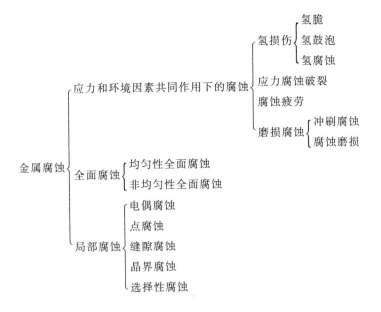

图 5 - 9　金属腐蚀形态分类

（1）全面腐蚀

全面腐蚀是一种常见的腐蚀，是指整个或大部分金属表面均发生
腐蚀，它可以是均匀的也可以是非均匀的，这种均匀与否指的是腐蚀
的速度，而非腐蚀遍布的区域大小。均匀腐蚀是指在与环境接触的整
个金属表面上基本以相同速度进行的腐蚀。非均匀性全面腐蚀指的腐
蚀同样也发生在整个金属表面，但是各部分的腐蚀速度并不一致，甚
至相差较大。例如，一些出土的青铜器就可以看到尽管其表面已经完
全腐蚀，但仍可分辨出不同部位糟朽的程度有所不同，这就是非均匀
性全面腐蚀。

（2）局部腐蚀

有些时候，出土的青铜器腐蚀十分严重，青铜器材料彻底糟朽，完全转化为锈蚀产物，并与周围环境泥土融为一体，根本无法完整取出，这时只能先对青铜器与遗存环境泥土一起加固，然后取出，所以全面腐蚀代表金属的最大破坏，甚至是毁灭性的，但是由于该腐蚀形态现象明显，容易引起注意，相对而言，其他形态的腐蚀，如局部腐蚀较全面腐蚀在性质上更危险，因为这些腐蚀发生在局部，不易察觉，也就忽视了相应的防护措施，一旦发现，危害性可能已经相当大了，常常会引起器物的意外损坏，造成金属史料档案的灾难性事故。局部腐蚀主要有以下几种类型：

电偶腐蚀：当两种或两种以上的金属在同一电解质溶液中接触时，由于电极电位的不同，电位较低的金属接触处的局部腐蚀程度加剧，而电位较高的金属反而受到保护，这种现象就是电偶腐蚀，又称作接触腐蚀、双金属腐蚀。其实质仍然是电极电位不同的金属接触在同一电解质溶液中，构成原电池，产生电偶电流，发生了电化学腐蚀。例如，在青铜中，与铜相比，锡的电位较低，故在电解质环境中，锡金属就会先发生腐蚀。

点腐蚀：又称点蚀、小孔腐蚀、孔蚀、坑蚀，这种腐蚀不是发生在大面积区域，而是发生在很小的局部区域，或者说，腐蚀部位的深度比其直径大得多。点蚀虽然金属腐蚀失重不大，但由于电化学腐蚀过程中，电极面积很小，所以腐蚀速率很快，对金属造成严重破坏，一般金属器物腐蚀穿孔的原因即在于此。点蚀不仅破坏性大，其隐患性也大，因为点蚀可以加剧晶间腐蚀、应力腐蚀和腐蚀疲劳等其他形态腐蚀，在很多情况下点蚀是这些类型腐蚀的起源。

缝隙腐蚀：在金属与金属、金属与非金属表面之间存在狭窄的缝隙，缝隙内如果有电解质介质存在，则其移动就会受到了阻滞，形成浓差电池，从而产生局部腐蚀，这种腐蚀被称为缝隙腐蚀。在使用模范法制作青铜器物时，由于需要合范，故在青铜器物上会留下范线，或使用分铸法，亦会在金属表面可能形成缝隙，这样缝隙腐蚀就不可避免地发生了。

晶界腐蚀：在特定的腐蚀介质中，金属材料沿着材料的晶粒间边界或临近区域，形成微电池，使该区域受到腐蚀，晶粒之间丧失结合力，这种局部腐蚀破坏现象称为晶界腐蚀（或晶间腐蚀）。晶界腐蚀发生时，器物从外表看可能仍然光亮完好，但由于晶粒之间的结合力被破坏，材料的强度降低，严重者会失去金属声音，轻轻敲击可能就会成为粉末。

选择性腐蚀：其实质仍然属于原电池的阳极腐蚀，亦即在多元合金中，由于不同金属在电解质环境中构成原电池，较活泼的金属组分发生优先溶解的现象，就是选择性腐蚀。例如，青铜是铜、锡合金，黄铜是铜、锌合金，所以在这类铜合金中，锡和锌即存在发生选择性腐蚀的可能。①

（3）应力和环境因素共同作用下腐蚀

应力腐蚀破裂：物体由于外因（受力、湿度、温度场变化等）而变形时，在物体内各部分之间产生相互作用的内力，以抵抗这种外因的作用，并试图使物体从变形后的位置恢复到变形前的位置。在所考察的截面某一点单位面积上的内力称为应力。金属材料在特定的腐蚀介质和在拉伸应力的协同作用下，出现的低于强度极限的脆性破裂现象，称为应力腐蚀破裂，也即是说，单纯地存在应力或腐蚀作用，都不会发生应力腐蚀破裂。应力腐蚀破裂首先在金属的腐蚀敏感部位形成微小凹坑，产生细长的裂缝，且裂缝扩展很快，它不仅可以沿着晶间发展，而且也可以穿过晶粒，向金属内部发展，使金属的结构强度大大降低，在短时间内发生严重的破坏。

腐蚀疲劳：在腐蚀介质与循环应力的联合作用下产生的局部腐蚀就是疲劳腐蚀。所谓循环应力是指方向和大小周期循环性变化的应力。金属在这种循环应力的作用下产生疲劳，在承受许多周期的循环应力之后，最后导致断裂。腐蚀疲劳和应力腐蚀断裂的破裂形态可以明显地分辨出，应力腐蚀断裂的裂缝较少，有时只有一条主缝，但通常有一些分支；疲劳腐蚀的裂缝则较多，但是没有分支，裂缝通常发源于一个较深的蚀坑。

磨损腐蚀：由磨损和腐蚀联合作用而产生的材料破坏过程叫磨损腐蚀。当腐蚀介质与金属表面的相对运动速度较大时，金属局部表面遭受严重的腐蚀损坏，磨损腐蚀就发生了。造成磨损腐蚀的流动介质可以是气体、液体或含有固体颗粒的气体等。

氢损伤：金属材料由于氢的存在，或与氢反应引起的金属材料性能的

---

① 赵麦群、雷阿丽：《金属的腐蚀与防护》，国防工业出版社 2002 年版，第 98—120 页。

降低，总称为氢损伤，主要包括氢鼓泡、氢脆、氢腐蚀等。[①]

五 青铜器的腐蚀特性

作为金属，青铜器的腐蚀肯定具有一般金属的腐蚀特点，这在之前的金属腐蚀的一般规律中已经阐述，但是作为个例，青铜器物也有其自己的腐蚀破坏规律。青铜器的腐蚀机理相当复杂，目前一般认为，青铜器埋藏在地下时，依次发生了如下的一系列变化：

（1）青铜器在含有氯化物的潮湿环境中，因为氯离子半径小，容易穿透水膜，与铜发生电化学腐蚀作用，青铜器中的铜作为负极，发生阳极氧化反应：

$$Cu \rightarrow Cu^+ + e$$

作为补偿，正极发生阴极还原反应：

$$2H^+ + 2e \rightarrow H_2 \uparrow$$

铜离子与环境中的氯离子结合形成氯化亚铜：

$$Cu + Cl \rightarrow CuCl$$

（2）氯化亚铜与水反应生成氧化亚铜和盐酸：

$$2CuCl + H_2O \rightarrow Cu_2O + 2HCl$$

（3）氧化亚铜遇氧气、水和二氧化碳时可生成碱式碳酸铜：

$$Cu_2O + O_2 + H_2O + CO_2 \rightarrow Cu_2(OH)_2CO_3$$

（4）氧化亚铜遇水、氧，加上氯化物又可转化为碱式氯化铜：

$$2Cu_2O + 2H_2O + O_2 + 2HCl \rightarrow CuCl_2 \cdot 3Cu(OH)_2$$

因此，青铜器在外界环境影响下所形成的腐蚀产物，由内向外依次为 $CuCl$、Cu_2O，再向外是 $Cu_2(OH)_2CO_3$ 或 $CuCl_2 \cdot 3Cu(OH)_2$，或者是两者都有。

由于氧化亚铜层的转化产物碱式氯化铜是疏松膨胀的，呈粉状，通常称为粉状锈，氧和水仍可进入其中，使深层的氯化亚铜层转化为碱式氯化铜：

$$4CuCl + O_2 + 2H_2O \rightarrow 2Cu_2(OH)_2Cl_2$$

这就造成了青铜器内部同样生成了粉状锈，可见青铜器所处环境中的

---

① 左景伊：《应力腐蚀破裂》，西安交通大学出版社1985年版，第4—10页。

氯离子是造成器物锈蚀的重要原因，氯离子与青铜器物中的铜生成氯化亚铜，是器物继续腐蚀的诱因和开始，所以氯化亚铜的清除是青铜器保护的重要步骤。[①]

总体来说，青铜的腐蚀机理和产物都十分复杂，由于青铜器所处环境存在的腐蚀介质可能还会有硫的化合物，所以其锈蚀物亦会有铜的硫酸盐或硫化物。此外，锡的锈蚀物也会在青铜器的锈蚀物中发现，常见的青铜器锈蚀物如表 5 - 3 所示。

表 5 - 3　　　　　　　　　　常见的青铜器锈蚀物

物质化学名称	化学式	物质俗名	颜色
氧化铜	CuO	黑铜矿	黑色
氧化亚铜	Cu_2O	赤铜矿	红色
硫化铜	CuS	铜蓝	靛蓝色
硫化亚铜	Cu_2S	辉铜矿	黑色
硫酸铜	$CuSO_4$	胆矾	靛蓝色
碱式硫酸铜	$CuSO_4 + 3Ca(OH)_2$	水胆矾	绿色
氯化亚铜	$CuCl$		白色
氧化锡	SnO_2		白色
碱式碳酸铜	$CuCO_3 \cdot Cu(OH)_2$	孔雀石、石绿	暗绿色
	$2CuCO_3 \cdot Cu(OH)_2$	蓝铜矿、石青	蓝色
	$2CuCO_3 \cdot 3Cu(OH)_2$		蓝色
碱式氯化铜	$Cu_2(OH)_3Cl$	绿铜矿	绿色至墨绿色
	$Cu_2(OH)_3Cl$	副绿铜矿	淡绿色

第五节　西南少数民族金属质历史档案的保护方法

人类对于自然现象总是先认知和了解它的规律，再想办法利用这些规律，避害趋利。对于金文档案的腐蚀与防护也是如此，金文档案主要以青铜器物居多，所以只有充分了解青铜器的锈蚀特性，才能设法利用其腐蚀

① 贾文忠：《浅谈青铜器修复》，《中国文物科学研究》2008 年第 2 期。

规律，去除腐蚀因素，避免腐蚀伤害，尽可能地延长金文档案的寿命。

由前述青铜器的腐蚀特性和形态，可知：如果青铜器发生了残损破裂，即需要对其进行修复，如果青铜器发生了锈蚀，则需要除锈。另外，出土青铜器常常覆盖着泥土、污垢或其他硬结凝聚物，这些都需要除去，方能够将被覆盖的信息进行解读。还有，经处理的青铜器，还应进行表面封护处理，以防止周围环境中可能存在的腐蚀因素，达到长期收藏的目的。因此，总的来说，青铜器的保护主要包括复原修复、除锈、去污、表面封护、缓蚀等处理手段。[①]

一　青铜器的复原修复

对于残损破裂的青铜器，必须首先从外形上对其进行复原修复处理，恢复器物的整体原貌，才能陈列或研究。常见青铜器物的残损破裂形态主要有变形、残缺、破碎等，因此，针对性的修复方法主要有：

（1）整形

青铜器长期埋在地下，或者即使是传世藏品，在流传期间，由于受到挤压、撞击等外力的作用，其外形发生了改变，甚至可能支离破碎，这就需要对其外形施加外力作用，以恢复其原有的形貌，这就是青铜器的"整形"修复。整形修复过程中，需要根据器物的质地、变形和腐蚀的程度，选择合适的整形方法。例如，可以用钢锉在器物断口的腐蚀层上锉一下，如果铜质的光泽良好，说明铜器还保持着较高的金属性；如果光泽不好，甚至还带有暗紫色的颜色，说明铜质已不具有金属性。另外，青铜器在外力作用下产生的变形属于塑性变形，即使去掉外力，变形部位亦不能恢复原状，仍保持变形状态。因此，常用的整形方法主要有：锤打法、模压法、加温法、锯解法等。

锤打法：这是青铜器整形中最常用的方法，主要针对腐蚀程度轻，铜质含锡量小，变形程度小，变形部位薄且具有较好的韧性的青铜器。它是利用锤击变形部位使之改变变形方向的一种整形方法，锤打时，选择合适外形的砧子，垫在器物的变形处，然后在器物的另外一侧，用锤子轻轻锤击，使向内塌陷或向外扩张的器物壁恢复。由于金属性质、破损程度、破

---

① 王宏钧：《中国博物馆学基础》，上海古籍出版社 2001 年版，第 222—228 页。

损位置的不同，为了避免对青铜器造成损害，需要根据具体情况，灵活选择不同材质的工具。在对青铜器整形时，锤击的工具主要有锡锤、铅锤、木锤、橡胶锤等。其中，木锤、橡胶锤，材质较软，不会对青铜器造成损害，但是锤击时力度较轻，变形器物不易恢复。相反，使用铅、锡锤锤击变形的部位，不但克服了木锤、橡胶锤锤击力度弱的缺点，而且锡、铅金属因为其硬度大大低于青铜的硬度，可以降低对器物的损害，所以锤打变形青铜器物时，一般选择锡锤或铅锤。

模压法：主要针对质地好、铜胎薄、韧性较强、腐蚀较轻的器物。采用模压修复时，与青铜器的模范制造工艺类似，也是选择合适的材料制成模具，模具共含内模和外模两块，内外模合在一起，中间留有缝隙，即为一套。将变形的器物置于内外模之间，然后从外面，对模具缓缓施加外力，小心操作，逐步恢复变形器物的外形。

加温法：对于铜质较好、胎壁薄的青铜器，可以先采用加温消除青铜器的应力，提高可塑性和韧性后，再用锤击或模压进行整形。这样，避免了冷锤击、模压等传统工艺所造成的破裂损坏现象，最大限度地保持器物的完整性。

锯解法：对于质地较差、弹性较差、铜胎壁厚、损伤或腐蚀严重的青铜器，其变形程度特别大，以至于锤击法、扭压法等方法无法整形恢复时，往往采用一种通过分解、组合、焊接或半分解、整形、焊接的方法恢复青铜器形状的修复方法。由于修复过程需要对修复部位或整个器物切断分解，再组合、焊接成型，所以该法是建立在对器物先有目的地"伤害"的基础上，故应该尽可能不采用，除非不得已而为之。①

（2）补配

如果青铜器部分残缺，不但影响对其器型的理解，也会降低其力学结构的强度和稳定性，这时就需要制作与残缺件外形一致的配件，"补配"方能使器物整体复原。补配的配件材料可以选用相同的材质，也可以选用不同质地的材料，如用锡铅合金补配等，但是无论如何选择，补配过程必须严格遵守历史档案或文物保护、修复的有关规定。补配时，可以直接将修补材料通过敲打成形，再焊接到器物需补配的部位；或者在器物相应的

---

① 　陈仲陶：《古青铜器修复整形工艺探究》，《中国文物科学研究》2009 年第 3 期。

完整部位翻模，再将补配材料熔融，浇铸成形后，焊接到残缺部位。[1]

（3）固接

如果青铜器发生破碎、断裂等伤害，但没有缺失，则需要将残破的器物碎片，加固连接成为整体，即为"固接"修复方式。首先将破碎残片，依据其形状、颜色、纹饰、茬口，找到连接处，并标明，以备加固连接之用。固接的方法主要是焊接和黏结，对残损严重的也可以用螺钉、铆钉等机械连接方法，并与黏结配合使用，以增加固接强度。[2]

青铜器的焊接可采用"锡焊"的方法，这是因为铜及其合金具有较好可焊性，另外金、银也具有可以锡焊的性质，而铁的可焊性就很差，这一点在金属器物的修复时需特别注意。焊接时，先将需焊接的碎块部位加热，并在其表面镀锡，再用铅锡焊料，配合适量的合适的焊剂，如松香，进行焊接。但应该注意的是，为了获得较佳的锡焊效果，需要对焊接的接口处进行预处理，除了前述的加热和镀锡外，有时甚至会对断口机械打磨，可能就会对器物增加额外的伤害。

在焊接时，如果断口两端高低不平，形成一个落差，碴口无法对接，必须给了它一定的力后才能对接，如用工具将断口两端高的一面压下，低的一面撬起，两面高低不平的断口就可以焊接了，这就是借助撬压法来焊接。如果是较大型厚重的敞口青铜器，则可借用略长于青铜器内壁直径的木棍顶在器壁内侧，并施加力将变形部位撑开，然后再焊接，此即为顶撑法。

在青铜器的修复中，传统的焊接修复技术经过长期的使用，行之有效，得到了充分的肯定。传统的黏结修复技术使用松香加油脂或者虫胶漆等黏结材料，黏结强度小，易脆，柔韧性差，故只能临时使用，特别是修复那些质地松脆、没有胎质、氧化锈蚀严重的青铜器时，传统的黏结显得无能为力。现在，随着现代科学技术的进步，黏结材料得到了迅速的发展，各种高分子的黏结材料相继出现，如环氧胶黏剂、氰基丙烯酸脂胶黏合剂等，使黏结技术在青铜器保护修复中得到了广泛的运用。[3]

经过整形修复之后，青铜器物的整体外观得以复原，但是补配件或加

---

[1] 罗夜起：《用电铸法进行铜质文物的补配和修复》，《中国博物馆》1993年第3期。

[2] 潘慧琳：《文物修复与养护》，万卷出版社2005年版，第130—135页。

[3] 杨晓邬：《文物修复中的粘接技术》，《四川文物》2006年第5期。

固连接之处可能会与原器物存在明显的差异。为了达到外观效果的一致，有时会将颜料与黏结加固剂调和，再施加于经修复的部位，称为作旧、作锈或着色等。但是随着人们认识的改变，如果经过作旧，修复部位与青铜原器物完全一致，后人无法辨析，可能并不是一种十分理想的修复，因为这样就使后来引入的材料无法清楚地解构出，使人们无法清楚地了解器物的原始状况，而且一旦修复材料发生变质或保护性伤害，也就无法方便地重新去除。当然，在对待青铜器修复材料的"可识别性"上，可能会存在着某些理解上的差异，事实上，青铜器物的复原修复的几类方法，在操作时都存在着修复理念的理解的差异，这种差异一方面来自中西方在对待青铜器保护修复理念上理解的不同，另一方面也来自国内修复保护界对此的分歧。中国悠久的青铜文化传给了后人灿烂的青铜文明，留下了大量的青铜器精品，也是重要的金文档案载体，面对这些青铜器，应以什么样的理念、原则来指导修复实践，应以什么样的手段、什么样的方法将它们修复好，是摆在每个青铜文物修复工作者面前的重要课题。中国国家博物馆陈仲陶先生认为，在执行"不改变文物原状"、"保护文物原貌"、"最小干预"、"可识别性"等理念、原则的同时，还要注意"没有绝对标准，只有因病施治、原则性与灵活性的有机组合、不以唯美至上"，其目的就是将一件件包含着准确、完整历史信息的文物流传给子孙后代。①

二　青铜器的清洗与除锈

出土青铜器表面会沉积有大量的泥土（夹杂着沉积盐），有些泥土由于长期的沉积、变质，甚至已经矿化，结构处于十分稳定的状态，与基底器物牢固地结合在一起。而且由于环境腐蚀因素的破坏，表面还会生成铜锈类腐蚀产物，它们与泥土混合在一起，与器物浑然一体，甚至无法限定以分离。即使是室内保存的青铜器，也会由于时间的流逝，慢慢产生器质性的变化，如表面锈蚀等。

青铜器的表面往往包含有丰富的信息，如果表面被泥土、铜锈等覆盖，就无法对其承载的信息进行解读，并且某些铜锈会诱发更严重的腐蚀

①　陈仲陶：《对青铜器保护修复理念、原则的探讨》，《文物保护与考古科学》2010 年第 3 期。

的发生，影响器物的长期保存与研究，因此，必须对青铜器表面的灰尘、泥土和锈蚀物等进行清洗和除锈，这样就可以去除掉器物中已存在的破坏腐蚀因素。

所谓清洗就是从物体表面上清除污垢的过程，通常是指把污垢从固体表面去除掉。污垢是指物体受到外界物理、化学或生物作用，在表面形成的污染层或覆盖层。

待清洗的物体都存在于特定的介质环境中，因此即产生了清洗对象（待清洗的物体）、污垢与介质（清洗媒介）三种清洗过程中的必要物质元素，三种物质之间存在的促使清洗过程发生的作用力就是清洗力。因此一个清洗体系包括了四个基本要素，即清洗对象、污垢、介质和清洗力。清洗过程可以表示为：

$$物体 \cdot 污垢 \xrightarrow[介质]{清洗力} 物体 + 污垢$$

即在一定的介质环境中，在清洗力的作用下，使物体表面上的污垢脱离去除，恢复物体表面本来面貌的过程。[1]

因此，严格来讲，除锈应该也属于清洗的范畴，只是除锈的目的性更强，就是针对青铜器上存在的锈蚀物，而青铜器表面的铜锈又往往与其他污垢混合在一起，清洗和除锈的界限也就无法彻底理清，特别是它们之间去除的方法和原理基本一致，故清洗可以和除锈一起进行讨论。

有许多的清洗和除锈方法可供选择，但是主要可归为物理方法和化学方法两大类。物理清洗是借助各种机械外力和能量使污垢粉碎、分解并剥离物体表面，达到清洗的效果。化学清洗是采用一种或几种化学试剂（或其水溶液）对物体表面的污染物或覆盖层进行化学转化、溶解、剥离，以清除物体表面污垢的方法。

一般来讲，在古青铜器或金文档案清洗时，通常尽可能使用物理方法，或称机械法进行清洗，因为物理方法清洗、除锈时，器物表面不发生化学反应，因此更为安全，且易于控制。而化学方法由于使用化学试剂，需要在器物表面发生化学反应，继而引发一系列的影响，故通常作为辅助的措施，需要注意的是使用的化学试剂不应改变金属表面的颜色，或损害

---

① 张剑波、孙良欣、胡建信等：《清洗技术基础教程》，中国环境科学出版社 2004 年版，第 1—6 页。

金属基体，对于稳定且无害的铜锈应该尽可能地保留，以增加器物的古朴感与时间积淀感，以及外形上历史沧桑的视觉效果。对青铜器清理与除锈的主要方法包括：

（1）机械清理

机械清理一般使用竹片、手术刀、钢针、刷子、錾子等，对所需清理部位直接进行清理。此外，还有激光、喷砂和超声波等清理方法。

激光除锈是运用激光对青铜器进行除锈的方法，它采用高能激光束，照射器物表面，在激光束同物质相互作用过程中，使表面的污物、锈斑等瞬间蒸发和玻璃，而达到表面洁净与去除青铜器表面有害粉状锈的目的。[1]

喷砂除锈是采用压缩空气为动力，以形成高速喷射束将喷料（铜矿砂、石英砂、金刚砂、铁砂、海砂）高速喷射到需处理器物的表面，由于磨料对器物表面的冲击和切削作用，清除掉器物表面的锈蚀物、泥土、油污等一切污物，达到表面清洁和光洁的效果。[2]

超声波清理的原理是通过换能器，传播功率超声频源的声能，声能产生压力梯度，压力梯度会导致媒介液体交替产生压缩和膨胀。当压力增大时，产生空穴气泡。气泡长大到一定尺寸后，因为不能抗衡周围液体的压力和重力的作用，就会破裂，空穴爆裂时产生微观水平的剧烈冲击波。同时由于受到超声波的辐射，媒介液体中的微气泡能够在声波的作用下保持振动，从而对媒介液体产生搅动、扩散作用。这两方面的作用一起，不但破坏了污物与器物表面的吸附，加速可溶性污物的溶解，更能引起污物层的疲劳破坏而被驳离。超声波清理相较一般的机械物理清理，具有清理洁净度高、清理速度快等特点，特别是对盲孔和各种奇异形状的物体，独有其他清理手段所无法达到的洁净效果。

机械清理属于物理方法的范畴，其他均属于化学方法的范畴，包括有机溶剂和去离子水洗涤。

（2）去离子水和有机溶剂清洗

选择去离子水和有机溶剂去除器物表面的污垢是因为它们可以将污垢溶解去除，至于水和有机溶剂的选择依据主要是"相似相溶原理"，即：

---

① 邱兆飈、朱海：《红脉冲激光除锈工艺研究》，《应用激光》2013 年第 4 期。

② 祝延峰：《青铜器的修复与保护方法探析》，《文史博览》2013 年第 4 期。

极性物质易溶于极性溶剂；非极性（或弱极性）物质易溶于非极性溶剂；物质与溶剂的极性越接近越易互溶。例如，水是极性较强的溶剂，它可以溶解多数强电解质，所以许多古器物的脱盐处理一般选用水作溶剂，这是因为这些电解质均是离子型化合物或极性分子化合物，能够与极性分子 H_2O 相互作用，形成正、负水合离子；而油污的清除，则会选择甲苯、汽油、四氯化碳、三氯甲烷和其他卤代烃等有机溶剂，这些有机溶剂一般难溶或微溶于水，但可溶于乙醇、丙酮、低分子量的羧酸等有机溶剂，这是由于乙醇、丙酮、羧酸等含有烷基类基团，同时乙醇、丙酮、羧酸等还含有羟基、羰基、羧基类较强极性的基团，故它们又可溶于水。根据这一特点，在金文档案清洗油污时，就可以先以甲苯、卤代烃等去除表面的油污，然后再以丙酮类极性有机溶剂洗去残留的非极性或弱极性溶剂，最后以水洗净。为使其尽快干燥，可将经水洗后的器物用少量乙醇清洗，以使其替代水分加速挥发。

日常用水中通常会含有钙、镁、铁、铜、铝等杂质离子，这些杂质不但会降低清洗的效果，甚至会引入其他有害物质，或改变被清洗器物的外表，所以，在金属器物清洗时，最好选择去离子水。

（3）用 EDTA 处理

乙二胺四乙酸是一种常用的清洗用有机酸，但在实际应用中，更常用的是乙二胺四乙酸的钠盐或胺盐，其钠盐叫作乙二胺四乙酸二钠，即常说的 EDTA。EDTA 的溶垢能力很强，适用垢型广，铜垢、铁垢、碳酸盐垢均可使用。EDTA 的超强溶垢能力是因为它的络合作用，可与污垢中的金属离子形成易溶于水的螯形络合物，其结构式如图 5 - 10 所示。

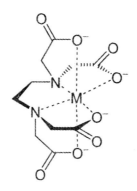

图 5 - 10　EDTA 和金属的螯合物结构

在不以除锈为目的的单纯清洗过程，也可以先用少量的水或其他溶剂将器物表面的污垢湿润、软化后，然后用机械法将其去除，对于特别坚硬的垢层再考虑其他的办法。

（4）用稀酸处理

由于铜锈的主要成分是氧化铜和铜盐，它们可以溶解在稀酸中，由表5-2"金属活动顺序表"可知，铜单质则不会溶解在稀酸中，所以可以用稀硫酸或稀盐酸等除锈，操作时，浓度一定不能太高，一般以5%以下为宜，且不能浸泡，可用棉棒蘸取、涂覆，待铜锈酥软后，用竹刀剥除，清理完后，应再用稀碱液中和，并且最后用去离子水冲洗。

但是硫酸和盐酸作为强酸，使用时仍然存在潜在的伤害，所以除非不得已，不建议采用。作为替代，可选择有机弱酸，有机酸多系弱酸，对金属的腐蚀性小，如柠檬酸、草酸等。例如，柠檬酸是一种白色结晶体，使用时，也可选择柠檬酸单铵（$NH_4H_2C_5H_5O_7$）或柠檬酸铵［$(NH_4)_3C_5H_5O_7$］，其在水中溶解度大，与氧化铜形成络合物柠檬酸铵铜，这是一种易溶的络合物，所以，"柠檬酸铵法"除锈的原理是依靠其酸性溶解作用，以及它与金属的络合作用。[①]

（5）无机金属离子螯合剂清洗

无机金属离子螯合剂是依靠螯合剂的螯合作用，与金属离子形成易溶于水的金属离子螯合物，致使污垢松散而去除，前述的 EDTA 和柠檬酸铵的清洗原理其实亦是此道理。

螯合物是具有环状结构的一类特殊的配合物，是通过两个或多个配位体与同一金属离子形成螯合环的螯合作用而得到。而配合物则是由中心原子或离子（统称中心原子）和围绕它的称为配位体（简称"配体"）的分子或离子，完全或部分由配位键结合形成的一类具有特征化学结构的化合物。由于螯合物是由中心离子和多齿配体结合而成的具有环状结构的配合物，一定有一个或多个多齿配体提供多对电子与中心体形成配位键。"螯"指螃蟹的大钳，此名称比喻多齿配体像螃蟹一样用两只大钳紧紧夹住中心体。具有五元环或六元环的螯合物很稳定，而且所形成的环越多，螯合物越稳定。因此，螯合物通常比一般配合物要稳定。

① 杨桂林：《过氧化氢—柠檬酸铵退铜工艺的研究》，《环境化学》1989 年第 4 期。

能够与金属离子形成螯合物的配位体就称为螯合剂。在清洗操作中，金属离子螯合剂是一类经常用到的重要的化合物，它不但包含前述的有机的金属离子螯合剂，还包含有无机的金属离子螯合剂。例如，氨水，以及三聚磷酸钠、六偏磷酸钠等聚合磷酸盐类。

氨与铜离子在水中发生如下的反应：

$$Cu^{2+} + 4NH_3 \rightarrow \left[Cu \left(NH_3 \right)_4 \right]^{2+}$$

$$\lg\beta_{Cu(NH_3)_4]^{2+}} = 13.32$$

严格地说，铜离子与氨生成的是配合物，但由于其发生的反应与螯合反应类似，故亦归于此类讨论。该反应生成的铜氨络离子在水中易溶，故可清除掉。在实际操作中，可以将氨水与肥皂配制成软膏，涂覆于需除锈部位，借助肥皂的良好湿润能力，使氨渗入到青铜锈层的深层孔隙中，得到良好的除锈效果。

聚合磷酸盐具有磷—键的基本结构，其结构通式如图 5-11 所示。

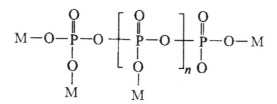

图 5-11 聚合磷酸盐的结构通式

由于它们的分子中含有多个配位原子氧，又符合形成五元环螯合结构的条件，所以可与多种二价金属离子结合成螯合物，特别是钙、镁等碱土金属离子具有较好的螯合能力，例如，六偏磷酸钠可与青铜器表面的钙质沉积物反应生成易溶的螯合物，其反应式可表示为：

$$Ca^{2+} + Na_2 \left[Na_4 \left(PO_3 \right)_6 \right] \rightarrow Na_2 \left[Ca_2 \left(PO_3 \right)_6 \right] + 4Na^+$$

（6）用倍半碳酸钠去除氯离子

倍半碳酸钠又称晶碱石，分子式为 $NaHCO_3 \cdot Na_2CO_3 \cdot 2H_2O$，相对分子量 226.05，无水盐 84.06%，水 15.94%，其中 Na_2O 为 94%，CO_2 为 46.32%，白色针状结晶。加热时，分解为碳酸钠。它不潮解，不与大气中的二氧化碳作用，溶于水，溶解时不放热也不吸热，水溶液呈碱性，较碳酸钠弱。将等摩尔的碳酸钠和碳酸氢钠溶解后结晶而制得。倍半碳酸钠是制备洗涤剂和肥皂的主要原料之一。

用倍半碳酸钠溶液浸泡青铜器时，一般配制的溶液浓度为 5% 即可，马清林先生认为除锈过程依次发生如下的系列反应。①

在水溶液中，碳酸钠水解：

$$CO_3^{2-} + H_2O \leftrightarrow HCO_3^- + OH^-$$

在倍半碳酸钠浸泡液中，存在下列平衡：

$$CuCl（固）\leftrightarrow Cu^+ + Cl^-，\quad K_{sp, CuCl} = 1.2 \times 10^{-5}$$

$$2Cu \rightarrow Cu + Cu^{2+}$$

$$Cu^{2+} + CO_3^{2-} \rightarrow CuCO_3（固）\downarrow，\quad K_{sp, CuCO_3} = 1.4 \times 10^{-10}$$

因 $K_{sp(CuCO_3)} < < K_{sp(CuCl)}$，因此，上述反应可以自发进行。随着反应的进行，有害的 CuCl 铜锈逐渐转化为 $CuCO_3$ 沉淀，氯离子被碳酸根离子取代，进入溶液中，不断更新倍半碳酸钠溶液，直至氯离子被完全置换出。然后，再用去离子水清洗器物，以除去过剩碱液。

杜安和周双林用倍半碳酸钠浸泡青铜器，并结合其他处理后，在相对湿度 95% 的环境中一周，没有发现新的锈蚀出现，达到了良好的保护效果。②

（7）电化学清洗

对青铜器物进行电化学清洗除锈时，通过外加电流使铜的腐蚀物转化为铜，所以发生的电极反应为：

$$Cu^{2+} + 2e \rightarrow Cu$$

因此，青铜器的电化学除锈实际上就是一个电解池阴极保护的过程，亦即青铜器电化学腐蚀（或称原电池腐蚀）的逆过程。无论是电解池，还是原电池，金属都是作为电极，发生电极反应。当然电极并非一定是金属，只要是电子导体或电子导体材料即可，如石墨。

如果按照电极电位区分电极，则电极电位较高的电极称为正极，电极电位较低的电极即为负极。如果按照电极上发生的电极反应（或得失电子）区分电极，那么，发生氧化反应（反应物失去电子）的电极称为阳

---

① 马清林、苏伯民、胡之德等：《中国文物分析鉴别与科学保护》，科学出版社 2001 年版，第 134—151 页。

② 杜安、周双林：《几件青铜器的科学分析和修复》，《文物保护与考古科学》2004 年第 3 期。

极，发生还原反应（反应物得到电子）的电极称为阳极。电解池、原电池均是如此，原电池和电解池的电极发生电极反应，均有电流通过，使电能和化学能之间产生转换。所不同的只是电解池是将电能转化为化学能，而原电池是将化学能转化为电能。故在电解池中，正极即阳极，负极即阴极；在原电池中，负极是阳极，正极则是阴极。

有时候，说到某种电极时，指的是整个电极系统（包括离子导体），而不只是指电子导体材料。事实上，任何金属都是由排列整齐的金属正离子及在其间半自由流动着的电子组成。一般情况下，金属在空气中是稳定的，组成它的金属正离子不会离开金属表面而逸出。但一旦把金属置于电解质溶液中，在金属与溶液的界面就要发生粒子的交换，而使金属具备了电化学的某种特性，此时，该金属即成为"某电极"。换句话说，任何金属在电解质溶液中都成为电极。[1]

所以电极反应也就不只是构成电极的电子导体材料发生氧化还原反应，也有可能是离子的电子得失反应。至于究竟发生的是哪一种反应，可以依据电极的平衡电极电位值比较而知。平衡电极电位是指电极系统中，金属与电解质溶液之间发生电子转移时，当达到电荷与物质的同时平衡时的电极电位，它与物质的本性、溶液的浓度、温度等因素有关。为了精确地比较物质的本性对平衡电极电位的影响，规定温度为 25℃、浓度为 1 mol·L^1 时，相对标准氢电极所测得的平衡电位作为比较标准，此时测得的平衡电极电位即为标准电极电位。凡标准电极电位的数值比较负的电极，都容易失去电子发生氧化反应，凡标准电极电位数值较正的电极，都容易得到电子发生还原反应。因此，对于钾、钙等金属就容易氧化，它们的阳离子则很难被还原为金属单质；而铜、金等则很难被氧化，它们的阳离子却比较容易被还原。

利用电极电位，还可以预测金属间能否发生置换，亦即电位比较负的金属浸到电位较正的金属离子溶液中，电位比较负的金属发生溶解，电位较正的金属离子则会被还原成金属而析出，这就是金属间的置换反应。根据这一原理，在清除铜锈时，就可以利用电位比较负的锌（如锌粉与乙醇调制成糊状）将器物上铜锈中电位比较正的铜离子还原为铜单质，剔除掉锈斑后，即可露出青铜器表面的本来面目。

---

[1] 张招贤、赵国鹏、胡耀红：《应用电极学》，冶金工业出版社 2005 年版，第 1—35 页。

或者，简单说，金属越活泼，越容易失去电子，这一规律也可以从表5－2"金属活动顺序表"得出一些结论。

根据以上的电化学原理，电化学清洗去污时，如果是把被处理的比较活泼的金属器物，如铁制品，放在电解槽中作为阴极（阴极除污法），或作为阳极（阳极除污法），溶液由碱或碱金属盐类组成，溶液温度控制在60℃—80℃，通以直流电，在电极的金属界面发生如下的反应。

阴极：

$$2H^+ + 2e \rightarrow H_2 \uparrow$$

阳极：

$$4OH^- - 4e \rightarrow O_2 \uparrow + 2H_2O$$

当器物放入碱溶液后，在碱的作用下，器物表面张力降低，污垢薄膜破裂。如果是阴极去污，阴极上产生的氢气泡搅动表面，使污垢与金属表面的吸附力减弱，从而将污垢除去。但是在这一过程中，阴极反应产生的氢气泡带走污垢的同时，部分氢气也会扩散渗入到器物基体中，引起"氢脆"破坏。而采用阳极去污，发生作用的是阳极上析出的氧气，虽然没有氢脆的危险了，但是氧的分离能力不如氢气，亦即去污效率降低了。在实际操作中，可采用阴、阳极联合去污，即先进行阴极去污，随后进行阳极去污，这样，既避免了氢脆，又保持了较高的去污效率。[①]

电化学可以兼有去污和除锈双重功效，电化学除锈也称为电解除锈，其基本原理与电化学去污类似。电解除锈时，除一定的溶解反应外，在锈与金属的界面间还发生电极反应。产生的气体在逸出过程中对锈层产生很强的剥离作用，从而使大部分的锈蚀物不是靠"溶解"，而是靠析出氢气或氧气的"机械剥离"而除去。由于电化学除锈法兼有机械和溶解两种作用，使除锈效率大为提高。[②]

结合电化学腐蚀，从电化学清洗的讨论中，还可得出清洗过程脱去了器物中的盐分，相当于减少了原电池腐蚀中的电解质溶液，从而也降低了器物的原电池腐蚀的可能性。

---

① 李金桂、郑家燊：《表面工程技术和缓蚀剂》，中国石化出版社2007年版，第47—48页。

② 李异：《金属表面清洗技术》，化学工业出版社2007年版，第192页。

三 青铜器的缓蚀处理与表面封护

前述清洗和除锈等青铜器保护，一般是在器物已经发生破坏的情况下施加的补救性被动保护，而缓蚀处理与表面封护则属于预防性的主动保护。在腐蚀环境中，通过添加少量能阻止或减缓金属腐蚀的物质以保护青铜器（或其他金属质档案）的方法，称为青铜器或金文档案的缓蚀处理。通过对青铜器的基体材料进行处理，使器物表面形成致密而稳定的保护层，隔绝器物与外界环境的直接接触，从而达到延缓青铜器物腐蚀的目的。由于这两种方法的作用原理及处理方式有比较大的相似性，所以一般人们将它们归在一起讨论。

马清林等对甘肃灵台80件青铜器进行了清洗和除锈处理后，用3%的苯骈三氮唑乙醇溶液浸泡半小时，取出沥干，并进而用 Paraloid B-72 的三氯甲烷溶液进行封护，效果很好。[①]

随着化工、石油、电力、金属加工等领域中缓蚀剂的迅速发展和广泛应用，文物与档案保护工作者不断将这些领域中的铜缓蚀剂借鉴应用到青铜文物的保护工作中，并选择对青铜器腐蚀有抑制作用的缓蚀剂，以减缓青铜器在介质中或环境中的腐蚀。尽管缓蚀剂的种类比较多，但是目前最常应用的仍然是苯骈三氮唑及其衍生物。

苯骈三氮唑，亦称苯丙三氮唑，或苯并三氮唑，等等，英文名为 1H-Benzotriazole，或 1，2，3-Benzotrialole，一般简写为·BTA，是一种无色针状结晶，微溶于冷水、乙醇、乙醚，其结构式如图5-12所示。

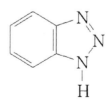

图 5-12 苯骈三氮唑结构式

---

① 马清林、卢燕玲、黄志强：《灵台青铜器保护方法述要》，《文物保护与考古科学》1997年第2期。

在水溶液中，不同形式的苯骈三氮唑有两种电离平衡关系：

$$BTAH_2^+ \Leftrightarrow BTA + H^+, \qquad pK_1 \approx 1.0$$

$$BTA \Leftrightarrow BTA^- + H^+, \qquad pK_2 \approx 8.2$$

所以，随着溶液 pH 值的不同，溶液中苯骈三氮唑有三种形式：在强酸溶液（pH < 1）中，其存在形式为质子化的 $BTAH_2^+$；在弱酸、中性及弱碱性溶液中，其存在形式为质子化的 BTA；在强碱溶液（pH > 8）中，其存在形式为质子化的 BTA^-。故介质环境不同，BTA 的缓蚀机理亦应该存在细微差异。

但是，尽管 BTA 作为铜缓蚀剂已经应用 60 余年，对其缓蚀作用机理的研究也逐渐广泛和深入，BTA 作用于铜的确切机制仍然尚不明确。一般认为，BTA 对于铜的缓释作用归因于 BTA 在铜表面形成了较为致密的络合物膜的缘故。在含有 BTA 的溶液中，能够在金属氧化物与单质铜的表面形成 Cu – BTA 缓蚀保护膜，其结构式如图 5 – 13 所示。

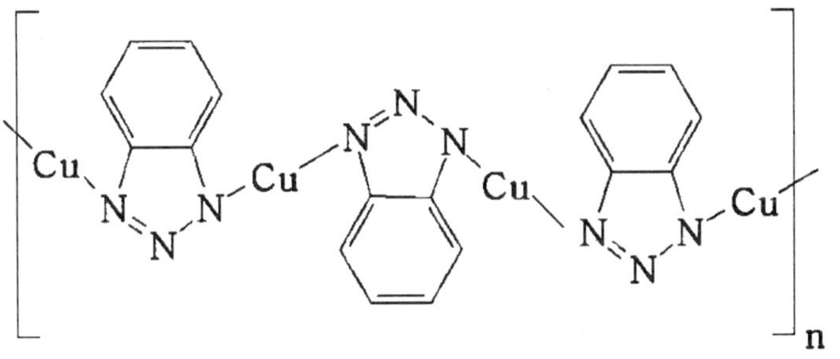

图 5 – 13　Cu – BTA 结构式

该层 Cu – BTA 缓蚀保护膜能够影响铜的电极电位，抑制其作为原电池的阳极，发生阳极溶解的电化学腐蚀。同时，溶液中的 BTA 还能钝化溶液中的铜，避免了电偶腐蚀的发生。Cu – BTA 缓蚀保护膜的形成受到氧气、阳极氧化、BTA 浓度和 pH 值的影响，较高的 BTA 浓度及 pH 值均有利于缓蚀膜的形成。[①]

当 BTA 的浓度在 0.5—3 mg·L^{1}时，缓蚀效率提高很快；当 BTA 的

[①]　谢文州、郦和生、李志林等：《铜缓蚀剂苯并三氮唑缓蚀机理的研究进展》，《材料保护》2013 年第 3 期。

浓度在 3—5 mg·L¹时，缓蚀效率提高幅度不大；此后，随着 BTA 浓度的增大，络合物保护膜基本形成，并进一步完整，导致 BTA 浓度在提高至 5—6 mg·L¹时，铜的腐蚀速率变化不大。[1]

　　苯骈三氮唑作为铜缓蚀剂存在着两个方面的不足：一方面，BTA 有毒，其毒性分级为中毒；另一方面，BTA 在室温下有一定的蒸汽压，容易升华，在器物表面结晶出来，随着时间延长，效力下降。因此，对 BTA 处理后的器物要涂覆封护膜，以前常用聚乙烯醇缩丁醛乙醇液进行封护，但此物在阴雨天使用时有发白现象。目前一般采用 Paraloid B72 的三氯甲烷溶液进行封护，效果比较理想。Paraloid B72 是一种由 66% 的甲基丙烯酸乙酯和 34% 的丙烯酸甲酯共聚而成的聚丙烯酸高分子材料，其结构式如图 5－14 所示。[2] Paraloid B 72 可溶于丙酮、甲苯、二甲苯、三氯甲烷、四氯化碳、乙醇等有机溶剂。现有市售的产品，使用时，一般常用丙酮直接溶解。

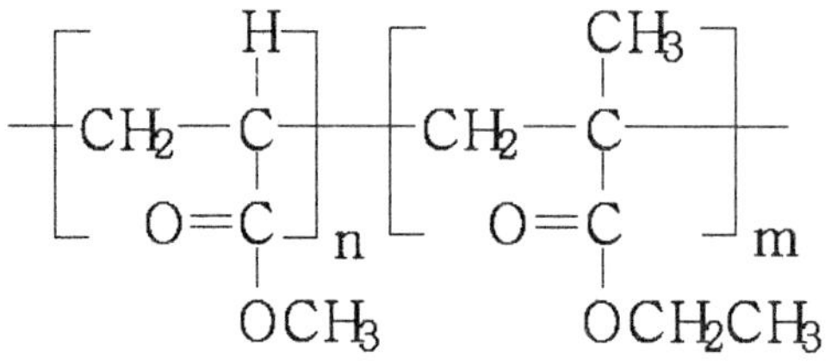

图 5－14　Paraloid B 72 结构式

　　此外，其他常用的青铜器封护材料还有含氟聚合物、有机硅类材料，以及用有机硅类材料与有机氟类材料复合改性配制而成的有机硅氟聚合物。[3]

第六节　金属历史档案保护材料的性能表征

　　历史档案由于其价值的珍贵性、唯一性，所以在确定具体的保护方案

①　尹正子、康永：《苯并三氮唑复配缓蚀剂对铜的缓蚀机理》，《清洗世界》2013 年第 6 期。
②　董欣欣、王丽琴：《改性丙烯酸树脂在文物保护领域中的应用》，《西部考古》2013 年第 00 期。
③　陈颖、田建、李晓帆等：《古代青铜器保护研究进展》，《云南化工》2012 年第 6 期。

前，一定要进行充分的研究分析和论证，如具体实施前，要预先对所选保护材料和方法进行试验性研究。试验时，必然涉及对保护材料和保护效果的评价，即判断保护处理前后金属的耐腐蚀程度的变化。金属腐蚀程度的大小，通常用平均腐蚀速度来衡量。腐蚀速度可用失重法（或增重法）、深度法和电流密度法来表示。[①]

（1）失重法和增重法

金属腐蚀程度的大小可用腐蚀前后试样质量的变化来评定，失重法就是根据腐蚀后试样质量的减小，用式（5.1）计算腐蚀速度。

$$V_{失} = \frac{m_0 - m_1}{S \cdot t} \qquad (5.1)$$

当腐蚀后试样质量增加且腐蚀产物完全牢固地附着在试样表面时，可用增重法，用式（5.2）计算腐蚀速度：

$$V_{增} = \frac{m_2 - m_0}{S \cdot t} \qquad (5.2)$$

式中：$V_{增}$ 为腐蚀速度（$g/m^2 \cdot h$）；m_2 为带有腐蚀产物的试样的质量（g）。

（2）深度法

以质量变化表示的腐蚀速度的缺点是没有把腐蚀深度表示出来，而器物腐蚀的深度或腐蚀变薄的程度直接影响器物的强度和寿命，所以，以深度法表示腐蚀速度更具有实际意义，特别是在衡量不同密度的金属腐蚀程度时，此表示方法更适合。金属腐蚀深度表示的腐蚀速度可用失重腐蚀速度换算，可按式（5.3）计算：

$$V_{深} = 8.76 \ V_{失} / \rho \qquad (5.3)$$

式中：$V_{深}$ 为腐蚀深度表示的腐蚀速度（mm/a）；$V_{失}$ 为失重腐蚀速度（$g/m^2 \cdot h$）；ρ 为金属的相对密度（g/cm^3）；8.76 为单位换算系数。

---

① 吴开源、王勇、赵卫民：《金属结构的腐蚀与防护》，石油大学出版社 2000 年版，第 6—8 页。

第六章

西南少数民族陶质历史档案的保护

第一节　西南少数民族陶质历史档案

地球上自从有人类迄今，大约已有 250 万—260 万年，在此漫长的岁月中，人类自身的生理在进化，更重要的进化是伴随人类自身进化的人类社会文明的不断进步。人类出现伊始的旧石器时代结束于距今 1.2 万—1万年，占整个人类历史的 99% 左右。进入新石器时代后，虽然人类社会仅仅经历了人类发展 1% 的历程，可是其发展却远远超过了过去 99 倍于此的时间里的发展。这种人类发展阶段的跳越现象，虽非全部，但肯定依赖于人类对未知世界的求知、求是的欲望，以及由此而引发的人文和科技的发展。这种发展带来了物质上翻天覆地的变化，物质上的变化继而又推动了人类社会文明的进步。于是，不同时期先民的智慧长期孕育的某一阶段创造性的物质成果，就会使此后的文明超越性进步成为可能，陶器就是这样一类的物质。

陶器的发明，是人类社会发展史上划时代的标志，这是人类最早通过化学变化将一种物质转化成另一种物质的创造性活动。也就是把制陶用的黏土经水润湿后，塑造成一定的形状，干燥后，用火加热到一定的温度，使之成为坚固的陶器。这种把柔软的黏土变成坚固的陶器，是一种质的变化，是人力改变天然物的开端，是人类发明史上的重要成果之一。自此，人类开始逐步从蛮荒、蒙昧时代进入了文明时代。

陶器的出现，不仅方便了人们的物质生活，也改变了人们的精神生活。

一方面，为了更加实用，人们不断改进陶器的制造技艺，包括器型和烧窑的工艺等。陶器的出现肇始于古代先民对黏土使用的探索，先民最初在生活中使用黏土，应该是受到了自然现象的启示，泥土经雨水浸润后，柔软可塑，干燥后固结坚硬，于是他们知道了利用黏土制作各种器具，是为土器。但是，单纯使用黏土制作的器具，未经烧制，其土性未变，遇到水就会重新还原为土，所以"土器"在考古挖掘中从未发现，"土器"的提法在重视"实证精神"的现代考古学上也就未得到普遍认可。土器的这种缺陷在先民们发现了取火、用火的方法之后，知道了用火烧可以改变其脆弱的属性，人们对黏土的加工利用终于登上了一个新的高度。

虽然土器的概念不被广泛接受，但是，就如同现代瓷器是由陶器演进而来，已成为人所皆知的常识一样，陶器是由更粗劣的瓦器演进而来，也是毋庸置疑的事实，而瓦器的前身则是未经火烧的土器。所以，可以以火为依据，将黏土制器具分为四个发展阶段：

（1）土器：将湿润的黏土塑造成型，未经火烧，只经简单日晒干燥。

（2）瓦器：将湿润的黏土塑造成型后，在850℃以下低温烧制而成，由于经过了烧制，具有一定的强度，遇水不再泥化。

（3）陶器：烧制温度在850—1200℃，已经是烧结体，但仍然具有较高的孔隙率。

（4）瓷器：烧制温度在1200℃以上，器物材料洁白，质地已经玻璃化，孔隙率非常低，且致密。[①]

另一方面，为了视觉上的美观，人们开始在陶器上进行了各种审美创造。艺术和审美最初虽然总是和实用联系在一起的，所以古代先民对于他们所观察到的世界也总是具象表现在载体上，如在陶器上出现的鱼纹动物图案、绳纹纹饰等。随着人们认识的提高，人们的艺术审美创造开始出现了抽象的表现形式，如平行条纹、水波纹、涡纹等。

中国最古的陶器上，还常常发现一些近似文字的刻画符号，如图6-1所示[②]，为半坡类型陶器上的刻画符号。这些符号在其他遗址也有发现，例如陕西临潼的姜寨遗址、河南新密的李家沟遗址等，这些遗址相隔达100公里。在这样大的范围内使用相同的刻画符号，说明这些刻画符号在这些不同的部族中有着相同的含义。古陶器上的这类近似文字的符号，在

---

① 何启民：《陶瓷总论》，台湾商务印书馆1983年版，第1—6页。
② 钱存训：《中国古代书史》，香港中文大学出版社1957年版，第55页。

华北和东北出土的彩陶上也都有发现，研究者认为应该是族徽和文字，亦有学者认为这些符号可能是中国文字比较原始的形状。但因现存这种资料不多，尚不能据此作出确定的结论。

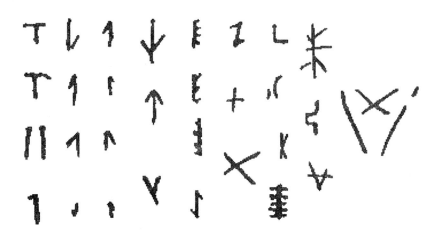

图6-1　西安半坡彩陶上类似文字的符号

尽管还不能确认这些刻画符号的具体含义，但人们普遍接受它们已具有一种"标记"和"表号"的性质，因此被认为可能是汉字的最早雏形，人们称之为"陶文"。在古代，金属和陶泥所制的器物上，都被用来记载文字。陶和铜是截然不同的两种物质，但是两者却有着极其密切的关系。不仅铜器的形式可以脱胎于陶器，而且其所载的文字，在本质上也有许多相似之处。不过后来金文发展成为较长的史实记录，陶文却仅是短短的标记。这种演变可能是因为陶器易碎，不易久存，而铜器则坚固耐久。

"陶文"还有一种广义的定义是指陶器上的文字，一般只有几个字，大多是印文，内容为人名、官名、地名、督造者名、吉祥语和年月等。

以泥土制成的古代建筑材料上常有文字。其中最常见的是建造宫殿、阳台、房屋、坟墓、道路所用的砖和瓦。砖文常出现在横而窄的一面，但有时亦载于宽广的一面或四面都有。文字通常是烧砖以前，用模印压上的。古瓦用于飞檐的多有文字，有时也用图像或图案。

以泥土制成并有铭文的器物可分为三类，即陶器、砖瓦和封泥。它们通常以软而细的泥土，或脆而硬的黏土制成。其上文字不像石刻是雕刻上去的，而是以模铸而成，或是在泥土还柔软时以印章印上，或是在其烧制后刻画而成。这类文字通常很短，但对研究中国书法的发展很重要。

　　不同地区的人类艺术、历史的发展几乎是同向的，差异仅在于不同步，进入某一时期的时间存在先后而已。例如，诸多文明发展区域的古人都先后经历了石器、青铜、铁器时代，所以西南地区的历史发展经历与中国中原地区的发展亦是基本一致的，这在陶器与陶文的使用上也得到了验证。

图 6 - 2　曲靖麒麟区横大路古墓出土陶壶

（A）壶 A 型（M21：4），时代：西汉；（B）壶 B 型（M83：1），时代：战国

　　资料来源：刘成武、吴乔贵、余晓靖等：《麒麟区青铜时代目的出土文物精粹》，云南人民出版社 2014 年版，第 224—225 页。

　　图 6 - 2 是云南省曲靖市麒麟区横大路古墓出土的两件陶壶。横大路墓地位于云南省曲靖市越州镇横大路村西北 250 米处，是面积约 4000 平方米的大型人工土墩。1997 年，由云南省文物考古研究所主持，曲靖市文物管理所和麒麟区文物管理所参加，发掘领队戴宗品，参加人员主要有刘成武、李保伦、蒋志龙、吉学平等，对该土堆西端面临公路被破坏的部分进行了发掘，发掘面积 1000 平方米，清理出土坑墓 188。横大路墓地是云南省东部地区一处十分重要的青铜时代墓地，始于春秋初期，终于西汉末年，延续 700 余年，保存较为完整，墓葬中出土遗物很多，有陶器、玉器、木器、骨器、皮革、铜器、铜铁合制器、金器等数百件文物，其

中，陶器最具特色。陶器上鲜明的地方特色不只有器物和器型方面，也包含纹饰方面。① 令人称奇的是这两件陶壶上面都出现了类似半坡类型陶器上的刻画符号。如果人们接受半坡类型陶器上的刻画符号可以作为汉字的最早雏形，且称之为陶文，那么，横大路古墓出土的陶器上的刻画符号不也可以称为"云南（或西南）地区少数民族的陶文"吗？

"滇文化横大路类型"的族属问题，一直存在着各种说法，有的认为属百越民族，也有的认为是百濮族群，均各有证据。根据《史记·西南夷列传》等文献记载，滇国"其旁东北，有劳浸、靡莫，皆同姓相扶"，曲靖地区正与文献记载的劳浸、靡莫所在地望相符。横大路古墓出土遗物文化内涵极为丰富，展示了滇东红土高原早期居民生产、生活的历史面貌，对于该地的民族形成问题具有十分重要的研究意义，因此，专家认为"滇文化横大路类型"应属于劳浸、靡莫之属，而该地所在的曲靖市麒麟区则可能是这个族群活动的中心地带。

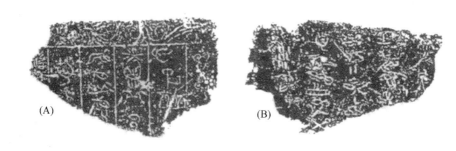

图 6 - 3　纳西象形文字残砖

（A）正面；（B）反面

文字是历史记载的重要条件，有了文字，才有了记载历史的工具。所以文字也是历史档案研究的最重要的直接文献材料。如果说曲靖横大路陶壶上的符号是一种文字符号的雏形，可以归类于西南少数民族陶文之中的话，那么云南省丽江市博物馆收藏的两块象形文字青砖则是实实在在的陶文档案了。这两块砖是目前出土的唯一记录买卖土地情况的象形文字砖，

---

① 云南省文物考古研究所：《曲靖八塔台与横大路》，科学出版社 2003 年版，第 186—189 页。

于 1998 年 5 月在丽江县宝山乡本卡村由当地农民在挖地时被发现，由于在地下埋藏长久，都有不同程度的残缺，但残砖上的纳西象形文字仍然可以辨认（见图 6 - 3①）。砖上内容是纳西象形文记录的买卖土地契约，记录了清光绪三十年七月三十日，吉吉咪卖一块地给伽督戈，地价为一两金锭一块，契约详细描述了该田地东南西北四至，记录交易中介人、见证人、契约记录人，并以大麦、麻布等支付报酬。

西南地区与我国其他地区一样具有本民族文字的少数民族不多，但是却独具特色，纳西族东巴象形文字不仅是该地区最古老的文字之一，而且至今部分纳西族人还在使用这种文字，人们称这种文字为世界上唯一活着的象形文字。2003 年，用纳西象形文字书写的东巴文献古籍被联合国教科文组织正式列入世界记忆遗产名录，成为全人类共同拥有的宝贵财富。纳西象形文除了书写东巴教经典之外，在民众日常生活中的应用较为广泛。在汉文化渗透较少的地区，东巴祭司及掌握纳西象形文的人常常是生活中发生事件的记录者。纳西象形文的民间应用文献有记事簿、契约、书信、债务账本、收租账本、纠纷调解书、婚丧事人情礼帖簿等，20 世纪 50 年代还出现过用纳西象形文记写的生产队会计账。东巴文化独具的神秘魅力，引起了国内外学界的极大兴趣。因此，这两块象形文字残砖对于研究纳西族的社会经济和习俗具有重要的资料价值。

在云南，还发现了刻写在陶瓦、陶砖上的其他少数民族文字。1958年，云南省文化局考古工作队在云南省巍山县城西北 17 公里处的垅屿山发掘了南诏建筑遗址一处，在该次发掘中，虽然发掘面积不大，但出土文物丰富，例如，出土了一些莲花瓦当、花滴水等，特别是一些有字瓦，有字瓦共计有 50 件，有些字迹较清晰，还有一些字迹不明。就出土的 50 片有字瓦来看，其文字类似汉字，但又不是汉字，其中有一部分根本不是汉字，因此考古专家断定有字瓦上的文字是南诏的文字该，该遗址也被确认为南诏早期的古城遗址。② 1991—1993 年，云南省博物馆考古队又在古城遗址外东南约 500 米处的山腰进行了两次正式发掘，收获都颇丰，发现一大型建筑遗址及塔基，建筑遗迹有寺庙、宫室等，遗址中出土有陶佛像、

①　李锡：《两片黄栗叶》，云南人民出版社 2006 年版，第 171—172 页。
②　云南省博物馆：《云南巍山县垅屿山南诏遗址的发掘》，载杨世钰等《大理丛书·考古文物篇·卷六》，云南民族出版社 2009 年版，第 2561—2564 页。

陶塔模和大批雕刻精美的佛教石刻造像。还发现了大量的有字瓦、绳纹瓦、莲花纹方砖、莲花瓦当、柱础等，其中最难得的就是发现了一批完整的有字瓦（图6－4所示），为过去从未发现过的。[①]

图6－4　有字瓦残片，垅屿山南诏遗址，云南省巍山县

资料来源：云南省博物馆巍山考古队：《巍山垅屿山南诏遗址1991—1993年度发掘综述》，载杨世钰等《大理丛书·考古文物篇·卷六》，云南民族出版社2009年版，第2563页。

此外，彝族百姓还会用石灰浆在板瓦的凸面雕书"福、寿、禄、喜"等彝文字，作为正屋厦沿盖瓦，称为"彝文瓦书"，这类瓦书在云南省武定、禄劝县的彝族村偶有发现。[②] 这是一类非常有特色的瓦书档案，但是由于其上面的文字是由石灰浆直接雕书，也更增加了保护的难度。

---

① 云南省博物馆。云南巍山县垅屿山南诏遗址的发掘。载杨世钰等《大理丛书·考古文物篇·卷六》，云南民族出版社2009年版，第2564—2568页。

② 华林：《西南少数民族历史档案管理学》，民族出版社2001年版，第72页。

第二节　陶的组成与结构

说到陶，就不得不提瓷，因为在日常生活中，陶和瓷往往联系在一起，被人们统称为陶瓷，但是，陶瓷不是单独的一类物质，它是陶与瓷的总称，只是这两类物质具有极其近似的性质，所以常常被人们混淆在一起。

按照材料学的定义，陶瓷是指以粉体为原料，通过成型和烧结等所制得的一类无机非金属材料制品的统称，它可以分为普通陶瓷和特殊陶瓷两大类。特殊陶瓷是随着科学技术的发展而出现的，是具有某种独特性能的新型陶瓷，如智能陶瓷、纳米陶瓷、陶瓷基复合材料等。显然，作为历史档案或文物的陶瓷是指普通陶瓷这一类。

普通陶瓷又称为传统陶瓷，主要是以黏土类及其他天然矿物为原料经过粉碎加工、成型、煅烧等过程制成的制品，是一种多晶、多相（晶相、玻璃相和气相）的硅酸盐材料。由陶瓷定义可知：陶和瓷是放在一起定义的，这反映了陶和瓷在原料、制作工艺等诸多方面的近似，但二者也有很多不同之处，过去一般认为它们的区别主要有以下三点：

（1）烧制原料不同：陶通常采用的是含铁量高于3%的黏土；而瓷器则采用含铁量低于3%的瓷土。

（2）烧成温度不同：由于原料的差别，陶器一般在1100℃以下即可烧结成器，而瓷器的烧成温度要1200℃以上。

（3）器表施釉不同：陶器的表面通常不施釉，或只施低温釉，此种釉比较容易剥落。瓷器表面则是施高温釉，胎釉结合紧密，不易剥落。

随着人们认识的提高，这三点不同慢慢被意识到其实是不十分严谨或恰当的。

首先，关于原料：由于我国陶瓷生产的历史久远，地域广泛，品种繁多，所以使用的原材料也是多种多样的，但是它们有一个共同特点，即都是采用天然矿物原料，而现代陶瓷产品或多或少都会使用化工原料。根据原料在生产工艺中所起的作用不同，陶瓷的原料可分为可塑性原料和瘠性原料。其中，前者主要赋与陶瓷坯体成型时必需的可塑性，使坯体保持形状，并且保证坯体的干燥强度，对瘠性原料产生结合力，加热脱水后形成脱水高龄土；后者主要是调节原料的可塑性，降低坯体的干燥收缩，减少坯体的变形。[①]

制作陶瓷坯体的可塑性原料，多是一些黏土类原料。黏土事实上是一类物质，或者说主要是由铝硅酸盐类岩石经长期风化而成的多种微细矿物的混合体，其主要化学组成为 SiO、Al_2O_3 和结晶水，因地质生成条件的不同，同时含有少量碱金属、碱金属氧化物以及着色氧化物等。古陶瓷用黏土的主要矿物类型可分为高岭石族、伊利石族和蒙脱石族三种。此外，黏土中常有的杂质矿物有石英、长石、钙、镁的碳酸盐矿物、金红石、铁质矿物等。[②] 人们把含水的硅酸盐或铝硅酸盐矿物称为黏土矿物，黏土矿物中就包含了呈层状结构的结晶质黏土矿物有高岭石，高岭石经长期风化成为高龄土，也就是常说的瓷土。黏土和高龄土均是岩石的风化产物，它们残留于形成地点或随流水漂积到别处。因此，根据黏土的工艺特性，高龄土可以归类为一类工艺特性比较好的高级黏土，而黏土都是比例不等的各种矿物的混合物。[③] 黏土和高龄土的关系，与岩石和方解石、凝灰石、长石、石英、云母等岩石矿物的关系是一样的。

国家标准"建筑卫生陶瓷用原料：黏土（标准编号：GB/T 26742—2011）"规定了黏土的分类，黏土按照可塑性指数分为高可塑性黏土、中可塑性黏土、低可塑性黏土和非可塑性黏土4类（见表6-1），按照矿物中 Al_2O_3 的含量可分为高铝质黏土、高碱性黏土、碱性黏土、半酸性黏土和酸性黏土5类（见表6-2）。同时，该标准还规定了黏土矿物的化学成分包含了 SiO_2、Al_2O_3、Fe_2O_3、TiO_2、CaO、MgO、K_2O、Na_2O，这些化学组分的分析测试方法在国家标准"黏土化学分析方法（标准编号：GB/T 16399—1996）"中作了详细规范的规定。

---

① 石棋：《建筑陶瓷工艺学》，武汉理工大学出版社2007年版，第34—35页。

② 毛晓泸：《古陶瓷鉴定学·总论篇（上册）》，中国社会科学出版社2010年版，第121页。

③ ［苏］M. O. 尤什凯维奇：《陶瓷工艺学》，史蕴庭译，中国工业出版社1961年版，第11—12页。

表 6 – 1　　　　　　　　　　　黏土按照可塑性指数分类

类别	可塑性指数
高可塑性	≥15
中可塑性	≥7
低可塑性	≥1
非可塑性	<1

表 6 – 2　　　　　　　　　黏土按照矿物中 Al_2O_3 的含量分类

类别	Al_2O_3 的含量/%
高铝质	≥45
高碱性	≥38
碱性	≥28
半酸性	≥14
酸性	<14

　　其次，关于烧成温度：普通陶瓷的分类至今也没有一致公认的分类方法，国外如英、美和西欧等国主要采用温度为主要标尺来分类。即烧成温度 1300—1450℃ 的为瓷器，1050—1150℃ 烧成的称为炻器，680—850℃ 烧成的称为陶器。但随着陶瓷制作技术的发展，成瓷温度已经逐渐向低温发展，因此上述分类法不够准确。1985 年 12 月我国颁布实施且目前现行的国家标准 "日用陶瓷分类标准（标准编号：GB5001—85）"，根据陶瓷的基本物理性能（气孔率、透明性、色泽等）对陶和瓷进行了分类（见表 6 – 3）。

表 6 – 3　　　　　　　　　　　陶器与瓷器的性能与特征

	陶器	瓷器
吸水率/%	一般大于 3	一般不大于 3
透光性	不透光	透光
胎体特征	未玻璃化或玻璃化程度差，结构不致密，断面粗糙	玻璃化程度高，结构致密、细腻，断面呈石状或贝壳状
敲击声	沉浊	清脆

根据国家标准（GB5001—85），陶器按照其特征分为粗陶器、普通陶器和细陶器，其中：（1）粗陶器，吸水率一般大于15%，不施釉，制作粗糙。（2）普通瓷器，吸水率一般不大于12%，断面颗粒较粗，气孔较大，表面施釉，制作不够精细。（3）细陶器吸水率一般不大于15%，断面颗粒细，气孔较小，施釉或不施釉，制作精细。

瓷器按照其特征分为炻瓷器、普通瓷器和细瓷器，其中：（1）炻瓷器，吸水率一般不大于30%，透光性差，通常胎体较厚，呈色，断面呈石状，制作较精细。（2）普通瓷器，吸水率一般不大于1%，有一定透光性，断面呈石状或贝壳状，制作较精细。（3）细陶器，吸水率一般不大于0.5%，透光性好，断面细腻，呈贝壳状，制作较精细。[①]

当然这一分类是日用陶瓷的分类，对于作为历史档案载体或文物的陶瓷器是否完全适用尚有待商榷，但是文物或作为历史档案载体的陶瓷一般是过去或近现代的日用陶瓷，而且文化遗产领域的标准化与其他行业相比，客观讲尚有很大不足，所以，标准对于历史档案的保护的借鉴作用是毫无疑问的。[②]

最后，关于釉：釉是一种近似玻璃状的物质，釉的主要成分是石英，为了使釉容易烧熔，有时加入钾、钠、钙等助熔剂。为了控制釉的流动性，有时也加入不易流动的、含有氧化铝的黏土或高岭土。色釉是在基础釉的基础上加入氧化金属发色剂而产生的，它们之间的对应关系如表6-4所示。所以，釉的生产至少需要三种不同原料：一是帮助釉熔融的助熔剂；二是有助于成型的稳定剂；三是显色的金属氧化物。通常根据釉的成熟温度分为三类：一是低温釉，1000—1150℃，用于陶器；二是中温釉，1200—1220℃，用于炻器；三是高温釉，1250—1280℃，用于炻器和瓷器。[③] 例如，常见的日用瓷器就是施釉的瓷器，而唐三彩就是施低温釉的陶器。

---

① 《日用陶瓷分类》，1985年，中华人民共和国国家标准，标准代号：GB5001—85。

② 黄励知：《普通陶瓷》，华南理工大学出版社1992年版，第1—2页。

③ ［美］伊曼纽尔·库珀：《陶瓷釉配方》，邹力行译，中国建筑工业出版社1986年版，第6页。

表 6-4　　　　　　　　釉色与金属氧化物之间的对应关系①

氧化金属	釉中的比例	色素
铁	2%—5%	黄褐色调
	多至 7%—8%	黑色调
铜	氧化 7%—8%	绿色调
	还原 1%—3%	红色调
锰	3%	黑色调
钴	1%—5%	蓝色调
锡	3%—8%	白色调
钛	1%—8%	白色调

　　由上述陶和瓷的讨论可以知道，相比陶器，瓷器的孔隙率较低，不易吸水，这样，诸如可溶性盐类破坏因素就不易渗入瓷器内部，引发腐蚀破坏的发生；另外瓷器结构致密，机械强度较大，坚硬，玻璃化程度高，且其表面施加了一层高温釉，釉层虽然很薄，却能强烈地改变胎体的一些物理、化学性质，使瓷胎具有较好的热稳定性、化学稳定性和介电性，因此，除非发生机械性损坏，否则瓷器对其他风化腐蚀破坏因素的抵抗能力较好；而陶器孔隙率较大，结构不致密，玻璃化程度低，机械强度较差，表面不施釉或施加了一层低温釉，故陶器的耐风化腐蚀破坏的性能较差。因此，在历史档案的日常保护工作中，陶质的历史档案相应地受到了人们更多的关注。

　　陶质制品区别与瓷器或炻器的根本特点就是达不到瓷器或炻器那样烧结的致密程度，具有呈土状断面的多孔坯体。根据现代材料学的观点，陶器的主要相组成为：烧成中的残余泥土物质、石英物质、少量莫来石（铝硅酸盐组成的矿物的统称）、玻璃相与气孔等，这些固相组分互相交织，并在玻璃相（少量、多类型熔融体）的胶结下构成多孔的不完全烧结体，就是陶器。

---

① 黄焕义、邓和清、黄胜：《陶艺技法》，江西美术出版社 2000 年版，第 101 页。

第三节 陶器的加工技艺

传统陶瓷的生产与水泥、玻璃一起被认为是三大硅酸盐产业之一,随着科学技术水平的发展,一些现代陶器(或新型陶瓷、精细陶瓷、特种陶瓷等)逐渐发展起来。与传统陶瓷相比,新型陶瓷材料无论是在组成(如除了金属氧化物原料,还有氮化物、碳化物、硼化物、硅化物等自然界不存在的非氧化物原料),还是器物形态(如向薄膜化、纤维化、单晶化、复合化等方向发展),都发生了明显的变化,特别是由于新型陶瓷显微结构的显著改变,陶瓷的制备工艺变化更大,如采用压铸、热压、热煅、气相沉积、凝胶等手段替代传统烧结方法。但是,作为历史档案载体的陶器,其加工制作工艺仍属传统陶器的加工范畴,其一般的制备流程可如图6-5所示,即:

原料加工 → 做 坯 → 干燥、装饰 → 装窑、烧成

图6-5 陶器的制备流程

其中:

(1)原料加工是通过筛选、水洗、研磨等手段,为后续工序提供成分与细度符合要求的陶器制作原料。

(2)做坯是将泥料(或称坯料),加工成有一定形状和大小的坯体,也即是成型。一般常用的成型方法包括手捏法、泥条盘筑法、泥板法、挖空法、压模法、拉坯法、刮划法等。

(3)装饰方法主要有压印法、粘贴法、刻坯法、纹泥法、彩绘法、施釉法等。

(4)装窑就是将制作好的坯体布局合理地装入窑炉中,准备烧制的过程。随窑炉的不同、器型的不同、烧成方式的不同,装窑的方法也要随之改变。

坯体经过高温处理时,发生一系列的物理化学变化,随着温度的上升和时间的延长,固体颗粒之间发生相互键和作用,导致晶粒长大,空隙减少,体积收缩,密度增加,最后坯体转变成为致密、坚硬、耐用的具有某

种显微结构的多晶烧结体这一过程称为烧成或烧结。① 在烧结过程中，主要发生晶粒和气孔尺寸及形状的变化。

陶器烧结的驱动力是黏土原料粉体的表面能，粉体的表面积大，能量高，粉体的表面能大于多晶烧结体的晶界能，驱使陶器烧结的进行。粉体烧结后，晶界能取代了表面能，这就是陶器稳定存在的原因，因此，这一阶段也是影响最终陶器物的结构质量与性能的关键阶段。②

第四节　陶的劣化

陶器的劣化是指陶器由于受到内在或外在腐蚀破坏因素的影响，陶器的制成材料物理化学性能衰退，例如机械强度降低，表面酥碱，失去了对其表面彩绘等纹饰的承载能力，整个器物的保存状况日益恶化的状态。

陶器劣化的影响因素，一方面来自其内部，例如陶器的烧制温度较低，一般在 1000℃ 以下，在此温度下，黏土制作的陶器或未玻璃化，或者玻璃化程度不高。有些低温烧制的陶制品材料甚至可以部分被水溶解，即使温度稍高烧成的陶器，结构也不致密，孔隙度较大，吸水性强。如果长期处于腐蚀破坏环境，由于水的湿胀干缩破坏，以及盐的结晶与溶解的交替变化侵蚀，陶器自身的抵抗力随之减弱，逐渐变得疏松，易破碎。

陶器劣化的内在影响因素还来自器物设计方面和烧制过程的缺陷，例如，大器物配小把手、大口沿此类的器物造型设计，在使用过程中器物内部往往容易产生应力，引起应力破坏；陶器的素胎在干燥过程，如果各部分干燥不均匀，会产生裂缝，裂缝在此后的烧制过程，就会被放大，产生更明显的裂缝，甚至坍塌。此外，陶器烧制时，不仅陶窑的温度高低是控制器物结构致密性的关键因素，而且陶窑的升温速度也直接影响着器物的质量。一般而言，自开始烧至窑温升至 200℃ 时，是胎体内残余的水分加热挥发的过程，应缓慢升温，如升温太快泥胎就容易开裂，所以这一阶段升温要慢。400℃ 以后升温速度可以稍快，但到 570℃ 时又要放慢速度，

① 罗时武：《陶瓷研究·从技术到艺术的探究》，江西美术出版 2006 年版，第 188—194 页。

② 关长斌：《陶瓷材料导论》，哈尔滨工程大学出版社 2005 年版，第 35 页。

因为此时胎体中的石英发生变化，胎体在急速产生变化，升温过快，又会容易引起破裂。[①] 因此，在整个烧制过程，稍有不慎，都会导致器物的开裂，器物上的这些深浅、大小不一的裂纹，在器物日后的使用中，都是器物破坏的潜在危害因素。

陶器劣化的外在影响因素主要包括可溶盐、湿度、温度、环境污染、微生物及机械破坏等，其中：

（1）可溶盐的破坏是陶器最常见的危害因素之一，这些破坏性盐类一方面来自器物的存放环境，如埋藏于地下时，地下水中常常含有大量的可溶性盐类，这些地下水可以很方便地浸入到多孔陶器的孔隙中；另外，制陶的黏土矿物原料中，本身就含有一些盐类。当存放环境湿度比较大时，盐分溶解在水中，随着湿度的降低，溶解的盐分结晶析出。当环境温湿度交替变化时，盐类会出现结晶、溶解变化交替的情况。盐结晶时，固体盐的体积较溶解盐膨胀，对孔隙四壁产生作用力，亦即盐的结晶应力破坏。当盐溶解后，这个压力也随之消失。如此反复作用，使本来就不太坚实的陶器变得更加疏松，机械强度降低，很容易破碎。对于较低温度烧制的孔隙较大的粗砂陶，其损坏情况更加严重。

可溶性盐类的破坏除应力破坏外，还有另外一个原因就是进入到陶器孔隙中的可溶盐可以与器物的矿物组成成分发生化学置换作用，使器物组成成分发生改变，内部结构也随之改变，引发器物的劣化发生。同时进入器物孔隙中的可溶盐由于置换作用，置换出的金属离子（如钙离子）还可以与周围环境中的硫酸根离子、碳酸根离子等生成一些新的不溶性盐类。这些不溶性盐类，会在陶器表面形成一层坚硬的垢层。这一层难溶性硬壳与陶器本身的结合力不强，易形成块状脱落，并进而对陶器的表层产生伤害，尤其是对于表面有纹饰或彩绘的陶器，伤害尤甚。

（2）湿度对陶器的破坏也可以理解为水分的破坏。当陶器存放环境湿度较大时，意味着环境中水汽越多，水分的破坏既有作为可溶性盐类的媒介破坏，又有水分对于低温烧制的陶器湿胀干缩变形的直接破坏，甚至还可能直接溶解掉低温烧制的致密性较差器物的矿物成分。例如，水中溶解的二氧化碳可与黏土中的钙离子生成可溶的碳酸氢钙，还可与陶器中的主要成分长石发生水解反应，这两个反应的化学反应方程式可表示为：

---

① 贾文忠：《古玩保养与修复》，北京出版社 2000 年版，第 260—261 页。

$$Ca^{2+} + 2CO_2 + 2H_2O \rightarrow Ca（HCO_3）_2$$

$$2KAlSi_3O_8 + 7H_2O + 2CO_2 \rightarrow Al_2Si_2O_5（OH）_4 + 2KHCO_3 + 4H_2SiO_3$$

这样，长石在一定条件下其化学成分会发生变化，因而导致陶器内部组成结构改变，使陶器机械强度下降。

此外，水分对陶器的破坏还来自当温度降低至冰点以下时，器物孔隙中的水分就会结晶成为冰，冰的体积增大膨胀，这就是冰的结晶应力破坏。

（3）温度对陶器的破坏主要体现在当器物存放环境的温度变化时，器物存放环境的相对平衡状态被破坏，使环境对器物的扰动作用加强，如前所述，温度变化时，湿度（包括水的相态）发生改变，微生物的存活也会随之变化。不仅如此，器物存放环境温度改变时，环境中的水汽就会在器物表面冷凝聚集，引起器物的含水量的增加，导致后续的一系列伤害的发生。因此可以说，温、湿度的变化以及它们之间的互相影响是导致陶器劣化的重要因素。

（4）环境污染对陶器的破坏主要来自空气中的污染气体，如二氧化硫、二氧化碳、氧化氮等酸性气体，以及尘埃等。当尘埃降落在陶器表面时，不仅污染了陶器的表面，而且尘埃本身就富含很多污染气体与腐蚀性成分，或者是微生物及各种菌类。

事实上，档案任何形式载体的劣化损害因素之间都是相互加剧的，例如温度改变了环境的湿度，湿度的变化不仅促进了微生物的活动，还促使酸性气体转化成腐蚀性液体。酸性气体与尘埃在器物表面形成覆盖层，亦会加剧器物内外的湿度差异，潮湿的表面更容易吸附酸性气体和尘埃，并且更利于霉菌的生长，而微生物的生命活动又会代谢出某些有机酸等酸性物质。这些腐蚀因素的协同破坏更加剧了对陶器的破坏，一旦器物产生一定程度的损害，不仅能使器物褪色，整体强度下降，而且还会引起一连串的破坏，如器表剥落，直至完全崩塌等。[①]

此外，陶器在存放时，还要注意一些人为的伤害，对于磨损、敲击、摔打等故意的人为伤害，只要加强保管或使用人员的责任心，应该就可以避免。但是还有一些非故意性的伤害，如不能加强日常工作中的谨慎与认真，以及保存技术的研究与提高，可能就会出现此类伤害，及至发生了才

---

① 张晓岚、张恒金：《浅谈陶器文物的劣化与保护》，《内蒙古文物考古》2002 年第 2 期。

觉察到的悲剧。例如，为了防止陶器摔碎，保存时，搁置在柔软材料上面，这些材料可能会是聚氨酯或聚乙烯酯泡沫塑料等，但是这类材料老化时会释放出氧气和二氧化碳，[①] 更严重的是它们的老化产物一般呈现黏性和酸性，这里保存陶器的材料反而不幸是破坏因素了。

第五节　西南少数民族陶质历史档案的保护方法

陶器不仅是人类最早的发明创造之一，也是我国文化遗产的重要组成部分，同时也是西南地区珍贵的文化遗产组成。无论是在全国范围，还是西南地区，存世陶器的数量都很大，种类也繁多。一些典型的古陶器已经成为地区的时代文化代表符号，见证了整个或区域的中华文明发展历程，是历史信息的重要载体，是区域历史档案的重要形式。因此，保护修复这些陶器对于文物或档案等文化遗产的保护以及档案研究均具有重大的意义。我国陶器保护修复工作起步较早，保护修复方法比较成熟，但是，在陶器的日常保护修复中，存在着重修复实际操作，而轻视文物保护修复过程中的原则、技术标准、操作规范等工作，多数操作要么不够完备，要么工作不够翔实，实际工作中缺少系统化和规范化方面的探讨，这就不可避免地使文物科技成果带有很大的局限性，甚至在具体评价陶质彩绘文物保护修复效果的指标体系等都尚不统一，这些问题凸显出陶质彩绘文物保护技术在标准化、规范化方面建设的重要性。这一问题也引起了诸多业内人士的关注，[②] 周麒麟等在开展山东青州香山汉墓出土彩绘陶器保护修复工作中，结合陶质彩绘文物保护修复的共性研究，有针对性地对彩绘陶器保护修复规范化操作流程进行了初步研究。[③]

因此，进一步规范化彩绘陶质文物的修复保护操作流程，对修复保护工作具有现实的指导意义，对修复保护工作能产生可实现的价值或效益，对修复保护工作的合理利用具有可操作性。为此，国家质量监督检验检疫

---

① 朱吕民：《聚氨酯合成材料》，江苏科学技术出版社2002年版，第242—243页。

② 刘江卫、惠娜、赵昆、王东峰：《彩绘陶质文物修复保护操作流程规范化研究》，《文博》2009年第6期。

③ 周麒麟、兰德省、容波：《彩绘陶器保护修复规范化操作初步研究——以山东青州汉墓出土彩绘陶马为例》，《文博》2009年第6期。

总局与国家标准化管理委员会在 2013 年发布了"中华人民共和国国家标准"之"陶质文物彩绘保护修复技术要求（标准编号：GB/T 30239—2013）"，该标准规定了陶质文物彩绘保护修复工作中的术语、定义、保护修复技术要求和彩绘状况记录要求，适用于陶质文物彩绘保护修复方案的制定及保护修复工作。

技术标准是指重复性的技术事项在一定范围内的统一规定，技术标准的制定和实施不但可以在一些规模化的重复生产操作中提高效率，还可以减少或平衡产品的生产或技术的实施各个环节的纠纷，同时也对知识产权起到重要的保护作用，所以技术标准的制定和实施在一定程度上反映了该标准所处领域或行业的成熟或规范化程度。鉴于此，为了使陶质文物修复保护工作规范化、科学化，以利于正确表达和理解修复保护工作，使保护修复工作可以有的放矢、有条不紊地开展，中华人民共和国国家文物局全国文物保护标准化技术委员会 2010 年分别制定和颁布了文物保护行业标准"陶质彩绘文物病害与图示（标准编号：WW/T 0021－2010）"与"陶质彩绘文物保护修复档案记录规范（标准编号：WW/T 0023－2010）"。前者规定了陶质彩绘文物病害的相关术语、定义和图示符号，适用于陶质彩绘文物病害调查、病害评估、保护修复方案编写、保护修复档案记录及陶质彩绘文物保护工作中病害的描述和图示；后者规定了陶质彩绘文物保护修复档案的相关术语、文本内容、记录格式、记录用文字、记录信息源及记录方法，适用于各级各类文物收藏单位陶质彩绘文物保护修复档案的记录。这两个文物保护行业标准可以作为国家标准"GB/T 30239—2013"的补充，三者在陶质文物或陶质历史档案的日常保护中结合使用，通过对陶质文物和历史档案的保护修复操作流程的规范化操作，使文物和历史档案得到切实的保护，最大限度地减缓或降低文物或档案的衰变速度，延长其寿命，保护其历史、艺术和科学的价值。

一般而言，陶质文物或历史档案的保护和修复措施主要包括：清洗、加固、黏结、补全、封护等。

一　清洗

陶器清洗的目的是除去陶器表面的风化物、沉积污染物等外来有害物质，使其更加稳定、更加安全地保存下去，并使其原貌尽可能地得以恢复。陶器的来源一般有考古挖掘出土、博物馆馆藏和民间传世三种情况，因此，对于不同来源陶器的保护处理也就存在着流程和侧重点上的差异，清洗方式及清洗材料的选择要针对不同器物和不同的病变而有所区别。但是无论如何变化，清洗都是保护和修复过程中的第一步，也是最基础和最关键的步骤。

陶器的清洗按照目的可分为器物富集盐分的清洗和表面污物的清洗，按照操作的方式可分为机械法清洗和化学试剂法清洗。

对于器物表面残存的污染物主要进行机械法去除，清理的对象包括器物表面的泥土、盐分、植物残留物等。清理的工具包括刀、刷、竹签、棉花等，以富有一定弹性和韧性的棉签为宜。对坚硬的泥土等可辅以去离子水或酒精，使之松软后，再方便去除。

清洗可溶性盐可以采用棉签蘸去离子水、纸浆或草纸表面湿敷法一步一步地脱盐，利用陶器的毛细管作用将盐分从器物内部迁移到表面，并在纸浆或棉签上形成结晶，达到析出盐分的作用。对于保护状况较好的素陶可以采用重复水浸的方式。作为脱盐效果的检验，可以用电导率仪测试清洗液的电导值，或用2%的硝酸银溶液滴定，观察有无沉淀生成，以检验可溶盐中的氯离子是否清除干净。

对于 $CaCO_3$、$CaSO_4$ 类的钙质沉积物，可选用碳酸氢氨、碳酸氨活性剂、乙二胺四乙酸二钠盐等，使之软化后，机械剔除。亦有用盐酸、硫酸等软化除钙质硬壳的，但由于这些均属于强酸类，腐蚀性较强，所以使用时一定要慎重，即使使用，也应该浓度尽可能的低一些，且在硬壳层较厚时使用，待接近器壁或纹饰时，再改用5%的六偏磷酸钠溶液浸润除去，该反应可用化学反应方程式表示为：

$$2Ca^{2+} + Na_2[Na_4(PO_3)_6] \rightarrow Na_2[Ca_2(PO_3)_6] + 4Na^+$$

实际工作中，选择哪种方法一定要经过对器物病害认真分析和实验室试验后，选择小面积部位进行预清洗试验，并根据结果而确定最终方案。另外，还需注意以下几点：

首先，陶器的清洗需根据处理的部位和面积大小来确定，以机械方法为主，兼顾化学方法。机械法对器物损伤小，安全性好，易于操作，且对多数病变都可清除，是一种十分有效的方式。化学清洗易对器物造成二次污染，故选择时一定要谨慎，要充分地了解所选用化学试剂对陶器的影响，在使用后一定要将器物表面残存的溶液去除干净，保障器物的安全，而且清理完成后所用的化学试剂或其反应产物不应影响陶器本体的可再处理性。

其次，陶器清洗要根据器物表面有无彩绘纹饰等区别对待，因为这些彩绘纹饰可能是矿物颜料与天然的生物调和后直接涂在器物表面，或经过了简单的低温烧制，其与基底器物表面的结合力本来就相对较弱，加之长期的风化腐蚀，结合力更加虚弱，所以在进一步处理之前，要先对其表面进行部分预加固处理，防止其在后续处理时发生保护性伤害。例如，可选用2%—5%的乙基纤维素乙醇溶液、硝基纤维素的丙酮溶液或丙烯酸树脂等，采用涂覆或喷涂的方式，使之在纹饰表面形成一层保护性薄膜。

最后，清洗时有可能会根据实际情况将器物整体划分为若干区域，逐个区域采用针对性措施进行分别清洗，但清洗工作应做到在清洗工作结束后，器物的整体效果应该是协调、统一的，不可在不同区域清洗出不同效果。

二　加固

与瓷器相比，陶器气孔率高，致密性差，强度弱，因此陶器的加固十分重要，通过引入、补充加固材料，增加或恢复陶器文物或历史档案的强度，不仅能使陶器更加坚固、完整，而且可以防止陶器表面纹饰的脱离。因此，加固可细分为清洗前的预加固和保护修复过程加固，前者只是对器物表面进行的加固，后者要求加固剂尽可能地渗入到陶器内部深层。前者已在前述，在此只讨论后者。

加固剂的选择是加固工作中最重要的，必须具备下列特征：可逆性、抗紫外线、抗生物侵蚀、耐老化、较好的渗透性等。加固剂还应属于化学惰性材料，化学性质稳定，对人身、环境及保护对象安全、无害。色彩上不能覆盖器物本色，即要无色、透明，能保护陶器原貌，使陶器在保护、修复前后在外貌上基本一致。

陶器的加固剂通常选择热塑性加固剂，主要包括聚乙烯醇缩丁醛树脂、丙烯酸树脂、丙烯酸乳剂、有机硅溶液等。事实上，陶器的加固与黏结所用的保护材料都是精细化学制品中的胶黏剂，只是在保护过程中，所起的作用有所不同，实施的保护工艺亦有相应的偏差，但其材料的本质属性是一致的。

关于胶黏剂：又称黏合剂、黏结剂，它不但可以起到黏结的作用，也可以使黏结的物件内部应力分布更均匀，所以胶黏剂还可用作加固、封护、修复的材料。胶黏剂的主要组成材料有：黏结料、固化剂、增塑剂、稀释剂、填充剂等，其中黏结料和固化剂是两样最重要的组成成分，对胶黏剂的黏结和加固性能起着关键的决定作用。（1）黏结料是胶黏剂中的黏结物质，也是胶黏剂中的主要成分，一般胶黏剂是以黏结料的名称来命名的。它对胶黏剂的胶结性能起重要作用。胶黏剂中的黏结物质通常是由一种或几种高聚物混合而成，常用的黏结物质有热固性树脂、热塑性树脂和合成橡胶类等。（2）固化剂是促使黏结料进行化学反应，加快胶黏剂固化产生胶结强度的一种物质。加入固化剂可使某些线型高分子化合物与固化剂交联成网状或体型结构，使胶黏剂硬化。①

所谓的热塑性胶黏剂是与热固性胶黏剂相对而言的，这是按照对热的化学性质对胶黏剂的分类。热塑性胶黏剂以热塑性树脂为胶粘料，热固性胶黏剂以热固性树脂为胶黏料。热塑性胶黏剂的特点是在胶合过程中没有化学反应发生，在胶合前后胶黏剂分子保持线型结构，受热至一定温度会软化或熔化，冷却后又回复到原来状态，这种现象可反复进行。这类胶黏剂在胶合后胶层柔韧性好，剥离强度比较大，抗弯、抗冲击性能强，但胶合强度比热固性树脂胶黏剂低，耐热性较差，当环境温度在该胶黏剂的软化温度附近或以上时即失去强度，耐溶剂性能也较差，在长时间静载荷作用下有蠕变现象。热固性胶黏剂和热塑性胶黏剂正好相反，它在胶合过程中伴随着发生化学反应，它受热后或与化学试剂作用能发生交联反应，形成体形网状结构，冷却后不能回复到原来的状态。这类胶黏剂，胶合强度大，耐热性、耐水性、耐溶剂性、耐久性、耐蠕变性均较好，但与热塑性树脂相比，胶层韧性差，较脆、抗弯、抗冲击性能较弱，黏接时需要较大的压力。为了改善热固性胶黏剂的这一缺点，常常在热固性胶黏剂中添加一定数量的热塑性树脂。② 热塑性胶黏剂的特点决定了它只能用于黏结强度不太高的对象，热塑性胶黏剂中的热塑性树脂种类很多，主要有乙烯树脂、丙烯酸树脂、聚酰亚胺树脂等。热固性胶黏剂中的热固性树脂高分子材料主要包括酚醛树脂，以及用尼龙、乙烯树脂改性的酚醛，此外环氧树

① 葛新亚、王青、汪洋：《建筑装饰材料》，中国电力出版社 2008 年版，第 263—265 页。
② 刘启明：《木工胶黏剂》，中国林业出版社 2005 年版，第 13—14 页。

脂也是常用的热固性胶黏剂。①

在对陶器使用加固剂进行加固保护时，需根据器物表面的纹饰形式及保存状况的不同，采用不同的加固保护工艺，具体包括：

（1）涂刷法：即用毛笔或软毛刷蘸取加固剂，直接在器物表面涂刷的加固方式。涂刷前，一定要先了解器物的表面情况，涂刷时按照同一方向旋转涂刷。对于彩绘陶器或风化严重、质地疏松的陶器不适宜采用该法加固。

（2）喷雾法：适用于较大面积彩绘或表面粉化严重的陶器的保护处理，要求选用雾化效果好的小型喷雾器，喷距适当、不要正对陶器表面喷涂，喷量适当，表面刚好形成薄薄的膜为宜，尽量减少流淌。

（3）点涂：适用于颜料较厚、颜料颗粒较细，且易掉粉的彩绘颜料的保护处理。选用毛质较软的小毛笔，蘸乙醇等有机溶剂点湿彩绘，待溶剂逐渐渗入润湿器物后，先从残存彩绘边缘点涂保护剂，待保护剂不再渗入时，再点涂彩绘表面。这样，有机溶剂不但减弱了器物的表面张力，而且溶剂吸收时产生毛细吸力，二者协同作用使保护剂更好地渗入陶器深层，同时也可以消除点涂在彩绘表面留下的痕迹。操作过程中应避免涂刷的动作，会损伤彩绘。

（4）点滴法：对于陶器存在的明显裂缝，可用滴管吸取加固剂后，滴注在裂缝处，至器物不再吸收为止。由于不需渗透，点滴法加固裂缝陶器所用加固剂的浓度可比其他方法略高些，甚至可至 10%—15%。

（5）浸泡法，对于保存状况良好，且需深层加固的陶器，或是残片，可直接放入加固剂溶液中浸泡，浸泡充分后取出，自然风干。

三 黏结

陶制器物由于其本身质地及埋藏等原因，出土或发现时绝大部分可能已经残损、破碎，只有将其黏接、补全才能更利于其研究、展览及保管。

器物在进行黏接保护时应先对断面进行预处理：（1）清理断面茬口，用棉签蘸取适量的乙醇擦洗黏接面，使黏接面保持清洁，以保证黏接效果

---

① 钱旭红、徐玉芳、徐晓勇：《精细化工概论》，化学工业出版社 2000 年版，第 247—248 页。

达到最佳。（2）选用丙烯酸类树脂溶液逐级浓度升高处理断口作为隔离层，其目的在于：一方面对残断面进行渗透加固，另一方面对黏接剂与黏接面进行隔离，便于今后需要时再打开残断面。在今后需要打开黏接面时，可以用乙醇或丙酮溶解隔离层。器物在黏接前，处理残断面时，注意涂刷试剂应尽量薄，如涂刷的厚度较厚会影响到黏接的效果，致使陶片对接处的缝隙较宽。

待断面试剂固化后，使用环氧树脂类黏合剂黏接陶片，可根据器物的实际情况施加一定外力使其黏接效果达到最佳。黏接时，在黏接缝隙两边预先粘贴3厘米纸胶带，防止黏接剂溢出后污染陶面。

四　补全

补全是针对破裂、残断、缺损的陶器进行修补，使之器型完整的处理措施。破损器物的补全应依据其残存部位的形状或参考同时期同类型器物，将其对应缺损部位恢复原状，保留和延续陶器的历史、艺术、科技等信息。补全要在充分调查历史及资料的基础上进行，在形式上不可有任何超出原状进行的创造或创新，不应改变文物现存原始部分的状态。在对器物进行补全时，材料及形式要接近文物，外观上协调，但有所差别，做到"远看一致、近观有别"，避免造成"历史的赝品"。补全修复使用的材料不能对文物带来损害，不能对以后的操作制造障碍，应便于去除和重新处理。

根据实际需要以确定补全的标准：（1）完全补全，主要依据展览的要求以确定是否需补全；（2）不完全补全，对于影响器物成型后稳定性的部分进行补全，而其余残缺的部分可不进行补全。如果对于没有参考物的器物进行完全补全，由于现在已无法知道其原始性状，所以失去真实性的补全就是在创造了。

目前陶器补全使用的修复材料一般是熟石膏（$CaSO_4 \cdot 0.5H_2O$），它与水混合形成流体，逐渐增稠直至变硬，其间有可塑性，但时间短暂，所以被用来应用于艺术品的制模与文物的修复、复制等。但是随着时间的推移，石膏作为一种最常见的古代陶器修补材料，其弊病也逐渐被人们认识，主要是：（1）熟石膏硬化后强度稳定，而古陶器由于风化破坏，即使同一件器物的不同部位也有可能强度等性质不尽相同，所以兼容性不理想。（2）硬化后石膏的结构较疏松，易吸附潮气，甚至比古陶器陶更甚。（3）硬化后石膏的黏结力不能满足长期保存的要求。（4）石膏在吸水硬化过程中有 1%—3% 的体积膨胀率，会对保护对象产生应力破坏。（5）石膏自身就是钙盐，且含有大量杂质，用其对陶器进行修复会引入新的盐分，对器物造成二次破坏和污染。因此，现在陶器修复工作者在实际工作中，会根据器物的风化破坏情况，灵活地调配陶器的补全材料，如"陶器的修补腻子"即是这样一类没有固定配方的新型陶器修补材料，它的总的配方原则就是由填充料和胶黏剂这两类基本组分构成，必要时增加辅助组分，其填充料可以是旧砖瓦或碎陶片粉碎研磨制得的陶粉、砖粉等。①

五　封护

为了长期地保存，对修复完的彩绘陶器及时地封护。针对保存状况不同的器物的不同情况选择不同的封护剂对彩绘陶器进行表而封护，使其表面的彩绘信息得以最大限度地保存下来。封护前应选择隐蔽的地方进行封护试验，以便确定封护剂及封护效果。在操作时应用软毛刷轻轻涂刷，尽可能避免流淌堆积现象发生，影响器物整体视觉效果，而封护剂的流淌堆积也是对器物表面的二次损坏和污染。整体封护时，须一次性全部封护，每一部位所使用封护剂应相同，以达到封护后器物颜色的统一协调。目前陶器常用的封护剂主要还是丙烯酸树脂类，如 Pariloid B 72、Rhoplex N - 580 等都已经是常用的市售艺术品加固、黏结剂。

除了上述保护和修复措施，为了更好地修复文物或档案，作为规范化操作，在具体实施保护修复程序之前一定要对文物或档案的有关信息资料做好充分的记录和整理，并对其保存现状、病害等认真检测分析，在此基础之上才能有针对性地制订出切实有效的保护修复方案。在保护修复过程中，一定要完整记录保护和修复的详细手段和情况；完成后，要整理并建立保护修复档案，一方面为了留下曾经保护修复的记载，另一方面也是为了今后更进一步的保护记录下可靠的证据。

---

① 陈海：《古代陶器修补材料及其相关问题浅议》，《考古与文物》2003 年第 2 期。

第六节　陶质历史档案的物化性质表征

一　陶器烧成温度的测量

古陶瓷的烧成温度，亦即陶瓷胎坯的烧成温度的断定和研究，对于探究古陶瓷的制作工艺显得尤为必要。目前常用测定陶瓷原始烧成温度的方法主要是热膨胀法与差热分析法，其中，尤其是热膨胀法，相比而言，最为精确，因而其应用也最为广泛。热膨胀法测温所需仪器为热膨胀分析仪，该仪器的功能是测量物体某一方向长度因温度变化所引起的微弱胀缩。热膨胀仪测量陶瓷的原理是：将陶瓷胎体切割成一个几厘米线形尺度的长方体，放置于热膨胀仪中加温。随着温度的升高，陶瓷样品将发生可逆性的热膨胀，这与多数材料热胀冷缩过程相似。对于陶瓷胎体而言，总体上这个加热膨胀过程一直维持到它的烧成温度，当加热温度超过烧成温度后，胎体内部将产生更多的玻璃化，胎体发生不可逆的收缩，热膨胀曲线的形状发生变化。原则上，烧成温度大致与热膨胀曲线转化为收缩的拐点温度相当，但拐点的位置与烧成温度下维持的时间有关，因此烧成温度的测量误差很难小于 20—30℃。[①]

可是实际的热膨胀曲线会更复杂，特别是对于烧成温度相对不高的陶器更是如此。1969 年，英国牛津大学 Tite 教授即根据实验指出，若陶器的原始烧成温度低于玻璃相形成温度时，利用热膨胀仪测得的热膨胀曲线，其拐点温度通常近似于出现玻璃相的温度，而不是原始烧成温度。[②]换句话说，对于原始烧成温度低于玻璃相形成温度的陶器，采用常规的热膨胀方法，是测不出其原始烧成温度的；热膨胀曲线上拐点的出现，实际上缘自坯体玻璃相的形成过程。2004 年，王昌燧教授的课题组通过模拟实验意识到低温陶器原始烧成温度的测定误区，之后，他们经过几年的努力，不仅建立了瓷器原始烧成温度测定的修正公式，讨论了相变对温度测定的

---

① 陈铁梅：《科技考古学》，北京大学出版社 2008 年版，第 169—170 页。

② M. S. Tite，"Determination of the Firing Temperature of AncientCeramicsbyMeasurement of Thermal Expansion：A Reassessment"，Archaeometry，Vol. 11，No. 1，1969.

影响，而且完善、健全了低温陶器原始烧成温度的测定方法。他们的主要观点是：（1）利用热膨胀仪，采用多次重复加热的方法，可有效测定低温陶器的原始烧成温度。（2）在利用热膨胀仪测量时，若重新加热温度未达到原始烧成温度以前，所得热膨胀曲线与原初曲线几乎完全重合。若重新加热温度首次高于其原始烧成温度，陶坯的热膨胀曲线依然决定于其历史上最高烧成温度的物理性能，故所得曲线仍与原初曲线几乎完全重合。之后，若再次将重复加热温度高于原始烧成温度，陶坯的热膨胀曲线仍将决定于其历史上最高烧成温度的物理性能，不过，这时陶坯历史上的最高烧成温度已不是其原始烧成温度，而是首次超过原始烧成温度的那个温度。于是，其收缩率下降，曲线下移，这表明，前一次加热的温度确实超过了陶坯的原始烧成温度。因此，以低于烧成温度的温度加热样品，所得的热膨胀曲线几乎保持不变；当重新加热的温度首次高于原始烧成温度时，所得热膨胀曲线同样几乎不变；然而，再次加热陶坯样品时，所得热膨胀曲线的位置将有规律地下移。（3）一般来说，古代陶器皆经烧制，若其原始烧成温度低于其玻璃相形成温度，那么，利用逐步升温加热的方法，观测其热膨胀曲线的相对位置，可有效确定低温陶器的原始烧成温度。[①]

二　陶器的吸水率和气孔率的测定

陶器（或陶片）吸水率测量的具体步骤是：

（1）将待测样品表面拭净，并在110℃烘干2 h，冷却后，精确称量干燥样品的质量（即干重 m_1），精确至0.0001 g。

（2）浸泡于水中约2—3 h，待其吸水充分饱和后，用饱含水的多层纱布拭去样品表面的附着水分，准确称量此时样品的质量（湿重 m_2）。

吸水率如式（6.1）计算：

$$吸水率 = \frac{m_2 - m_1}{m_1} \times 100\% \qquad (6.1)$$

式中：m_1——试样干重/g；m_2——试样湿重/g。

气孔率和吸水率是两个相关的指标，陶器中有的气孔非常细小，陶片

[①]　张怡、朱剑、王涛等：《低温陶器的烧成温度测定及其初步应用》，《南方文物》2012年第1期。

浸泡于水中时，水不能排出非常细小气孔中的空气而进入气孔，因此目前常用的测量气孔率的方法是煮沸法，就是指在沸水条件下通过水的流动性将开口气孔贯通，并在高温下将气体排出。但是，陶器中的气孔有封闭、开口和贯通三种情况，完全封闭的气孔，即使通过煮沸也无法令水分进入，因此煮沸这种方法测出的气孔率是实际上是开口气孔率，通常称为显气孔率，即试样中开口孔隙（指与大气相通的气孔）的体积与试样总体积的百分比率。[①]

显气孔率测试的步骤与吸水率的测试近似，所不同的就是浸泡时需将水煮沸，具体步骤是：

（1）将恒重的试样放入盛有蒸馏水的煮沸容器内，在试样之间与容器底部垫以干净纱布，使试样互不接触，煮沸过程中应保持水面高出试样50 mm。

（2）加热蒸馏水至沸腾并保持2h，然后停止加热，冷却至室温。

（3）将饱和水的试样放入线框，沉没在盛水容器中，并不与容器的任何部位相接触，液面应保持超过试样约 60 ± 5 mm，称量饱和试样在液体中的质量（m_3）。

（4）从液体中取出饱和试样，用饱含水的多层纱布，擦去试样表面附着水分，迅速称量饱和试样在空气中的质量（m_4）。[②]

试样的显气孔率按式（6.2）计算：

$$显气孔率 = \frac{m_4 - m_1}{m_4 - m_3} \times 100\% \qquad (6.2)$$

式中：m_1——试样干重/g；m_3——饱水试样在液体中的质量/g；m_4——饱水试样在空气中的质量/g。

试样的体积密度按式（6.3）计算：

$$体积密度 = \frac{m_1}{m_4 - m_3} \times \rho \qquad (6.3)$$

式中：m_1——试样干重/g；m_3——饱水试样在液体中的质量/g；m_4——饱水试样在空气中的质量/g。

---

① 《多孔陶瓷显气孔率、容重实验方法》，1997 年，中华人民共和国国家标准，标准代号：GB/T 1966—1996。

② 《陶瓷坯体显气孔率、体积密度测试方法》，1993 年，中华人民共和国轻工行业标准，标准代号：QB/T 1642—1992。

三　陶器的表面硬度测量

陶器的表面硬度可直接由硬度计测得（可参见"石质历史档案保护材料的性能表征"），另外，在没有专门硬度仪器的情况下，可以用一系列的已知硬度的材料在待测样品表面摩擦或刻画，依据是否留下划痕进行判断，这种测定方法是基于摩氏硬度的测量原理。摩氏硬度又称作莫氏硬度，是由德国矿物学家莫斯（Frederich Mohs）于1812年首先提出的一种利用矿物相对刻画硬度划分矿物硬度的标准与方法。摩氏硬度只是一种相对标准，与根据矿物表面上能够承受的重量来表示的绝对硬度（又称压入硬度，单位：kg/mm^2）并无正比关系。

摩氏硬度的具体鉴定方法是：在未知硬度的物体上选定一个平滑面，用硬度已知矿物的一种加以刻画，如果待测样品出现划痕，则说明待测样品的硬度小于已知矿物。若已知矿物表面出现划痕，则说明待测样品的硬度大于已知矿物。如此依次试验，即可得出未知矿物的相对硬度。若待测样品的硬度在两种标准矿物之间，则会用"几点五"表示。作为评判标准的矿物，最软者为滑石，最硬者为金刚石，共有十种矿物，这十种矿物的摩氏硬度与绝对硬度的对照表如表6-5所示，其他一些常见材料的摩氏硬度如表6-6所示。

表6-5　　　　　摩氏硬度测量标准矿物及其绝对硬度表

矿物	摩氏硬度	绝对硬度
滑石	1	1
石膏	2	2
方解石	3	9
萤石	4	21
磷灰石	5	48
正长石	6	72
石英	7	100
黄玉	8	200
刚玉	9	400
金刚石	10	1600

表6-6   常见矿物或材料的摩氏硬度

摩氏硬度	矿物或材料
1.5	铅，石墨，皮肤
2	硬塑料
2—3	金，银，铝，黑玉，冰块，指甲
3	牙本质，铜，珍珠
3.5	硬币，贝壳
4	铁
4—4.5	钢，铂
5	牙釉质，黑耀岩
5.5	小刀
6	钛，钢锯条
6—7	玻璃，石英玻璃，黄铁矿，硅，钢锉，翡翠
7	雨花石，玛瑙，紫水晶
7.5—8	祖母绿，硬化钢，尖晶石，电气石
8	黄玉
9	铬
9—9.5	碳化硅
9.5—10	硼，碳化硼

第七章

西南少数民族木质历史档案的保护

第一节 西南少数民族木质历史档案

古代西南少数民族传世的文字历史档案主要由古籍、文书和金石铭文三大部分构成，此外尚有为数不多的木刻、竹简、骨文、皮书、布书等遗存至今。这部分西南少数民族历史档案虽然数量不多，但是由于其载体材料独特、年代久远和原始性强，堪称西南少数民族历史档案中的珍品，对研究西南少数民族历史文献载体材料的发展演变以及古西南少数民族文字的产生与运用都有宝贵的凭证、查考价值。

图 7 - 1　彝文竹简（四川凉山彝族奴隶社会博物馆）

　　以竹或木为载体的西南少数民族历史档案主要是木刻和竹简，其中较为典型的如彝文的竹简、木刻。彝族先民在历史上曾经产生过大量的彝文木刻与竹简。彝文巨著《西南彝志》卷九"勿阿纳的叙述"记载："慕俄格一家，大握其权柄，木刻与竹简，积累如柴堆，阿额在中部，也杀牛聚宴。"彝文木刻是指刻写在树木、木块、木条或雕版之上的彝文文字。由于年代久远，竹木材料的防腐能力又较弱，现存木刻所知者有彝文祖宗牌位、祭祀木条、咒语牌、雕刻版等。[①] 现存的彝文竹简很少，图 7 - 1[②] 是四川凉山彝族奴隶社会博物馆保存的一件竹简。

图 7 - 2　彝文竹简

　　图 7 - 2[③] 是凉山的毕摩献出的世传彝文竹简，共三组，藏者认为是早期毕摩创造和规范使用的文字，内容记载了彝族居住区域疆界、人类的产生、彝族家谱、彝族历史纪年方法、道场程序等。同批献出的还有木牍（图 7 - 3[④]）等，木牍共计 64 块，上面刻有符号或文字，藏者认为属彝族

---

　　① 华林：《西南彝族历史档案》，云南大学出版社 1999 年版，第 110—112 页。

　　② 马锦卫：《彝文起源及其发展考论》，民族出版社 2011 年版，第 29 页。

　　③ 张纯德：《彝族古代毕摩绘画》，云南大学出版社 2003 年版，第 12 页。

　　④ 同上书，第 11 页。

毕摩始祖体比乍母所创造和使用的象形文字（符号），有的记录开天辟地情况，有的记录万物进化史。

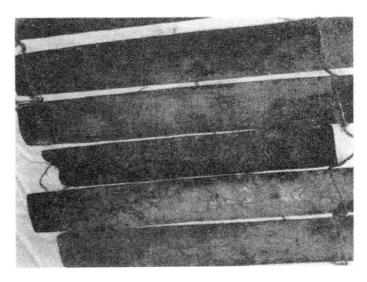

图 7 – 3　彝文木牍

朱琚元先生在其著作中提道："1985 年得悉云南宣威县有彝族毕摩珍藏有彝文竹简，未待前往实地考察，却闻该毕摩所居彝村失火，彝文竹简连其他抄本遭火焚尽。"[①] 古代彝族在历史上曾大量使用过竹片作为载体材料用于书史、记事是毋庸置疑的，彝文竹简在彝文文献和汉文史志中都有过详细的记载。此外，散居在云南怒江峡谷两岸的傈僳族直到 20 世纪之间，记事和传递信息据证亦多采用结绳、刻木的方式。[②]

第二节　木材的组成与结构

木材的组成包括木材的元素组成与化学成分组成两个方面。木材主要由碳、氢、氧三种元素组成，三种元素在木材中的含量分别约为：碳

①　朱琚元：《彝族文化研究文萃》，云南民族出版社 2007 年版，第 171—172 页。
②　陈子丹：《傈僳族档案文献及其开发利用》，《档案学通讯》2008 年第 3 期。

50%，氢6%，氧44%。此外，还有氮、硫、磷、氯、镁、钾、钠、钙、硅、氟、锰、铝等元素，以有机或无机化合物的形式存在于木材之中。木材的元素组成随树种与树体部位的不同变动很少。其中氮的含量为0.1%—0.2%，一般认为氮是残存在细胞生长期初期的原生质内的蛋白质，但是，生物碱含量很高的木材含氮量也高，其余元素含量都很少。由于木材组成的元素大致是一定的，所以除了评定它的燃料价值外，几乎没有什么实际意义。

木材的化学组成是组成木材的各种化学成分，它是由各种各样的高分子聚合物复杂地组合而成，木材的化学组成，不但由于物种的不同而不同，即使是同一树种，也因树木个体的不同而有所不同，而且在同一株树木内也因部位的不同而不同，所以树木的化学组成对于木材的性能起着关键的决定作用。

木材的化学组成可大致分为主要成分和少量成分两种，主要成分是由纤维素、半纤维素和木质素构成。在木材中，它们的含量分别约为：纤维素50%，半纤维素20%—30%，木质素20%—30%。

除少部分的木质素外，天然存在的纤维素、半纤维素及木质素的大部分不溶于中性的有机溶剂和冷水。除这些主要成分以外，在木材中还存在着多种低分子和高分子的化合物次要成分（或少量成分）。这些化合物一般能溶于水、醚、醇、酮、芳烃、有机卤化物等溶剂中的一种或两种以上，故被称为浸提物或浸提成分。少量成分主要是脂肪族化合物、芳香族化合物、萜烯类化合物、含氮化合物、果胶及无机物等。[①]

从木材的微观结构来看，木材由无数管状细胞紧密结合而成，每个细胞分为细胞壁和细胞腔两个部分，细胞壁主要由细纤维组成，细纤维则由纤维素、木质素、半纤维素和少量的脂肪、树脂、蛋白质、挥发性油、无机化合物组成。纤维素、半纤维素和木质素构成木材的空间网络结构，所以木材是非均质材料，性质为各向异性，不同方向的力学性能是不同的。

由于纤维素中含有大量的亲水基团——羟基基团，所以木材吸水性很大，新木材含水率达35%以上，风干木材含水率为15%—25%。

---

① 中野凖三、樋口隆昌、住本昌之等：《木材化学》，鲍禾、李忠正译，中国林业出版社1989年版，第1—9页。

可以说，木材是由主要成分、次要成分和含有的水分组成的，对于给定的木材试件，主要成分和次要成分的量是一定的，但是含有的水分重量却随着周围环境的变化而在较大的范围内变动。随着木材含水率的变化，木材的密度、容积、强度等诸多物理化学性质都会发生显著的变化。所以，木材中水分的研究对木材的风化腐蚀及保护均有重要的意义。

在木材中，水分主要是以游离态或化合态存在于木材中的空隙中，这些空隙包括细胞壁内的微细空隙和细胞腔等粗大的空隙。其中：（1）自由水指以游离态存在于木材细胞的胞腔、细胞间隙和纹孔腔这类大毛细管中的水分，包括液态水和细胞腔内水蒸气两部分，可以影响到木材重量、燃烧性、渗透性和耐久性，对木材体积稳定性、力学、电学等性质无影响。（2）吸着水是指以吸附状态存在于细胞壁中微毛细管的水，即细胞壁微纤丝之间的水分。吸着水多少对木材物理力学性质和木材加工利用有着重要的影响。（3）化合水是指与木材细胞壁物质组成呈牢固的化学结合状态的水。这部分水分含量极少，而且相对稳定，是木材的组成成分之一。

木材含水率是表征木材含水量的一个指标，它是指木材中所含水分的重量与绝对干燥后木材重量的百分比。与之相关，木材平衡含水率是指木材在一定的空气状态下，最后达到的吸湿稳定含水率或解吸稳定含水率（木材水分稳定状态）。

在木材的性质与含水率的关系研究中，"纤维饱和点"是一个重要的概念，它是指木材细胞壁吸着水处于饱和状态，而细胞腔无自由水，自由水刚蒸发完毕时，称为木材纤维饱和点，此时的含水率为纤维饱和点含水率。不同树种的纤维饱和点不同，当环境温度为20℃，相对湿度为100%时，纤维饱和点含水率通常在23%—34%。但实际应用时，所有木材的纤维饱和点一般均视为30%，纤维饱和点对木材干燥极为重要，是木材多种性质的转折点。就大多数木材力学性质而言，如含水率在纤维饱和点以上，含水率的增减，仅能改变木材的重量，对其尺寸形状变化和其他性质几乎没有影响，如木材强度。当木材干燥含水率减低至纤维饱和点以下时，含水率的增减，细胞壁的湿涨和干缩木材要发生尺寸变化，木材物理、力学性质随之发生变化，力学强度增加。因细胞壁内水分移动困难需提高温度，才能使吸着水蒸发。对于干燥而言，此后的干燥速度更慢，干燥难度加大。①

第三节　木材的病害

一　干裂与翘曲

木材由于在干燥过程中，一方面，沿年轮径向和弦向干缩率的差异，而产生的干燥应力使木材沿着其薄弱面发生分离破坏，其薄弱面一般在沿树轴方向排列的组织和木射线的边界上；另一方面，木材结合水沿截面内外分布和蒸发速度不均，因而收缩时沿年轮弦向产生拉应力，同时，木材内的相邻组织含水率的差异会引起不同干缩量，这些各种不同的应力破坏的综合作用使木材产生翘曲或者是开裂，即干裂，因此木材的干裂是难以避免的。特殊的，由于制材和干燥或蒸煮，在木材上产生的离开平面的任意的变形称翘曲。

一般干缩裂缝均为径向，即沿木纹的木材组织的分离破坏，由表及里地发展。最早出现的第一条裂缝宽度深度最大，称为主裂缝。在干燥过程中，当含水率处于平衡含水率（15%—18%）时，干缩裂缝的发展即趋于稳定。当木材有斜（扭）纹时，干缩裂缝必然沿着斜纹方向发展而形成危险的斜裂缝。

干缩裂缝的大小轻重程度及其位置与树种、制作时的含水率和选材措施等因素有关。制作时木材的干燥程度和选材是否正确对裂缝的影响很大，制作时含水率低，翘曲、裂缝就轻而小。

二　风化与腐朽

木材表面暴露在风雨中时，受侵蚀而变得粗糙，产生裂纹，变成灰色失去光泽，这种侵蚀累积而产生的效果就称为木材的风化。风化的影响仅限于木材的表面，如果不腐朽则风化进行得极其缓慢，一年中极少超过

---

① 蔡家斌、董会军、李涛等：《进口木材特性与干燥技术》，合肥工业大学出版社2011年版，第10页。

0.065 毫米。木材风化的原因之一是纤维素和木质素受到光和湿气的影响而进行氧化。

由于风化，木材发生溃陷，接着产生裂纹，有时也引起弯曲和扭曲。若进一步风化，则风化的木材表面变粗。风化容易与槽朽或腐朽相混淆，但是，腐朽是由微生物引起的，主要是化学现象，风化是表面层尺寸反复变化的结果，主要是机械的现象。暴露在风雨中的木材含水率变化时，其较大的尺寸变化，多数情况下几乎仅限于表面层，为此，在木材的表层发生的压缩应力和拉伸应力反复作用使表面的纤维分离。

酸性的雾和蒸汽使木材劣化，二氧化硫和氨气含量高的城市和工厂地区的大气使木材的质量迅速劣化。如果存在各种金属及其盐类，则往往促进木材质量的劣化。特别是与铁同时暴露在湿气中，木材的强度降低，失去化学稳定性。

三 生物类病害

木材的生物类病害主要是由菌类或昆虫引起的木材破坏。纤维素和木质素都是腐朽菌的"粮食"，它们会使木材腐朽而破坏。寄生于木材的菌类根据其对木材的作用分成如下两类：木腐菌和木材变色菌。属于前者的菌类，啃蚀、分解细胞壁，从中吸取其生长和繁殖所需的养分，导致木材腐朽。属于后者的菌类以贮存在细胞内腔的物质为养料，使木材产生各种变色，木材实质几乎没有分解。[1]

木材除了容易受到菌害而出现腐朽之外，还会遭到虫蛀。昆虫蛀食木材造成的虫道（孔道）和虫孔即为木材的虫害。木材害虫的种类繁多，涉及昆虫纲中的鞘翅目、等翅目、膜翅目、鳞翅目、双翅目和蜚蠊目等，其中，尤以前三者危害最大。[2]

---

① ［日］渡边治人：《木材应用基础》，张勤丽、张齐生、张彬渊译，上海科学技术出版社1986年版，第156—175页。

② 许民、李坚：《木材的碳素储存与科学保护》，科学出版社2013年版，第214—215页。

第四节 西南少数民族木质历史档案的保护方法

一 表面污物（渍）清除

由于存放环境的原因，木刻等历史档案的表面可能会积累了大量灰尘、蛛网或鸟类、蝙蝠的粪便，其清除一般可采用以下两种方法：

（1）机械清扫。对于木材保存状况较好的情况，可直接用毛笔和软毛刷轻轻扫除木材表面的灰尘和蜘蛛网。对于糟朽严重而表面又密布蜘蛛网和灰尘的情况，应该用极细的毛笔逐丝挑除蜘蛛网，然后一点一点清除表面的灰尘。

（2）化学试剂清洗。木刻上的霉斑等污渍，可用棉花棒蘸取有机溶剂（如乙醇、过氧化氢），以滚动方式擦拭污渍后，再以干净棉花棒蘸取乙醇滚动拭去表面残存溶液。

二 表面缺陷的修复

对于木刻表面缺陷的修复主要是翘曲的矫正、裂隙和孔洞的填补。

（1）翘曲校正。木刻因存放环境变化等因素，引起木刻翘曲时，可将木刻放回原处，使其逐渐恢复原状。如经过一段时间，仍不能还原，则将木刻向上平放，木刻板背下放置潮湿滤纸数层，在木刻上垫毛毡等软物，施加适量压力。待木刻吸收水分后，压力可逐渐增加，尽可能做到恢复原状。

（2）裂隙和孔洞的填补。对木刻表面的裂隙和孔洞缺损等，可根据实际情况和需要进行适当的填补和弥合，以防止裂隙扩大和向纵深发展，防止污垢积聚，也起到整体增强加固作用。填补材料是由填料、颜料与各种有机黏结料调配的而成腻子，所用填料主要是木粉、二氧化硅粉末（或细白石粉）、香灰粉等所组成的混合粉料，所用黏结料主要是有机硅丙烯酸乳液、聚氨酯等。所用的混合粉料事先调好颜色，与所修补的木刻色调一致。对于裂缝等缺损可视不同损坏程度进行填补，对于宽达3毫米以上的粗裂缝，可用混合粉料腻子填补；对于一些细裂缝可用有机硅丙烯酸乳液调和灰黄色的香灰粉弥补。

此外，我国传统的木器修补腻子是油性桐油石灰腻子，它是用生桐油（加适量熟桐油）与海蛎等贝壳所烧的灰粉调和，经反复捣成强黏性的灰色油性腻子（或用矿物颜料调成与木构件的色调一致）。该腻子固结后，硬度较高，防水性能相当好，尤其适合于高容重的硬质材的修补。[①]

三　干燥处理

木材是一种具有多孔性、吸湿性的生物材料，所以会含有一定数量的水分，木材中所含水分，严重影响材料的强度、收缩、开裂和变形，以及虫蛀腐朽等，因此，从改善历史档案的保存状况和使用寿命角度看，必须对木刻进行干燥处理。干燥处理有自然干燥和人工干燥两种。

自然干燥法是将木材放在通风良好的地方，避免阳光的直射和湿气的包围，使木材中的水分自然蒸发。这种方法简单易行，不需要特殊设备，一般情况下干燥后木刻的状况良好。但干燥时间长，只能干至风干状态，尤其是对于出土的木刻，由于存放环境的骤变，木刻在干燥脱水过程，随着水分的挥发，木材细胞含水率的改变，容易发生干裂、翘曲的形变伤害。

人工干燥法是通过人工的方法排出木刻中的水分的方法，这类方法一般在脱水的同时，通过引入有机、无机填充材料替换细胞内或细胞之间失去的水分，或通过物理方法改善水分挥发过程的机制，抑制木材形变的发生。因此，常用的人工干燥法有有机溶剂或无机物填充法、真空干燥法、冷冻干燥法。

（1）有机溶剂或无机物填充法：其原理是用一些高分子有机物替代木器细胞组织中的水，具体用以下几种有机类高分子聚合物：

醇—醚—树脂连浸法："醇—醚—树脂连浸"有减少饱和木制文物脱水时收缩的优点。主要利用乙醇具有较强的渗透力和亲水性极佳的特性，使其充分渗入木材细胞之中，使木材中的水分子同乙醇相互混溶。待乙醇完全将水置换出后，再用乙醚置换出乙醇。其递增周期以及工序操作大致与醇相同。最后，视器物之情况可考虑在乙醚内添加适量天然树脂（如松香、乳香胶等），树脂随乙醚一起渗入到木材细胞中去，待乙醚挥发出

---

①　李国清：《开放性环境中木质文物的稳定性研究》，《文物科技研究》2004 年第 1 期。

后，树脂便填充在细胞组织中，使失水后的木材纤维细胞腔壁得到加固而不致坍塌。① 其具体步骤为：

首先，选用浓度依次为45%、60%、75%、85%、95%的酒精水溶液浸渍木刻，每一浓度约浸渍7—10天，最后用无水乙醇，并反复至该醇液中几无水分出现，可用测量溶液比重的方法判断是否置换完全。

其次，选用乙醚溶液置换木刻中的乙醇，置换用乙醚的浓度自50%、65%、80%、100%依次递增。

然后是树脂加固，将松香、乳香胶、三聚氰胺甲醛缩合树脂等天然树脂，按溶液重量的5%—10%投入乙醚溶液内，然后将被处理木刻浸渍于其中，经7—10天即可。

最后，取出被处理木刻，置于干燥器内，并放在适宜温度的环境中，微启器盖，使残余的乙醚比较缓慢地自行挥发。挥发完全后，取出器物，以棉球蘸取丙酮在器物表面擦拭，以除去残留在木材表面的多余树脂结晶。该法对小型木、竹器（如木牍、竹简、木俑及饰件等）的脱水定型，其效果均比较理想。

聚乙二醇浸渍法：聚乙二醇简写为PEG，在整个浸渍的过程中，当PEG接触木材界面时，由于膨胀作用，其大分子即向该木材的纤维腹腔渗透，同时，随着温度的提高，分子链之间的滑动会更加容易，其活性亦即相应增加，也就是说PEG对木材的浸渗速率亦因此而加快。在这一过程中，木材内部的水分子沿着纤维边缘向木材表面膜层渗透，由此进入PEG液内。然后，PEG与水分子的混合液再沿着业已穿透的膜层孔隙深入木材细胞腔内，从而维持了原纤维结构，使该器物得以稳定。操作时，可先将器物在室温下置于12% PEG水溶液中，以后逐步升高溶液的温度。几周后聚乙二醇逐渐代替了木器中的水，再使水慢慢蒸发掉，木器文物就留在热的PEG液体中，趁热取出器物，用合适的有机溶剂擦去表面过量的PEG。"聚乙二醇法"由于对温度有要求，可能会对处理木质档案造成不良影响。②

① 赵桂芳：《出土饱水古代木器的保护实验——醇醚连浸法的探讨》，载中国文物保护技术协会《文物保护技术（1981—1991）》，科学出版社2010年版，第322—324页。

② 程丽臻：《PEG复合液脱水加固定型出土饱水残损漆木器及整形修复》，《中国文物科学研究》2010年第4期。

明矾溶液浸渍法：明矾是硫酸铝钾的俗称，它可以完全溶解在沸水中，当将待处理的木刻置于热的明矾饱和溶液中，煮沸数小时（维持温度92—96℃），明矾溶液就会充分渗进木材的分子中去，趁热从明矾中取出器物，冷至室温，明矾溶液便凝固在木材内部的细胞组织中。这样既排出了木器中的多余水分，又起了加固作用，防止器物变形。其表面多余的明矾，可用拧干的热毛巾擦净。为了防止明矾吸潮，可在表面再涂上一层亚麻油或聚醋酸乙烯酯。

此外，还可将明矾与聚乙二醇混合使用，此法处理饱水木制历史档案是成功的，大小器物均可使用。但是，胶矾加固效果相对较差，耐老化性较差，经此处理后木材颜色加深、重量增加，而且质感不太好，时间久了会产生变黄和裂缝。特别是在潮湿地区容易受到微生物的侵害时，有会吸湿返潮现象产生，因此该法在潮湿环境不太适合。

在实际操作中，可以根据待处理木质档案的大小、木刻表面文字与纹饰的位置及面积大小等情况改"浸渍"为"浸没"、"喷涂"或"刷涂"等。

有机溶剂或无机物填充法不需要复杂的装置，对设备要求不高，最明显的缺陷是由于添加各种有机或无机材料，可能会影响到处理对象的外观，甚至会影响到其表面的文字或纹饰的痕迹，造成不可逆的影响，所以处理时一定要慎重采取措施。

（2）真空加热干燥法：木材在脱水干燥的过程中具有一大特点，就是水分的自由扩散性，一为湿扩散，另一为热扩散。也就是说，其水分可以顺着纤维方向游移，自纤维两端析出；也可横跨纤维方向，由其侧面排出。此法即是利用提高温度、降低沸点而导引水分向外扩散的原理来进行脱水的。被处理物在真空干燥箱内一经加热，其水分即由木质物体内排出，并呈气态游移于真空干燥箱内，而当其水蒸气浓度增大且形成一定的压力时，我们即可利用其室内与外界之压力差，启动真空泵，使水汽被泵吸出箱体，使该器物得以干燥定型。

运用真空加热技术进行脱水处理，是一种较简便、经济的方法，它不仅可以保持住木质档案的原貌，且无任何副作用。

（3）冷冻干燥法：此方法是根据生物技术发展起来的，是用于处理饱水木器、竹器等木质历史档案较有前途的方法之一。操作时，首先将器物在低温下进行冷冻，使器物中的水在低温下被冻结成冰，然后在真空下使冰升华。因为湿润的木器经预冻后，在表面上形成一层薄冰，当在良好的真空状态下，表面上的冰升华时，要吸收大量的热量而使冰层下更多的水冻结，冻结层就会深入到木材的内部。此时，逸出水分使木材受损的破裂应力仅局限于冰的薄层表面，而随着冰层的形成，则可以支持所产生的应力而使木器不受损害。[①]

但是最新研究表明，木质档案经直接冷冻干燥后仍有一定的收缩现象，且表面呈现干裂症状，木质变得疏松易碎。为克服这一缺点，在实施冷冻前，应该对木材进行预处理，以期减小器物因冷冻升华所产生的破裂危害。操作时，可选用表面张力小、在冷冻条件下体积收缩的化学材料，如三甲基甲醇、聚乙二醇等，来抗衡木材中水在冻结成冰时体积的膨胀，从而避免木材的开裂。

四　防腐处理

木材的腐蚀是由真菌侵害所致，真菌在木材中的生存和繁殖必须具备三个条件：水分、适宜的温度和空气中的氧，所以木材在完全干燥、缺水或完全浸入水中、缺氧的状况下，都不易被腐蚀。作为针对性措施，在对木质档案进行防腐处理时，通常采用的方法就有两种：

一是破坏真菌生存的条件，最常用的就是通过干燥脱水，或者通过表面封护隔绝外界水分的侵入。干燥脱水，已在前述。表面封护，一般可以与木材的内部增强加固结合在一起实施，例如，前述的在"醇—醚—树脂连浸法"中提到用醚置换醇后期，将一些天然树脂（松香、乳香胶）和三聚氰胺甲醛缩合树脂等加入到醚中，就是木材内部增强加固的一种方法。此外，还可用其他合成树脂类，如聚醋酸乙烯酯、聚丙烯酸酯类、聚氨基树脂、聚乙烯醇缩丁醛等进行渗透加固。进行完所有的前期处理后，在木质档案表面喷涂 Paraloid B 72 或 Primal AC - 261 乳液的 3%、5%、7% 水溶液各一遍。[②]

---

① 方北松、吴顺清：《饱水竹木器保护修复的历史、现状与展望》，《文物保护与考古科学》2008 年第 S1 期。

② 郑军：《福建莆田元妙观三清殿及山门彩绘的保护》，《文物保护与考古科学》2001 年第 2 期。

但不论何种方法，处理后的木刻易发生表面色泽加重，形成亮膜、眩光等缺点，因此处理前，一定要预先实验好。

防腐处理的第二种办法就是用化学药剂处理木刻，是木刻免于各种生物（真菌或昆虫等）的侵害，通过提高木材的耐久性，延长木材的使用寿命，进而保护好木质历史档案，这类化学药剂称为木材防腐剂。能够有效地防止木材腐朽的药剂，一般也会有效地防止木材害虫或有害微生物的危害，但是通常还是将化学防腐剂和防虫剂分类考虑。

木材的防腐剂种类比较多，但是对于木刻历史档案特别有效的并不多，理想的防腐剂一般应该具备如下的条件：（1）对危害性生物具有足够的毒性；（2）持久性和耐久性；（3）良好的渗透性；（4）不改变木刻档案的物理化学性质；（5）对人员、环境及周围其他档案材料不产生伤害。木材防腐剂一般分水溶性防腐剂、有机溶剂防腐剂和油性防腐剂三类。

木材除受真菌的侵害而腐朽外，还会遭受昆虫的虫蛀，如白蚁。对于木刻档案防止虫蛀的方法主要是使用化学药剂进行处理，前述的防腐剂一般都具有防止昆虫危害的功能。[1] 但是对于虫害特别严重的情况，为了增加防腐剂对某种木材害虫的毒杀能力，可以在木材防腐剂中加入一些防虫剂。防虫剂就是将其通过喷雾、涂刷或浸润到木材中，然后害虫因接触或取食木材而被杀死。防虫剂杀死昆虫时，昆虫的表皮、消化道、气门等均可以吸收杀虫剂，所以还可以通过熏蒸的方式防止虫害，由于不将防虫剂直接作用于档案载体，减少了对档案的不确定性的保护性伤害。目前常用的防虫剂主要化学成分有有机磷、有机氟、有机氯或有机氮等，但是这些防虫剂的毒性相对较强，所以用时一定要慎重。作为新型的低毒性防虫剂，拟除虫菊酯类防虫剂近年来得到了很大发展，但是它也有无法熏蒸使用等缺陷，因此，针对木刻档案防虫剂"对害虫具有广谱性的较大毒性，对人无毒或低毒，对档案载体及环境不产生影响"的要求，木刻历史档案的防虫剂仍有待进一步的开发研究。

---

[1] 高恒聚、温学春：《建筑材料》，西安电子科技大学出版社 2012 年版，第 186—187 页。

第八章

骨文、皮书等历史档案的保护

第一节　西南少数民族的骨文与皮书

如果说竹简、木牍等是一类宝贵的以植物材料为载体的少数民族历史档案，那么与之对应的是还有一类以动物骨骼或皮革为载体的历史档案。这就是"骨文"和"皮书"。因为此类历史档案的载体材料都是来源于动物体，所以它们的保护有一定的共性。

"骨文"泛指刻在兽禽骨头之上的文字，在西南地区很多少数民族都有利用骨文进行占卜、宗教活动的习惯，如彝文骨文，用于彝族祭师毕摩的占卜活动，故又称为"卜骨文"。新中国成立前，云南的很多少数民族，如独龙族、傈僳族、哈尼族、佤族等民族都没有文字，他们在历史上也多借用打绳结和用刀子在木片、竹片、骨片上刻出短、粗细、大小、深浅和形状不同的符号等方式帮助记忆、传达信息，从而形成了部分具有档案性质的结绳、刻木和骨文。① 但是，时至今日，骨文的实物资料已非常罕见。

"皮书"是写在牲畜、野兽皮上的文字材料，在西南地区，彝族的皮书仅见于民间传说，迄今未发现彝文文献和汉文史志的有关记录，不过现实生活中还是发现了少量的皮书。②

四川凉山彝族自治州雷波县八寨乡牛龙村的彝族世传毕摩吉木阿龙，家中世传有一批重要的文物和彝文古籍，为了更好地保护好古籍，流传后

---

① 谭莉莉：《承载云南少数民族传统文化的少数民族历史档案类别研究》，载林超民、古永继、潘先林等《西南古籍研究》，云南大学出版社2011年版，第480页。

② 华林：《西南少数民族历史档案管理学》，民族出版社2001年版，第71—72页。

世，在雷波县政府和凉山彝族自治州政府的动员、协调下，2002 年 7 月火把节前夕，吉木阿龙家正式把这批文物捐给凉山彝族社会博物馆收藏。这批文物古籍有骨印章、编连骨刻、头盖（残）骨刻、皮书、木牍、竹简、旗帜、镶铜布帽、纸张等十余种 550 多件。①

毕摩，亦称"白马"、"呗耄"、"西波"等。系彝语音译，意译"觋爸"。毕摩为彝族巫师，多父子相传。部分懂彝文，识经书。主持念经、祭祀、驱鬼、诅咒、占卜及执行所谓神明裁判等活动，有些也会用药行医治病，一般并不脱离生产。因此，在彝族历史上毕摩对彝文文献的编著、整理、保存及传播起到了一定的作用，对彝族社会的进步和文明发展也发挥了重要的作用。②

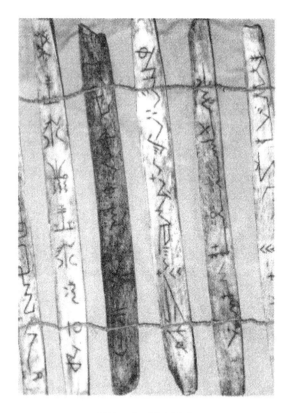

图 8－1 彝文骨文

① 曲木铁西：《彝语义诺话研究》，民族出版社 2010 年版，第 173 页。
② 夏征农、陈至立：《大辞海·民族卷》，上海辞书出版社 2012 年版，第 143 页。

因此吉木阿龙毕摩贡献的这批文物和档案资料对于研究彝族的文化和社会发展具有重要的档案史料价值。张纯德先生在其著作《彝族古代毕摩绘画》给我们展示了这些珍贵的文物和民族历史档案材料。图8-1①是该批文物和历史档案中的骨文，是由29根动物肋骨编连，每条肋骨长短不等，上面有文字符号，据说是毕摩始祖毕什祖所创造，每个符号有多种读音和多种含义。图8-2②是同批文物中皮书，共3张7页，页面长约33厘米，宽约21厘米，据说该皮书记录了彝族美女呷阿妞的出生、成长及婚后的生活状况。同批文物和档案中的竹简和木牍请参见图7-2与图7-3。

图8-2　彝文皮书

云南省文山州民间文艺家协会主席王明富先生曾撰文《北回归线上

①　张纯德：《彝族古代毕摩绘画》，云南大学出版社2003年版，第11页。

②　同上书，第12页。

太阳神鸟腾飞的地方——西畴人故乡人文生态调查纪实》指出：在云南壮族地区，壮族先民曾经经历过没有文字而以刻木、刻骨记事的年代，刻木记事壮语称"巴美"，刻骨记事壮语称"多吧"。传承至今的刻骨记事器具，壮语称"甲多吧"或"师多吧"。流传至今的"多吧"骨刻文，是先民用来推算日历、占卜的《师多吧》。图8－3是王明富先生收藏的两件壮族的骨文。

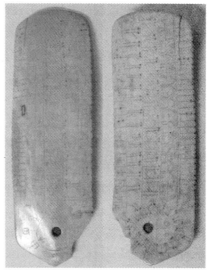

图8－3　壮族的骨文，两件，王明富先生收藏

第二节　骨的理化特性与破坏

动物的骨是动物体运动系统的主要组成，动物体全身的骨借助骨连接形成骨骼，构成了动物体的骨支架，形成了动物体的基本轮廓，对动物体起着支持、保护和运动的作用。按照骨的形态，骨可分为长骨、短骨、扁骨和不规则骨四类。由于骨文制作的需要，制作骨文一般选择扁骨或部分的长骨，扁骨主要是分布于头、胸、盆腔等处的呈板状的骨，长骨是分布于四肢、两端膨大的长管状的骨。

无论是何种骨，都主要由骨膜、骨质、骨髓三部分组成。其中：

（1）骨质是骨的主要组成部分，分为骨密质和骨松质。骨密质坚硬，位于骨的表面；骨松质位于骨的深部，它是由相互交错的骨小梁排列而成，呈海绵状。（2）骨膜位于骨表面，它富有神经、血管和造血细胞，故骨膜对骨质的营养和骨折的修复起着重要作用。（3）骨髓充满在骨松质的网眼中和骨髓腔内。

骨的化学成分是由无机物与有机物组成：（1）有机物主要是骨胶原和黏多糖，它使骨具有韧性和一定的弹性。胶原由骨细胞分泌产生的水不溶性纤维蛋白，在细胞外基质中形成半晶体的纤维，具有较高的变性温度和良好的热稳定性。（2）无机物主要是羟基磷灰石，它是骨骼结构的支撑物质，使骨具有硬度。羟基磷灰石又称羟磷灰石，碱式磷酸钙，晶系为六方晶系，比重为 3.08，摩氏硬度为 5。纯的羟基磷灰石粉末是白色，但天然的羟磷灰石会夹杂着棕色、黄色或绿色。羟基磷灰石可以用人工的方式合成，可由 $Ca_3(PO_4)_2$ 和 $CaCO_3$ 按拟定比例在高温下反应同时注入高压水蒸气，粉末经 NH_4Cl 水溶液洗涤后干燥而成，分多孔型和致密型两种。在人体骨细胞中，胶原约占骨重的 30%，约占骨干质量的 65%—75%，有机质与无机质相结合，使骨既有弹性又很坚硬。[1]

由于骨的组成结构特点，它不像动物体的软组织物质那样容易腐败，相对而言，骨能够承受较长时间的保存。但是年代过久，由于自然环境和人为因素的影响，如温度的变化、大气污染、微生物侵害、盐结晶的破坏以及机械外力的破坏等，骨材料存在开裂、酥碱、霉变等病害，从而影响到骨质历史档案的保存。因此，仍然需要在明白骨材料腐败破坏机理的基础上，研究其保护的方法。

骨的腐蚀破坏因素主要有：（1）温度变化的影响。由于骨是各向异性的，在骨的轴向和纵向，其强度存在明显差异，所以当温度发生变化时，骨内含的水由于冰冻体积膨胀，在骨上产生机械性裂纹，发生翘曲、开裂等形变，进而导致骨的破裂和剥落；同时，温度的波动还会加速骨的风化速度。（2）水的作用。水会削弱骨中有机物与无机物之间的连接，连接变弱后更多的水被吸入，使连接断裂，并循环持续。（3）氧化、水解的影响。胶原等有机质在长期的氧化作用和水解作用下，逐渐被降解破坏。（4）腐败细菌的破坏。虽然骨不像动物体的软组织那样容易受到微

---

[1] 邵水金：《实用躯体解剖学》，上海科学技术文献出版社 2006 年版，第 1—6 页。

生物的破坏，但是骨中所含的蛋白或油脂等同样容易被细菌污染生霉，腐败细菌以骨蛋白或油脂为食，其生命作用引起蛋白质的分解，即腐败，引起油脂的分解即酸败。并且腐败细菌的生命活动形成氨基酸、水、二氧化碳、氨气、醋酸和乳酸等，使骨质发生变质，导致完全的腐败。对于出土的骨器，埋藏环境复杂，土壤中的多变成分多数都会对骨造成腐蚀破坏。例如，土壤中所含硅酸盐和碳酸盐类矿物质渗透到骨中，与骨中无机物发生交换，改变其组成，或替代有机成分，使骨质矿化。酸性或碱性土壤中的酸根离子或氢氧根离子，使羟基磷灰石的结构完全被破坏，导致骨质疏松，失去结合力，骨片酥粉、剥离。此外，骨本身的成分、密度、孔隙率等因素也都和骨的腐蚀变质紧密相关。

第三节　皮革的特性与老化变质

"皮书"定义为写在牲畜、野兽皮上的文字材料，事实上，这里的"皮"应该是皮革。皮革是由动物皮（即生皮）经过一系列的物理与化学的加工处理所转变成的一种固定、耐用的物质，简称"革"。革和皮在性质上有很大的区别，皮是指从动物身上剥下，没有经过任何化学处理和机械加工的生皮。在外观上，除蛇、鳄鱼类爬行动物的皮之外，一般的皮都披有一层毛被。刚从动物体上剥下的皮较柔软，干燥后板硬，且易断裂，卫生性能差，存放时易被微生物作用而腐烂，耐热性能差，在热水中会收缩，所以基本无法直接使用。

生皮经过加工后，即成为革。与皮相比较，革在性质上有很大的不同，主要是：柔软，坚韧耐折，不易断裂，干燥不易收缩，遇水不易变形，透气性好，耐老化，比生皮耐微生物的作用强，卫生性能好，结构稳定，在较高温度的热水中才会收缩。在外观上，任何种类的皮革都没有毛。

现代皮革的加工一般经过三个阶段：（1）准备阶段，除去生皮中的制革无用物，如毛、表皮、脂肪、皮下组织等，并松散胶原纤维；（2）生皮通过鞣制过程质变为皮革；（3）将皮革经过一系列的化学作用或机械加工，获得各种各样的使用价值。其中，鞣制阶段是整个制革工艺中的关键步骤，鞣制是鞣剂分子向皮内渗透并与生皮胶原分子活性基团结合，而发生性质改变的过程。在鞣制过程中，胶原结构中形成新的分子间键，使胶原的物理化学性质发生了根本的改变。

在古代时候，由于技术的限制，没有先进的鞣制剂等皮革化学品，所以那时的制革方法原始，主要是用动物的油脂和脑髓涂于生皮上，揉搓使之柔软、防水。后来，尽管有了进步，但是，制革的主要方法仍然限制在油脂法、烟熏法、芳硝法、明矾法等，所以皮革的质量比较差。①

生皮的化学成分主要是水、蛋白质、脂肪、无机盐和碳水化合物，其含量随动物的种类、年龄、性别等不同而有所变化。除水外，含量最高的为胶原蛋白。生皮在外观上可分为毛层（毛被）和皮层（皮板），制革用的生皮注重的是皮层的质量。在显微镜下观察，可将皮层分为三层：最薄的上层叫表皮层，最厚的中间层叫真皮，下层叫皮下组织。其中，真皮的重量或厚度约占生皮的90%，主要是由胶原纤维、弹性纤维、网状纤维等编织而成，还有一些血管、汗腺、脂腺、毛囊、神经、脂肪等非纤维成分；皮下组织主要是皮下脂肪，它不仅会影响生皮的保存，还会影响制革的质量，所以一般是尽可能早地完全去除。

皮革在保存时容易发生的病害主要有：

（1）污染。皮革的污染包括两个方面：一是表面黏附了污垢；最严重的是第二种情况，即皮革吸收了周围环境中的二氧化硫，在皮革里形成了大量的硫酸，并积聚在皮革内，引起皮革发生严重的损坏。

（2）发霉。皮革在适宜的温度和湿度下，容易滋生各种霉菌，皮革上的霉菌主要是青霉菌和真菌。这些霉菌在皮革上大量生长和繁殖，能够在皮革表面形成一层绿色或白色的薄膜，给皮革的外观和质量均造成破坏。霉菌致使皮革发霉，破坏皮革的机理可以认为是：在适宜的温、湿度条件下，黏附在皮革表面的霉菌孢子利用自身储备的营养萌发，继而生长，同时分泌出蛋白酶等分解酵素，这些酶能够分解皮革蛋白质，并取得自己的营养，逐渐生长成熟，产生出新的孢子，如此循环往复，迅速繁殖自己的后代。与此同时，大量地分解皮革蛋白质，其后果就是皮革失去光泽，皲裂老化了。可以说，在皮革上，微生物的生长和繁殖过程，就是皮革的霉变和被腐蚀过程。当皮革上霉变可以察觉时，皮革的外观和内在质

---

① 马建中、卿宁、吕生华：《皮革化学品》，化学工业出版社2008年版，第1页。

量事实上已经受到了不同程度的破坏。[1]

皮革霉变的破坏因素是微生物，属于生物破坏的范畴。除了微生物破坏，还有一类的生物破坏，即昆虫的破坏。昆虫不但以纸张为食，也有专门咬食动物胶的。例如，窃蠹科昆虫，它们会吃书籍里面的动物胶，破坏各组书页之间的连接，还能咬坏皮革或者人造革，以及棉布等。

（3）老化。皮革本身就属于容易老化的材料，皮革老化的主要表现是：失去表面的光泽，光面破裂，变硬，变脆，强度降低，重量减轻，面积缩小，含水量下降，酸性增高，等等。皮革老化，一种是皮革本身的性质发生了自然的变化，另一种是皮革上涂的油脂发生了变化。

皮革的老化可以分为化学老化和物理老化。物理老化表现为皮革表面的损坏，并暴露出深层的硬纤维。化学破坏即是前述的皮革里所含硫酸或者是空气中的氧对皮革的损伤。可以说，皮革的化学老化尚无十分理想的方法彻底解决，目前，比较常用的方法仅是通过使用某些盐类减缓其化学老化的过程。

第四节　西南少数民族骨文与皮书档案的保护

对骨文档案常用的保护方法主要有：

（1）清洗与霉斑去除。骨文的表面污物可用蒸馏水和乙醇反复冲洗，特别坚硬的硬壳，可用能稀有机酸润湿变软后，再用竹刀剔除。骨文表面上的霉斑，可用2%—5%的草酸溶液或柠檬酸液清洗，最后用稀氨水中和并用蒸馏水冲洗。污垢清除后应将器物放在玻璃器皿或塑料袋中，使器物缓慢均匀干燥，以免变形或开裂。

（2）修复。发生断裂的骨文，可用黏结剂黏合。已经出现脱层和残缺的骨文，可用蜂蜡、松香、乳香胶的混合剂加热修复。也可用黏结剂和填充料混合后修补骨文的残缺部位。为了使补配部分与原有部分协调一致，可以在以上两种材料中添加适量的颜料。

（3）加固。质地疏松脆弱，表面酥粉的骨文档案可用2%—3%的丙

---

[1]　马振瀛：《实用防霉技术》，上海科学技术出版社1987年版，第74页。

烯酸树脂的甲苯、丙酮溶液进行渗透加固。[①] 此类加固材料在之前的档案加固中已经论述，在此不再赘述。

山东文物科技保护中心在对临淄东周墓"殉马坑"的马骨保护时，采用了现代生物医学工程中骨的修复材料羟基磷灰石胶原复合材料，对殉马坑内的马骨进行了保护处理。[②]

磷灰石主要是由 CaO、P_2O_5、H_2O 及其他一些杂质组成的晶体属六方晶系的磷酸盐矿物的总称，其代表是羟基磷灰石（HAP）。除此之外，也包括氟磷灰石（FAP）、磷酸三钙（TCP）、磷酸四钙（TTCP）、磷酸八钙、二水磷酸氢钙等，主要是 C、P 的摩尔比、Ca^{2+} 的羟基化以及 PO_4^{3-} 质子化的不同，它们在不同的条件下形成，能够互相转化。在生理条件 37℃、pH = 7.4 条件下，羟基磷灰石 HAP 是热力学稳定相。然而从过饱和溶液中最先析出的不一定是羟基磷灰石，当 Ca^{2+} 和 PO_4^{3-} 浓度较大时，特别是对各种磷酸钙固相都过饱和时，会首先生成 TCP 或 TTCP。不过因为这些在结晶动力学上占优势的固相在热力学上不稳定，所以放置时自发地向羟基磷灰石 HAP 转变，并伴随有自硬化过程。[③] 骨修复用磷灰石可以在有机模板的作用下仿生合成，仿生合成的磷灰石是一个具有复杂而精巧分级结构的有机—无机复合体，有机模板分子与磷灰石呈纳米级的层状排列。在长度方向上，有机模板分子交错排列，模板分子之间的空隙称为"孔区"，是矿物成核的空间。所有有机模板分子在空间三维排列的结果就形成了矿化空间，矿化过程就从这里开始，并向两个方向扩展。一个是沿着有机模板分子的长轴方向生长，另一个是向相邻的通道延伸融合。而相邻通道之间的矿物互相延伸融合的结果则出现了矿物多孔的网状排列结构，[④] 该网状结构造成了磷灰石的多孔性和相互贯通的结构增加了接触面积，扩大了填充空间，一方面保留了骨胶原原有的氨基酸活性基团，另一

①　韩宝鑫：《骨器的保护与修复》，《北方文物》1993 年第 2 期。

②　刘晓清、范敏、马振华等：《胶原基复合骨组织工程支架材料在骨质文物保护中的应用》，《文物保护与考古科学》2013 年第 1 期。

③　Sugawara A., Fujikawa K., Kusama K, et al, "Histopathologic Reaction of a Calcium Phosphate Cement for Alveolar Ridge Augmentation", *Journal of Biomedical Materials Research*, Vol. 61, No. 1, 2002.

④　So A., Fujibayashi S., Neo M., et al, "Accelerated degradation and improved bone - bonding ability of hydroxyapatite ceramics by the addition of glass", *Biomaterials*, Vol. 27, No. 27, 2006.

方面又增加了骨的力学性能，而且无论是成分还是材料的结构与骨都有很好的兼容性，这些优点使其在骨文的保护中应该可以发展为一种良好的填充加固材料。

皮书与骨文同为动物材质历史档案，它们的保护具有一些共同的技术特点，例如，皮书一样需要防霉处理，皮书防霉可以将 1 份 2 钱肥皂片溶解在 10 份 2 两热水里，冷却后，加 0.5 份的对硝基苯酚，搅拌均匀，就成了皮革的防霉药水，涂上，就可以使皮革不发霉了。

当然，皮书的保护也有别于骨文保护的地方，例如，关于老化变硬的皮书"回软"的问题。皮书回软可以直接选用皮革柔软剂，皮革柔软剂是通过动物真皮的毛孔，进入皮内，均匀分布于皮内纤维表面，并能与皮内纤维适度结合的油脂。当这层油脂的厚度达到适宜的厚度时，皮内纤维表面之间滑动的摩擦力，就相当于油分子之间的摩擦力，因而皮革就会很柔软。此外，像氨水，甚至是水都有促进皮革回软的作用。对于皮书表面的污垢，可以配制氨水、酒精和水的等比混合溶液，或肥皂水，用布蘸取擦拭，由于有机溶剂具有溶解有机物的特性，使用后，会造成皮革的毛糙，所以，在对皮书擦拭污垢时用到有机溶剂时一定要慎重，以免造成对皮书档案的保护性伤害。

第九章

历史档案载体材料的分析表征

对于历史档案载体材料的分析与表征，其目的有三个：其一是定性分析，即测定待测样品是由哪些元素、离子、基团或化合物组成，以及它们的含量；其二是结构分析，即研究待测样的分子结构或晶体结构；其三是待测样的形态分析。这些分析对于历史档案载体的保护具有重要的指导意义。

第一节　X 射线衍射结构分析（XRD）

德国物理学家伦琴在 1895 年研究阴极射线时发现了一种奇异的射线，它不但能量高，直线传播、穿透力强，而且能杀死生物组织细胞，并且具有照相效应、荧光效应和电离效应。因为当时对其知之甚少，故称为 X 射线，伦琴也因此发现，获得 1901 年的首届诺贝尔物理奖。X 射线自发现之日起，就引起了人们的极大关注，并在医学和工程上获得了广泛应用。而另一位物理学家老厄则在 1912 年证实 X 射线是一种能够产生衍射现象、波长约为 10^{-10} m 的电磁波，从此开创了 X 射线衍射学发展的新纪元。

实验表明，真空中凡是高速运动的带电粒子撞击到任何物质时，均可产生 X 射线，X 射线的发生装置称为 X 射线管。当 X 射线通过晶体物质时，由于这些物质内部质点排列规则，周期重复，即构成所谓的格子构造，因此会发生 X 射线的散射现象。只有当满足布喇格定律时才能产生衍射效应，即散射的 X 射线在某些方向上相位得到加强，该定律可表示为：

$$n\lambda = 2d\sin\theta \tag{9.1}$$

式中：n——衍射级次；λ——X 射线波长；d——衍射面网面间距；θ——

布喇格角。

与人的指纹相似，每种晶体物质都具有自己一套特有的 X 射线衍射图谱，而且混合晶体的衍射图谱为其各自衍射峰的叠加、互不影响。据此，便可以对任意组合的晶体样品进行定性分析，因为波长 λ 可用已知的 X 射线衍射角测定，进而求得面间距，即晶体内原子或离子的规则排列状态，将求出的衍射 X 射线强度和面间隔与已知的表对照，即可确定试样结晶的物质结构，这就是 X 射线衍射分析的定性分析的基本原理。

同时，样品某一物相的 X 射线衍射强度，与其在样品中的含量成比例，但并不成正比，对其进行吸收校正后，就可由实测图谱算出待测物相的具体含量。[①] X 射线衍射仪主要由 X 射线管、样品台、测角仪及检测器等部件组成。

X 射线衍射分析（x – ray diffractometric analysis），简称 XRD 分析，其要求被测样品必须是内部结构规则的晶体物质，一般石刻档案的载体——岩石本身就是由矿物晶体组成，所以在石刻保护时，X 射线衍射分析的作用可以得到充分发挥。另外，在金属、矿石、矿物颜料、陶瓷（胎土、釉层）、壁画地仗层、腐蚀产物、风化产物等许多无机质的文物基体材料及蜕变产物的分析中，X 射线衍射分析都可以发挥良好的作用。

第二节　X 射线荧光光谱分析（XRF）

X 射线照射物质，将发生散射和吸收现象。X 射线被原子吸收后，该原子将再次发射 X 射线。通常照射物质的 X 射线称为初级 X 射线，吸收 X 射线后再次发射的 X 射线称为次级 X 射线，即荧光 X 射线。1923 年，G. Von Hevesy 曾想把 X 射线荧光光谱用于定量分析，但由于当时探测技术水平达不到要求，未能实现。20 世纪 40 年代后，由于 X 射线管、分光技术、半导体探测器及电子技术的进步，X 射线荧光光谱分析逐渐成熟，并快速发展，称为一种重要的分析手段。

---

① 祁景玉：《X 射线结构分析》，同济大学出版社 2003 年版，第 1—75 页。

荧光 X 射线的波长取决于吸收初级 X 射线元素的原子内层结构，也就是说，元素的荧光 X 射线是特有的，与元素有一一对应的关系，因此根据荧光 X 射线的波长就可以进行元素的定性分析。另外，荧光 X 射线的强度与元素的含量有关，确定荧光 X 射线的强度与浓度的关系，就可以进行定量分析，这就是 X 射线荧光光谱分析的理论依据。

因此，应用 X 射线荧光光谱法分析时，X 射线从 X 射线管出发，经过光学滤光系统处理后到达样品，样品一般是在氮气保护、真空或直接在空气中，然后到达检测器，转化成电信号，由计算机系统手机进行定性或定量分析。[①]

X 射线荧光光谱分析（x – ray fluorescence spectrometric analysis），简称 "XRF 分析"。XRF 在材料科学领域应用广泛，而且还是一种无损伤分析法，对分析的样品没有处理要求，不取样，不受状态、大小、形状的限制。同时，分析速度快，自动化程度高。但其最突出优点还是分析范围广，一次可将样品中所有的元素鉴别出来，从常量到微量元素都可。X 射线荧光分析最适合研究古画、石刻等的颜料成分。

第三节　红外吸收光谱分析（FTIR）

任何物质都是由分子和原子组成，原子和原子之间通过化学键连接构成分子，分子中的原子和化学键都在不停地做各种运动，如平动、振动、转动等。这些运动都可能吸收外界的辐射能量而发生跃迁。分子中原子外层价电子能级的跃迁可以产生紫外——可见吸收光谱。分子中还包括原子的振动和分子本身的转动，这些运动吸收辐射能量引起能级跃迁，就产生红外吸收光谱。红外吸收光谱主要是原子之间的振动产生的，有人也称之为振动光谱。因此，红外吸收光谱是由于分子中的振动能级跃迁产生的一种分子吸收光谱。

当一束红外光照射物质时，该物质分子将吸收一部分光能转变为分子的振动能和转动能，使能级发生跃迁，光谱上即出现吸收谱带，将之以吸收曲线的形式记录下来，即得该物质的红外吸收光谱。不同

---

① 汪信：《软化学方法导论》，科学出版社 2007 年版，第 97—100 页。

结构的物质对红外线的吸收频率也不相同，所以在有机化学理论研究上，红外光谱可用于推断分子中化学键的强度，测定键长和键角，还可定性地推断分子结构，鉴别分子中所含有的基团，也可推测出反应机理。它具有迅速准确、样品用量少等优点，且气态、固态和液态样品均可进行测定。红外吸收光谱多用于定性分析，这是因为虽然也可用红外光谱定量地鉴别组分的纯度和进行剖析工作，但用于定量分析时，其灵敏度较差，准确度也不高。①

红外吸收光谱分析（Infrared Spectroscopy），简称 IR。还有简称为 FT-IR，这源自其英文名称 Fourier Transform Infrared Spectroscopy，即傅立叶变换红外光谱分析。傅立叶变换红外光谱仪自 20 世纪 50 年代起问世并得到应用，它改变了红外光谱仪最初以棱镜和光栅为色散元件的历史，引入迈克尔逊干涉仪，将记录的时间域信号转换成常见的频率域信号，有效克服了过去测量时的时间浪费，因此，现在的红外光谱分析几乎全部都是傅立叶变换型的了。②

红外吸收光谱分析主要应用的领域包括：（1）历史档案使用颜料等无机物的鉴定；（2）历史档案修复材料的分析及修复材料老化原因的探讨；（3）历史档案胶结材料的分析鉴定；（4）丝绸、漆器涂层，生物样品等有机材料文物的测定等。

由于目前历史档案的保护材料仍以有机高分子材料最为常见，所以，该法在历史档案保护材料的分析表征时，应用相当普遍。

此外，关于材料的元素成分分析常用的方法还包括原子吸收光谱法、原子发射光谱法等，但此类分析方法由于具体操作时，需要对待测样品根据进样的不同方式进行预处理，例如做成粉末或溶液等，因此属于有损检测，这样在石质文物保护过程中，其应用相应受到限制。

第四节　扫描电子显微镜分析（SEM）

扫描电子显微镜（Scanning Electron Microscope，简称 SEM），顾名思

---

① 陈亚：《有机化学实验》，云南科技出版社 2004 年版，第 51 页。
② 宦双燕：《波谱分析》，中国纺织出版社 2008 年版，第 40—68 页。

义，是一种能够观察材料显微结构的装置，但是扫描电子显微镜获得试样放大成像的过程与光学显微镜不同。普通的光学显微镜是利用凸透镜的放大成像原理，其放大倍数一般是几十倍至 1000 倍。而 SEM 是电子束在样品上进行动态扫描时，将样品上带有形态和结构信息的二次电子逐行轰出表面，经检测器处理后在荧光屏上显示出扫描范围内试样表面形貌、组成及其他物化性能的动态扫描画面，这种画面实际上和电子束作同步，以至样品表面上的凹凸信息就可以三维立体形象如实地反映出来。

SEM 的分辨率高达 10 Å，放大倍数通常可达几十万倍，它的图像真实感、立体感极强，对样品的适应性也广，主要应用于观察物质表面的超微结构，所以它在考察历史档案表面或保护材料的显微结构时，可以发挥巨大的作用。[1]

第五节　色差分析

历史档案与文物保护的一项重要要求就是处理后文物的外观不能发生改变，其中颜色是外观是否改变的一项主要考察指标。

1931 年，CIE（国际标准照明委员会）建立了一系列表示可见光谱的颜色空间标准。基本的 CIE 色空间标准是 CIE—XYZ，它建立在标准观察者的视觉能力的基础上就是说它反映了标准的人眼可见颜色的范围。

基于 CIE—XYZ 又有几类不同的标准颜色空间，如 CIE—xyY、CIE—Lab、CIE—Lch 等，目前最常用的是 CIE—Lab 色空间。CIE—Lab 色空间以 L 值表示颜色的明度、a 值表示颜色的绿红值、b 值表示颜色的蓝黄值。如果单纯以一组 Lab 值来判断某个颜色并没有太大的实际意义，但是当我们对两个颜色进行比较时，我们可以通过这两个颜色的 Lab 差值来判断出它们之间的差别。

例如，某样品的要求标准色样（如，未处理文物）测量 Lab 值为 60、30、20，而某待测样品（如，处理后文物）的 Lab 值为 62、31、18，经计算其 Lab 差值分别为 +2、+1、-2，由此可知产品 L 值高

于标准（即偏亮）、a 值高于标准（即偏红）、b 值低于标准（即偏蓝），通过样品和标准色样 Lab 值的对比我们可以很方便地得到待测样品的颜色状况。

另外，通过两组 Lab 值还可以计算出两颜色间的色差，其计算公式为：

$$\Delta E = (\Delta L^{*2} + \Delta a^{*2} + \Delta b^{*2})^{1/2} \qquad (9.2)$$

式中：$\Delta E = L_{样品} - L_{标准}$，明度差异；$\Delta a = a_{样品} - a_{标准}$，红/绿差异；$\Delta b = b_{样品} - b_{标准}$，黄/蓝差异。

如果色差大于 1，人们的眼睛就可以分辨出来。由此可以事先设定一定的容差范围，在进行品质控制时，测量的样品与标准颜色之间色差值在容差范围内即满足要求，超出范围即不满足要求。通过使用 CIE—Lab 色空间，历史档案保护材料的使用是否改变被保护文物的颜色外观就可以实现数据化的目的。[①]

色差分析所使用的仪器，称为色差仪。

第六节　热分析技术

材料在温度变化过程中，往往伴随着微观结构和宏观物理、化学等性质的改变，宏观上的物理、化学性质的变化过程通常与材料的组成和微观结构相联系。通过测量和分析材料在温度变化过程中的物理、化学性质的变化，可以对物质进行定性、定量分析，从而获得材料鉴定的有关信息，为材料的研究提供热性能和结构信息。

热分析方法是利用热学原来对材料性能或成分进行分析的方法的总称，最常用的热分析方法包括：差热分析、差示扫描量热法、热重分析和热机械分析等，用于研究物质的晶型转变、熔化、升华、吸附等物理现象，以及脱水、分解、氧化、还原等化学现象，并能快速提供被测样品的热稳定性、热分解产物、热变化过程的焓变，以及高聚物的表征及结构性能研究，也是进行相平衡研究和化学动力学过程研

---

① 杨晓红：《测色配色应用技术》，中国纺织出版社 2010 年版，第 82—88 页。

究的常用手段。①

因此，热分析技术不仅可以应用于历史档案有机高分子保护材料的研究工作，甚至在历史档案保护的一些意想不到的领域发挥作用。例如石刻档案保护材料的透气性研究，常规的保护材料透气性测量，时间长，测量过程中，温度变化波动大，但是使用热重分析法（TGA）则能够克服这一缺点。

热重分析测量是对样品的质量随以恒速进行的温度变化而发生的改变量，或在等温条件下随时间变化而发生的改变量，进行测量。利用热重法测量防护材料的透气性时，将预先饱水的石材经防护材料进行处理，然后放置于仪器中测量随测量进程由于水分挥发样品的质量减少，即可得到处理后的样品与空白样品的 TGA 曲线。根据两条 TGA 曲线变化趋势的差异，就可以很方便地表征出材料的透气性好坏。②

① 王斌:《现代分析测试方法》，石油出版社 2008 年版，第 108—119 页。

② Rizzarelli P., La Rosa C., Torrisi A., "Testing a Fluorinated Compound as a Protective Material for Calcarenite", *Journal of Cultural Heritage*, Vol. 2, No. 1, 2001.

第十章

历史档案保护实验的设计与数据处理

一般来讲，历史档案保护的具体步骤可如图 10 - 1 所示。

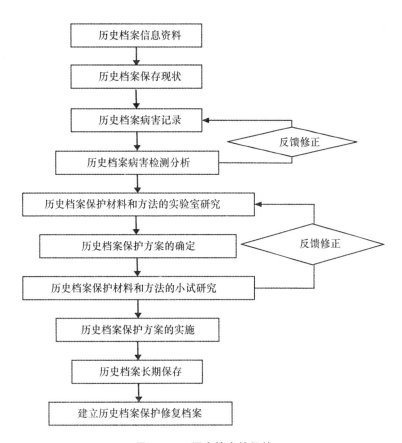

图 10 - 1 历史档案的保护

这其中涉及实验研究的内容具体操作时，需要设计相关实验，并且需要把实验数据准确、充分、完备地分析好。实验设计就是根据已确定的实验内容，对实验进行科学合理的安排，拟定一个具体的实验安排表以及对实验所得数据如何进行分析等，以达到最好的实验效果。实验设计是实验过程的依据，是实验数据处理的前提，也是提高科研成果质量的一个重要保证。

一个科学而完善的实验设计，能够合理地安排各种实验因素，严格地控制实验误差。并且能够有效地分析实验数据，从而用较少的人力、物力和时间，最大限度地获得丰富而可靠的资料。反之，如果实验设计存在缺点，就必然导致事倍功半，耗费了较多的精力和材料，却无法得到满意或完备的结果。

第一节　实验设计的基本概念

在实验时，需要明确的几个概念是：

（1）实验需要考虑的结果称为实验指标，简称"指标"，它是用来反映实验处理效果好坏的标志。如在石刻加固实验中，可选择处理后石刻的强度或其改变量作为实验指标，金文档案封护后可选择耐蚀性作为实验指标。

实验指标中，可以直接用数量表示的叫定量指标；不能用数量表示的叫定性指标。定性指标可以通过按评定结果打分或者评出等级，这样定性指标也就能够用数量表示了，称为定性指标的定量化。在上述实验指标的选择中，石刻的强度因为可以通过强度测量仪器直接测量，就是定量指标；而金文档案的耐蚀性就是定性指标，但是可以采用类似"本书第四章之第七节"石质历史档案保护材料的性能表征"中"耐酸度"的测量方法，通过档案所能承受腐蚀的酸的 pH 值表示其耐蚀性，这样耐蚀性，这个定性指标就可以半定量化了。

（2）实验中要考虑的对实验指标可能有影响的变量称为实验因素，简称为"因素"。实验因素依赖于研究目的，研究者希望着重研究的某些条件或方法，如不同温度、保护材料的浓度、保护剂用量、制备时间，处理方式等，均可以作为实验因素进行考虑，因此实验因素亦称作处理因素。把除实验因素以外其他所有对实验指标有影响的因素称为非实验因素，或非处理条件，又称干扰因素或混杂因素。例如研究石刻的加固材料性能，石材的风化程度尽管对加固的效果影响严重，但是对加固材料本身的性能并无影响，所以在该实验中，石材的风化程度就是为非实验因素。

（3）每个因素可能存在的状态称为因素的水平，简称"水平"。例如在以聚丙烯酸树脂封护石刻时，为了研究聚丙烯酸树脂的浓度对封护效果的影响，可以分别选取 1%、2%、3%、4%、5% 等几个浓度进行考察，这几个浓度就是"聚丙烯酸树脂浓度"这一实验因素的水平。

在实验研究时，如果整个实验中只比较一个实验因素的不同水平，就是单因素实验。单因素实验方案由该实验因素的所有水平构成。这是最基本、最简单的实验方案。例如在应用已配制好的表面封护材料保护石刻时，可以选择喷涂、涂刷、浸渍等施工方式，进行实施方式的选择实验。这就是一个有三个水平的单因素实验，表面封护材料的三种施加方式，即该因素的三个水平就构成了实验方案。多因素实验是指在同一实验中同时研究两个或两个以上实验因素的实验。多因素实验方案由该实验的所有实验因素的水平组合构成。

在通过实验设计，确定实验方案，考察实验因素的水平时，一般有三种实验设计方法，即：全面实验法、简单比较法和正交实验法。例如，为了考察石刻的表面封护材料的最佳制备工艺参数，选择三个因素进行条件实验，分别是反应温度（A）、反应时间（B）和反应物的浓度（C），并确定它们的实验范围：

A：70℃—90℃；B：60—180 min；C：2%—5%。

实验的目的是研究因素 A、B、C 对表面封护材料的性能影响，以确定最佳的制备条件。在该实验中，实验因素为 3 个，对每个因素在确定的范围内将其水平数也定为 3 个，即：

A：$A_1 = 70℃$；$A_2 = 80℃$；$A_3 = 90℃$。

B：$B_1 = 60$ min；$B_2 = 120$ min；$B_3 = 180$ min。

C：$C_1 = 2\%$；$C_2 = 4\%$；$C_3 = 6\%$。

如果选择"全面实验"法，需将所有的实验因素水平组合在一起，如表 10 - 1 所示。所以，取三因素所有水平之间的组合，共有 $3^3 = 27$ 种组合方式，用立方体的棱或面、体内的线的交点（节点）表示全面实验的实验点，即得图 10 - 2，可以看到，共有 27 次实验。

表 10 – 1 **全面实验（三因素三水平）组合方式示意**

三因素三水平全面实验组合方式		
A1B1C1	A2B1C1	A3B1C1
A1B1C2	A2B1C2	A3B1C2
A1B1C3	A2B1C3	A3B1C3
A1B2C1	A2B2C1	A3B2C1
A1B2C2	A2B2C2	A3B2C2
A1B2C3	A2B2C3	A3B2C3
A1B3C1	A2B3C1	A3B3C1
A1B3C2	A2B3C2	A3B3C2
A1B3C3	A2B3C3	A3B3C3

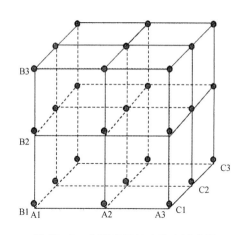

图 10 – 2 全面实验的实验点示意图

可以看出：全面实验对于各因素与试验指标之间的关系剖析得比较清楚，各因素水平的组合完备，但是该实验方法存在着明显的缺点，主要是：（1）实验次数太多，费时、费事，当因素水平比较多时，试验无法完成。例如，仅仅是选六个因素，每个因素选五个水平时，全面试验的数目即达到 $5^6 = 15625$ 次，而这样一个实验在实际研究工作中，是比较常见，且因素水平数并不太多。但在实际工作中，常常需要同时考察三个或三个以上的试验因素，若进行全面试验，则实验的规模将很大，往往因实验条件的限制而难以实施。（2）不做重复试验无法估计误差。（3）无法区分因素的主次。

为了解决实验量过大的问题，可以选择"简单比较"实验法。简单比较法即是在实验过程中，变化一个因素，而固定其他因素，然后考察得到该实验因素的最佳水平，进而依次变化更迭，得到所有实验因素的最佳水平。例如，在上述的"考察石刻表面封护材料的最佳制备工艺参数"实验中，首先固定 B、C 于 B1、C1，使 A 变化之，即：

$$B1C1\begin{cases}A1 \text{（好结果）}\\A2\\A3\end{cases}$$

如果得出结果 A1 最好，则固定 A 于 A1，C 还是 C1，使 B 变化，即：

$$A1C1\begin{cases}B1\\B2 \text{（好结果）}\\B3\end{cases}$$

则得出结果 B2 最好，则固定 B 于 B2，A 于 A1，使 C 变化，即：

$$A1B2\begin{cases}C1\\C2\\C3 \text{（好结果）}\end{cases}$$

则实验结果以 C3 最好。于是得出最佳制备工艺参数为 A1B2C3。简单比较法的实验点示意图如图 10 - 3 所示。

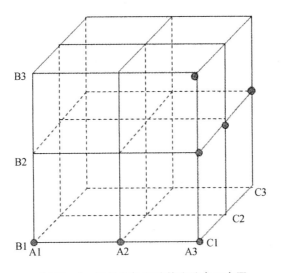

图 10 - 3　简单比较实验的实验点示意图

简单比较实验法实验次数少，克服全面实验实验量过大的缺点。但是，简单比较法的缺点也同样明显，如：（1）实验点不具代表性。考察的因素水平仅局限于局部区域，不能全面地反映因素的全面情况。从图10-3可以看出，实验点完全集中在了立方体的一角，且除一节点外，几乎全部布置在立方体的棱上。（2）与全面实验一样，仍然无法分清因素的主次。（3）与全面实验一样，如果不进行重复试验，实验误差就估计不出来，因此无法确定最佳条件的分析精度。（4）无法利用数理统计方法对试验结果进行分析，提出展望好条件。

为了克服全面实验法和简单比较法实验的这些缺点，在安排多因素试验、寻求最优水平组合时，需要一种高效率的实验设计方法，正交实验就是满足该要求的这样一种实验设计方法。

第二节 正交实验的设计与分析

正交实验法是兼顾了全面试验法和简单比较法的优点，利用根据数学原理制作好的规格化表——正交表来设计、安排实验及分析实验结果的实验方法。20世纪40年代末50年代初，以田口玄一为代表的日本电信研究所的研究人员在研究电话通信设备质量时从英国和美国引进了实验设计技术，提出了"正交实验设计法"。田口玄一是著名的统计学家和工程管理专家，他将正交实验选择的水平组合列成表格，称为正交表。

正交实验的具体步骤一般包括：

（1）明确实验目的，确定实验评价指标，指标可以是一个或者多个。如果是多个评价指标，可以用一组评价指标体系相对应的权重组成权重体系。

（2）确定实验因素，选择水平，列出因素水平表。影响实验指标的因素很多，不可能对所有因素都进行考察，因此，需根据已有的专业知识、相关文献资料以及实际情况，将一些因素固定在最佳条件下，排除次要因素，挑选主要因素。

对于挑选出的因素，根据相关理论和经验确定出它们的水平范围，在该范围内选出每个因素的水平，即确定水平的个数和各个水平的数量。在水平范围内，每个因素的水平距离不一定要求必须相等。

（3）根据实验因素、水平选择合适的正交表。

（4）根据因素水平表及选用的正交表，确定实验方案。其一是"因素顺序上列"，即将每个因素顺序地对应排列在正交表的竖列中；其二是"水平对号入座"，亦即因素上列后，把每一因素相应的水平依据因素水平表所确定的关系对应填好。正交表设计完成后，表中的每一横行代表需要进行实验的一种条件，这样横行数即代表了实验的次数，由此实验的条件得以确定。

因此，该系列操作也被形象地形容为"因素顺序上列，水平对号入座，横着做"。

一个正交表也可以各列因素的水平数不相等，称为混合正交表。

（5）按照正交表中所确定的实验方案进行严格、认真的实验，准确记录实验数据，分析整理出每组条件下的评价指标。[1]

正交表是正交实验设计的基础，正交表的获得有专门的算法，需要用到组合数学和概率学知识构造，但是对于历史档案保护的研究实验或其他应用者来讲，对此不必深究，可直接借鉴现有的正交表设计实验方案，现在广泛使用的是构造思想比较成熟的 $L_n(t^c)$ 类型的正交表，正交表符号 $L_n(t^c)$ 的意义如图 10 - 4 所示。

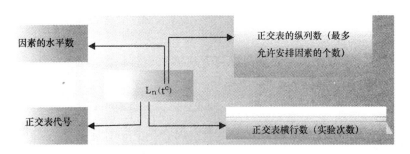

图 10 - 4　正交表符号 $L_n(t^c)$ 的意义示意图

如前述的"考察石刻表面封护材料的最佳制备工艺参数"实验即可以选择 $L_9(3^4)$ 正交表，如表 10 - 2 所示。$L_9(3^4)$ 意味着该实验是一

---

① 郝瑞霞、吕鉴：《水质工程学实验与技术》，北京工业大学出版社 2006 年版，第 8—9 页。

个四因素三水平的正交实验，实验次数为9。在日常研究工作中，"四因素三水平"或"三因素三水平"的正交实验均可以选择 $L_9(3^4)$ 正交实验表进行实验设计。

表 10 - 2 $L_9(3^4)$ 正交实验表

因素 实验号	A	B	C	D
1	1	1	1	1
2	1	2	2	2
3	1	3	3	3
4	2	1	2	3
5	2	2	3	1
6	2	3	1	2
7	3	1	3	2
8	3	2	1	3
9	3	3	2	1

由 $L_9(3^4)$ 正交实验表可以看出，该表具有如下两个显著特点：

（1）每一列中都有"1"、"2"、"3"这3个数字，而且3个不同的数字出现的次数是相等的。

（2）任意两列中数字的排列方式齐全而且均衡。在同一横行内，任何两列的有序对共有9种，即（1，1）、（1，2）、（1，3）、（2，1）、（2，2）、（2，3）、（3，1）、（3，2）、（3，3），且每对出现数也均相等。

以上两点充分地体现了正交表的两大优越性，即"均匀分散性，整齐可比"，这一特点从正交实验的实验点示意图（图10-5）中也可以看出。通俗地说，每个因素的每个水平与另一个因素的各个水平各相碰一次，这就是"正交性"。所谓"正交性"是从几何学中借来的术语，是指：如果两条直线相交成直角，它们就是正交的。用向量术语来说，这两条直线互不依赖。沿着某一条直线移动，该直线投影到另一条直线上的位置不变。正是由于正交实验的这些优越性决定了正交实验"代表性强，效率高"的特点，因而正交实验设计在很多领域的研究中已经得到广泛应用。因此，在历史档案保护的研究或日常实际操作中，对于多个因素、多个水平的实验，也应该尽可能地采用正交实验的方法。[①]

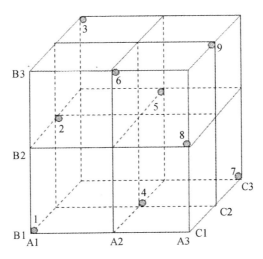

图 10 - 5　正交实验的实验点示意图

　　正交最优化方法的优点不仅表现在实验的设计上，更表现在对实验结果的处理上。以某四因素三水平正交实验为例，其实验设计与结果如表10 - 3 所示。对实验结果（实验数据）的处理分析通常有两种方法：直观分析法和方差分析法，其中直观分析法又叫极值分析法，因其简单易理解，在大多数情况下，最易被采用。

表 10 - 3　　　　　　　某 L₉（3⁴）正交实验的设计与结果

实验号 \\ 因素	A 温度 /℃	B 时间 / min	C 浓度 /%	D pH	指标 转化率 /%
1	A1	B1	C1	D1	32
2	A1	B2	C2	D2	57
3	A1	B3	C3	D3	39
4	A2	B1	C2	D3	52
5	A2	B2	C3	D1	46

---

　　①　夏伯忠：《正交试验法》，吉林人民出版社 1985 年版，第 1—30 页。

续表

实验号 \ 因素	A 温度 /℃	B 时间 / min	C 浓度 /%	D pH	指标 转化率 /%
6	A2	B3	C1	D2	41
7	A3	B1	C3	D2	56
8	A3	B2	C1	D3	61
9	A3	B3	C2	D1	68
K1	42.67	46.67	44.67	48.67	
K2	46.33	54.67	59.00	51.33	
K3	61.67	49.33	47.00	50.67	
R	19.00	8.00	14.33	2.66	

以表 10 - 3 所示正交实验为例，直观分析该实验结果的具体步骤为：

（1）最佳工艺方案的确定。分别对实验的每个因素各个水平的实验数据求和及平均值，即 K_i，如：

$$K1(A) = \frac{32 + 57 + 39}{3} = 42.67$$

$$K2(B) = \frac{57 + 46 + 61}{3} = 54.67$$

根据每个因素各个水平所对应结果的平均值大小可以确定每个因素的最佳水平。如表 10 - 3 中，因素 A 的最佳水平即为 A3，因素 B、C、D 的最佳水平分别为 B2、C2 和 D2。由此，则可以得到该实验的最优条件为：A3、B2、C2 和 D2。

（2）各因素对实验指标的影响分析。分别求出每个因素的平均值的最大值与最小值之间的差值，即极差（R）。根据极差值，即可以判断各因素对实验结果的影响大小。

判断原则是：极差越大，所对应因素越重要，由此确定出主次因素的排列顺序。如表 10 - 3 中，主次因素的排列顺序为：A > C > B > D。

对实验结果的直观分析法，除了极差分析外，为了更形象直观地得出实验分析结果，还可以采用绘制趋势图的方法，一目了然地看出各因素的哪个水平为最优，得出正确的综合分析结论，如图 10 - 6 所示。从该趋势图中还可以看出，最优的水平组合并不一定就在由正交实验设计所指定的

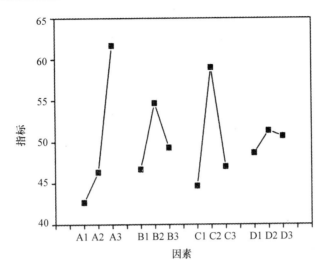

图 10-6　正交实验的因素—指标趋势图

实验当中。如图中因素 A 的趋势曲线，随着水平的变化，指标仍然有上升的趋势，说明经正交实验方法处理的实验结果，指明了展望好条件的方向。

　　对正交实验数据还可以通过方差分析法进行处理，方差分析法所基于的原理就是：实验所获得的实验结果数据之间一般会存在一定的差异，即使在相同的条件下做几次试验，由于偶然因素的影响，所得的数据也不完全相等，这说明实验数据的波动不仅与实验条件的改变有关，也包括实验误差的影响。方差分析就是用来区分所考察因素的水平不同对应的试验结果的差异是由于水平的改变所引起，还是由于试验误差所引起的，以便进一步（在直观分析的基础上）检验哪些因子对结果有影响，哪些没有影响，并区分哪些是影响结果的主要因素，哪些是次要因素。

　　此外，在多因素对比实验中，某些因素对实验指标的影响往往相互制约，互相联系。因此，在处理多因素的对比实验时，不仅需要分别研究各因素水平的改变对实验指标的影响，以及每个因素的单独作用，还要考虑它们之间的相互作用。通常在一个实验里，不仅各个因素在起作用，而且因素之间有时又会联合起来影响某一指标，这种作用叫作"交互作用"。为了考虑多因素交互作用的影响，可以通过合理地设计正交实验，有针对性地分析实验数据，得到相应的实验结果。

关于方差分析法和考虑"交互作用"的正交实验，由于需要较复杂的数学统计思想，在此不再赘述。

因此，正交实验的优点可以总结为：

（1）实验点代表性强，实验次数少。

（2）不需做重复试验，就可以估计试验误差。

（3）可以分清因素的主次。

（4）可以使用数理统计的方法处理试验结果，提出展望好条件。

第三节　常见实验数据的统计处理

一个实验进行至实验数据得到时，无论数据如何充分、翔实，也只是成功了一半，因为如果不能够对这些数据进行有效、科学、恰当的分析，得出结论，这些数据将一无所用。就如一个图书馆，其藏书再多，若不整理，对于读者，只能是越多越乱，并无半点益处。事实上，有些重要的发现，可能实验过程并不复杂，其发现的重要性就是得益于实验者对于实验数据完美的整理和隐含结果的敏感。例如，竺可桢先生"扫地知灾"这件事就充分说明了这一点。

竺可桢先生是我国近代科学和教育殿堂上大师级的科学家和教育家，中国气象学和地理学的一代宗师。所从事的科学教育、科学组织领导与科学普及工作，都有杰出的成就。在外辱内患期间，担任浙江大学校长，被誉为"浙大保姆"。在"文革"期间受到冲击，关过"牛棚"，扫过大街，只能停止了正常的学术研究。就是在这种残酷的环境下，他坚持每天清扫自家院落时，把扫地所得的灰尘称重。在 1966 年 11 月 10 日的日记中，他这样写道：

今日将扫地所得的灰尘用磅秤称之，得 14 两（英镑），估计约为 400 grs，面积 13.8 m × 16.8 = 231.8 sq. m，由此求得每公顷可得 170 kg，即 6 公顷地上下 1 吨重微尘。……颜色一般是灰色，不像黄土似的。[①]

[①] 竺可桢：《竺可桢全集》第 18 卷，上海科技教育出版社 2010 年版，第 243 页。

这是他时常进行的北京微尘大幅度增加的实测记录。当时的沙尘暴并没有现在严重，当时的环境也不像现在这样恶化，但作为一名科学家，却从身边的一点小事观察出环境恶化的前兆。在"竺可桢扫地知灾"的故事中可以给人诸多的启示，我们应该学习竺可桢的一种什么精神？在此不论，但是竺可桢先生从这样一件日常生活的小事中，得到了一些数据，并整理得出一个重要的结论和发现，令人不得不佩服他对实验数据的敏锐的觉察力和处理能力。

在统计学中，各项统计量很多，本书的目的不是介绍统计学原理，只是介绍一些常用的统计量及其实现的方法。

（1）排序。

所谓排序是指有 n 个数据 x_1、x_2、x_3、$\cdots$、x_n，按照数值的大小，经过排序后，成为从小到大或从大到小的序列。

（2）求和。

求和在统计学原理中称为总量指标，在实际应用过程使用很多，如考察石刻的风化腐蚀实验，经过数个风化腐蚀循环后，计算样品的质量损失总量。

设有 n 个数据 x_1、x_2、x_3、$\cdots$、x_n，其和 S 为：

$$S = \sum_{i=1}^{n} x_i = x_1 + x_2 + x_3 + \cdots + x_n$$

（3）平均值。

平均值在统计学原理中称为平均指标，是反映数据集中趋势的一项指标。它既是总体一般水平的代表值，又是总体分布的特征值。

平均值的计算方法主要有算术平均值、调和平均值、几何平均值、众数和中位数等。前四种平均数是根据总体标志值计算的，所以称为数值平均值；后两种平均数是根据标志值所处的位置确定的，故称为位置平均值。[①]

算术平均值（Arithmetic mean）是指在一组数据中所有数据之和再除以数据的个数，其计算公式为：

$$\bar{x} = \sum_{i=1}^{n} x_i / n = \frac{x_1 + x_2 + x_3 + \cdots + x_n}{n}$$

---

① 李永平：《数据处理方法与技术》，国防工业出版社 2009 年版，第 95—110 页。

平均数有加权和不加权之分，例如加权算术平均数，它是不同比重数据的平均数，加权平均数就是把原始数据按照合理的比例来计算，如设有 n 个数据 x_1、x_2、x_3、$\cdots$、x_n，其对应的权数是 f_1、f_2、f_3、$\cdots$、f_n，则其加权平均值（Weighted mean）的计算公式为：

$$\bar{x}_w = \frac{\sum x_i}{\sum f} = \frac{x_1 f_1 + x_2 f_2 + x_3 f_3 + \cdots + x_n f_n}{f_1 + f_2 + f_3 + \cdots + f_n}$$

调和平均值（Harmonic mean）的计算公式为：

$$\bar{x}_h = \frac{n}{\sum \dfrac{1}{x_i}} = \frac{n}{\dfrac{1}{x_1} + \dfrac{1}{x_2} + \dfrac{1}{x_3} + \cdots + \dfrac{1}{x_n}}$$

几何平均值（Geometrical mean）是 n 个变量值连乘积的 n 次方根，其计算公式为：

$$\bar{x}_g = \sqrt[n]{x_1 \cdot x_2 \cdot x_3 \cdot \cdots \cdot x_n}$$

众数是指在一组数据中出现频率最多的数值。众数的作用在于：在数据变量属于离散型的情况下，平均值是实际上变量不能取的数值，这时，知道变量常取的数值就有可能是最有用的了。

中位数是指把一组数据按照大小顺序排列，排在当中的一个数据，当数据数为奇数时，中位数的位置在 $(n+1)/2$；当数据数为偶数时，中位数为处于 $n/2$ 与 $(1+n/2)$ 位置的数据的均值。中位数作为一种衡量变量集中位置的特征统计数，具有明显的优越性；同时，中位数还容易确定，物理学中半衰期作为衡量放射性同位素的衰变速度，就是利用了中位数的这个优点，如果要计算一种放射性原子蜕变所需时间的平均值，则必须等所有的原子蜕变完成，才有可能，显然这是不可能的，因为这需要无限长的时间。[①]

第四节　实验误差及其表示方法

在进行实验操作时，无论多么认真、仔细，实验的测量值与真实值之间总存在着差异，这一差异即误差。可以说，实验误差是普遍、客观存在

---

① 罗旭：《化学统计学》，科学出版社 2001 年版，第 6—17 页。

的。为了减少或消除误差对实验结果的影响和干扰，必须对误差的属性进行研究。

根据误差的性质及其产生的原因，误差可分为：系统误差、偶然误差和过失误差。

过失误差，也称粗差，是由于工作粗枝大叶，不按操作规程办事等原因造成的明显歪曲实验结果的误差，所以过失误差事实上是在工作中的差错，故有人并未将其归类于误差，该类误差的数据一定不能作为实验数据混入实验结果内。这些错误或过失主要是由测量者的疏忽所造成的，例如读数错误、记录错误、操作或测量时发生未察觉的异常情况等，因此，通过加强操作者的责任心，端正认真的工作作风，提高实验研究水平，这种误差是可以避免的。

一 系统误差

系统误差是由确定的原因引起的误差，其来源主要包括仪器和试剂、方法和操作人员。（1）仪器和试剂误差是由于仪器结构上不够完善或仪器未经很好校准等原因造成的误差。例如，热胀冷缩造成的刻度尺变形及试剂溶液的体积变化，温度计、表盘的刻度不准确，仪器使用前没有校正零点，天平两臂不等长，长期使用的砝码质量改变，这些都会造成误差。（2）方法误差是由于实验理论、实验方法或实验条件不合要求而引起的误差。如用常规化学滴定法做微量成分分析。（3）人员误差是由于观测者个人生理和心理上的特点所造成的误差。如在使用秒表计时时，或延后，或提前；使用滴定管读数时，视线偏高或偏低。

由系统误差的来源可知：系统误差的特点是在相同条件下，对同一物理量进行多次测量时，测量结果向一个方向偏离，误差的大小和正负总保持不变，或按一定的规律变化，或是有规律地重复。因此，系统误差又称为可测误差。

若要减小系统误差或降低系统误差的影响，应根据具体的实验条件、系统误差的特点，找出产生系统误差的主要原因，如改进实验方法，设计在原理上更为完善的实验，更要注意实验时必须校准测量仪器，类似天平臂的调整、砝码定期检验、试剂溶液的温度补正等。

为了检定实验是否存在系统误差，以及对系统误差进行校正，可以基于系统误差的三个来源，有针对性地进行对照试验或空白试验。

所谓对照试验，是为了阐明一定因素对一个对象的影响和处理效应或意义时，除了对试验所要求研究因素或操作处理外，其他因素都保持一致，并把试验结果进行比较，这种试验称为对照试验。因此为了检定和校正系统误差，可以用纯试剂进行对照试验，或者用标准方法或不同类型的方法进行对照试验。

空白实验是在不加样品的情况下，用测定样品相同的方法、步骤进行定量分析，把所得结果作为空白值，从样品的分析结果中扣除。这样可以消除因试剂不纯或试剂干扰等所造成的系统误差。

二　偶然误差

在相同的实验条件下，对同一变量进行多次测量，由于各种偶然因素，会出现测量值时而偏大、时而偏小的误差现象，这种类型的误差叫作偶然误差，或者随机误差、不可测误差。偶然误差因为其产生的原因不清，带有很大的偶然性，所以无法控制。虽然单个测量的偶然误差没有规律性，但是进行多次测量，可以发现偶然误差仍然是有统计规律的，例如，大小相近的正、负误差出现的频率相等；小误差出现的频率高，大误差出现的频率小，很大的误差出现的频率几乎为零。这一特点称为偶然误差的正态分布，如图 10 - 7 所示。为了有效地减少偶然误差对实验结果的影响，在确定的测量条件下，可以对同一待测量进行多次实验测量，并且求出它的算术平均值，作为所求量的测量结果。

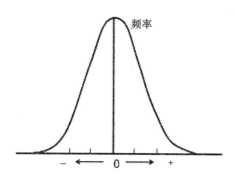

图 10 - 7　偶然误差的正态分布图

三　准确度及其量度

准确度是测量值与真值的符合程度，所谓真值是指某一物理或化学量应该有的客观存在的真实数值。所以准确度表征了实验结果的可靠性，用误差值（英文 Error，简写为 E）来表示：

$$E_a = 测量值 - 真值 = x_i - x_T$$

该误差值称为绝对误差（Absolute error，记为 E_a），绝对误差并不能完全地说明测量的准确度。例如测量真实质量分别为 100 g 和 10 g 的物体，测量值分别为 100.1 g 和 10.1 g，两次测量的绝对误差均是 0.1 g。绝对误差值相同，但是它们的准确度却不应该相同，这是因为绝对误差没有与待测样品的被测量联系起来。为了解决这一缺陷，需要建立一个相对的概念，这就是相对误差（Relative error）的概念，即绝对误差在真实值中所占的比例：

$$E_r = \frac{x_i - x_T}{x_T} \times 100\%$$

误差值越大，说明实验结果越不准确，即准确度低；反之，误差值越小，说明实验结果越准确，即准确度高。

四　精确度及其量度

由于实际研究或工作中，某一量的真实值是无法确定的，一般用一系列测量值的平均值代替之，这样误差的概念就转化成了偏差的概念。因此绝对偏差（Absolute deviation）和相对偏差（Relative deviation）的计算公式分别为：

$$D_a = x_i - \bar{x}$$

$$D_r = \frac{x_i - \bar{x}}{\bar{x}} \times 100\%$$

与用绝对误差和相对误差表示准确度相似，绝对偏差和相对偏差被用来表示精确度。精确度是用以表达测量数据的再现性或重复性的术语，指的是一组实验数据彼此互相接近的程度。因此，偏差越小，说明测量值之间越接近，精确度越高。

绝对偏差和相对偏差反映的是单个试验测量结果偏离平均值的程度，并不能反映一组实验结果的精确度，所以在实际工作中为了比较一组平行测量结果之间的接近程度或离散程度，需要用平均偏差和相对平均偏差来衡量，平均偏差是指各单次测量结果的绝对偏差的绝对值的平均值，即：

$$\bar{D} = \frac{|D_{a1}| + |D_{a2}| + |D_{a3}| + \cdots + |D_{an}|}{n}$$

平均偏差与平均值之比就是相对平均偏差，常以百分数的形式表示，即：

$$\overline{D_r} = \frac{\bar{D}}{\bar{x}} \times 100\%$$

表征一组测量值的精确度，还有极差和方差两个重要概念。均值、极差和方差是表征数据集中位置、精确程度或离散程度的三个重要的特征统计量，表征数据集中位置的均值可以是正确的，也可以是不正确的，只有在消除系统误差的情况下，才是正确的。但表征数据离散程度的极差或方差大，则说明不精确，小则意味着精确度高，这是无条件的。

极差又称全距（Range）表示一组数据中最大值与最小值之间的差距，即最大值减去最小值后所得的数据，计算公式为：

$$R = x_{max} - x_{min}$$

方差是各个数据分别与其平均值之差的平方的和的平均数，方差开方即得均方差，又称标准偏差，在实际测定中，当测定次数有限时，标准偏差（S）可表示为：

$$S = \sqrt{\frac{\sum_{i=1}^{n}(x_i - \bar{x})^2}{n-1}}$$

相对标准偏差又称变异系数（CV），可表示为：

$$CV = \frac{S}{\bar{x}} \times 100\%$$

标准偏差是表示偏差的最好方法，数学严格性高，可靠性大，使大偏差能更加显著地反映出来。[1]

---

[1] 陈庆榆、张雪梅：《分析化学》，合肥工业大学出版社 2010 年版，第 9—23 页。

五 精确度与准确度

精确度越高，并不能说明测量值越接近真实值，这是因为精确度与准确度是不同的两个概念。精确度是指一组实验值彼此接近的程度，实验值越接近，说明实验值越精确。引起实验值偏离真值的因素，会对一组实验数据造成相同的影响。例如，由于温度升高，溶液体积变大，造成溶液实际浓度降低，滴定时用量就会较实际应用量偏大。因此，良好的精确度并不能保证较高的准确度。

关于精确度和准确度的区别，可以用下述打靶为例说明。图 10 - 8 是 A、B、C、D 表示四个射击成绩，环状中心表示靶心，为射击目标。由图中可是看出：

（1）A 的精确度低，准确度也低，射击成绩较差；

（2）B 的精确度虽然较高，但准确度低，射击成绩也差；

（3）C 的精确度与准确度均高，射击成绩好；

（4）D 的平均值虽然接近靶心，但击中点分散，取平均值抵消了正负误差，这只是一种巧合，射击成绩也差。

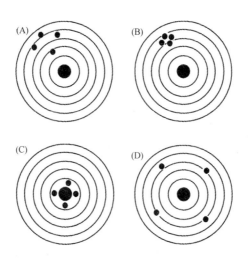

图 10 - 8 精确度与准确度关系（以打靶为例）示意图

在科学测量中，没有靶心，只有设想的真值。平时进行的实验，就是想测得此真值。从图 10 - 8 的分析可知，好的测定结果，精确度和准确度必然都高；精确度不好，衡量准确度毫无意义。精确度是保证准确度的先决条件，精确度低的测量结果绝对不可信。但是精确度高，准确度并不一定就好，这是由于可能有系统误差的存在。

因此，为了获得良好准确度和精确度的实验结果，一定要在实验的每一步都仔细认真，尽可能地把每一步产生的误差控制在允许的范围内，为此，必须设计合理、科学的实验方案，并要检验消除系统误差，尽可能地减少偶然误差。

六 分析数据的统计处理

前面的统计学理论已经给出了样本的平均值 x 和标准偏差 S 的基本概念，它们是总体真实值的最佳估计值。平均值的精确度可以用平均值的标准偏差来表示，统计学证明平均值的标准偏差与测量次数的平方根成反比：

$$\text{平均值的标准偏差 } S_{\bar{x}} = \frac{S}{\sqrt{n}}$$

前述偶然误差时，已论述增加实验次数，可以减少偶然误差的影响，提高精确度，在此平均值的标准偏差计算式也表明，增加测量次数可以提高测量的精确度，但是过多地增加实验次数，并不能无休止地提高精确度，统计学证明，当实验次数达到 20 次时，再提高实验次数，对实验的精确度基本没有影响了。因此，一般实验，平行试验 3—4 次即可，对于标准溶液的配制与标定等要求比较严苛的实验，国家标准要求是：须两人进行实验，分别各做 4 平行，取两人 8 平行测定的结果的平均值为测定结果。[①]

对于一个未知量，在计算和测量时，通过均值可以得到其近似值，但这仍然不是该研究工作的终点，实验者还需要估计误差，即要求确切地知道近似值的精确程度，亦即所求真值所在的范围，并且希望知道这个范围包含真值的可信程度。这个范围通常以区间的形式给出，这种形式的估计

① 《化学试剂标准滴定溶液的制备》，2002 年，中华人民共和国国家标准，标准代号：GB/T 601—2002。

称为区间估计，这样的区间就是所谓的置信区间，置信区间是一个在诸多领域处理数据时得到广泛应用的统计学概念。[1]

置信区间的严格定义为：在一定置信度（置信概率）下，以测定结果为中心，包括真值在内的可信范围。用少量测量值的平均值 $\bar{x}$、标准偏差 S 以及平均值的标准偏差 $S_{\bar{x}}$ 估计真值 μ 的置信区间的计算公式为：

$$\mu = \bar{x} \pm t_{Pf} \cdot S_{\bar{x}} = \bar{x} \pm t_{Pf} \cdot \frac{S}{\sqrt{n}}$$

式中，t_{Pf} 为置信度为 P，自由度为 f（$f = n-1$）的置信系数，其值可通过查阅有关的"不同置信概率下的置信系数值表"获得。

例如，$\mu = 10.17\% \pm 0.07\%$（置信度为 95%），可以理解为：有 95% 的可信度，以平均值 10.17% 为中心，包含了总体平均值的区间为（10.10，10.24）。

置信度越高，置信区间越大，在此区间内包括总体平均值的可能性就越大。置信度的高低说明了估计的把握程度，置信区间的大小反映了估计的精确度。置信度并非越高越好，过高的置信度导致极宽的置信区间，精确度很差，则结果没有任何意义了。

---

[1] 盛骤、谢式千、潘承毅：《概率论与数理统计》，高等教育出版社 1989 年版，第 157—182 页。

参考文献

（一）专著

北京钢铁学院《中国古代冶金》编写组：《中国古代冶金》，文物出版社 1978 年版。

蔡家斌、董会军、李涛等：《进口木材特性与干燥技术》，合肥工业大学出版社 2011 年版。

曹楚南：《悄悄进行的破坏：金属腐蚀》，清华大学出版社 2000 年版。

陈鸿海：《金属腐蚀学》，北京理工大学出版社 1995 年版。

陈建华：《无机化学》，科学出版社 2009 年版。

陈庆榆、张雪梅：《分析化学》，合肥工业大学出版社 2010 年版。

陈铁梅：《科技考古学》，北京大学出版社 2008 年版。

陈亚：《有机化学实验》，云南科技出版社 2004 年版。

戴吾三：《考工记图说》，山东画报出版社 2003 年版。

单霁翔：《从"文物保护"走向"文化遗产保护"》，天津大学出版社 2008 年版。

党建涛：《西南天气》，国防工业出版社 2007 年版。

丁永奎：《档案学概述》，中国档案出版社 1995 年版。

〔日〕渡边治人：《木材应用基础》，张勤丽、张齐生、张彬渊译，上海科学技术出版社 1986 年版。

冯惠玲、张辑哲：《档案学概论》，中国人民大学出版社 2006 年版。

冯乐耘：《档案保护技术学》，中国人民大学出版社 1991 年版。

高恒聚、温学春：《建筑材料》，西安电子科技大学出版社 2012 年版。

葛新亚、王青、汪洋：《建筑装饰材料》，中国电力出版社 2008 年版。

关长斌：《陶瓷材料导论》，哈尔滨工程大学出版社 2005 年版。

贵州省人民政府贵州省年鉴社：《贵州年鉴》，贵州年鉴社 2013 年版。

郭莉珠、张美芳、张建华：《档案保护技术学教程》，中国人民大学出版社 2008 年版。

韩玉梅：《外国档案管理》，档案出版社 1994 年版。

郝瑞霞、吕鉴：《水质工程学实验与技术》，北京工业大学出版社 2006 年版。

何启民：《陶瓷总论》，台湾商务印书馆 1983 年版。

胡德昌：《金属结构与抗蚀》，宇航出版社 1987 年版。

华林：《藏文历史档案研究》，云南大学出版社 2006 年版。

华林：《傣族历史档案研究》，民族出版社 2001 年版。

华林：《西南少数民族历史档案管理学》，民族出版社 2001 年版。

华林：《西南彝族历史档案》，云南大学出版社 1999 年版。

宦双燕：《波谱分析》，中国纺织出版社 2008 年版。

黄存勋、刘文杰、雷荣广：《档案文献学》，四川大学出版社 1988 年版。

黄焕义、邓和清、黄胜：《陶艺技法》，江西美术出版社 2000 年版。

黄剑华：《古蜀的辉煌：三星堆文化与古蜀文明的遐想》，巴蜀书社 2002 年版。

黄剑华：《古蜀金沙：金沙遗址与古蜀文明探析》，巴蜀书社 2003 年版。

黄剑华：《三星堆——震惊天下的东方文明》，四川人民出版社 2002 年版。

黄克忠：《石质文物的化学保护法》，载中国文物研究所《文物科技研究.第一辑》，科学出版社 2004 年版。

黄励知：《普通陶瓷》，华南理工大学出版社 1992 年版。

贾文忠：《古玩保养与修复》，北京出版社 2000 年版。

江燕：《明代云南省志中的物产——以万历〈云南通志〉为例兼述其特点价值》，载林超民《西南古籍研究》，云南大学出版社 2007 年版。

李济：《安阳》，上海人民出版社 2007 年版。

李金桂、郑家燊《表面工程技术和缓蚀剂》，中国石化出版社 2007 年版。

李昆声、陈果：《中国云南与越南的青铜文明》，社会科学出版社 2013 年版。

李昆声、邓瑞林、黄德容等：《文山岩画》，云南人民出版社 2005 年版。

李昆声、黄德容：《中国与东南亚的古代铜鼓》，云南美术出版社 2008

年版。

李美栓:《金属的高温腐蚀》,冶金工业出版社 2001 年版。

李锡:《两片黄栗叶》,云南人民出版社 2006 年版。

李异:《金属表面清洗技术》,化学工业出版社 2007 年版。

李永平:《数据处理方法与技术》,国防工业出版社 2009 年版。

刘成武、吴乔贵、余晓靖等:《麒麟区青铜时代目的出土文物精粹》,云
    南人民出版社 2014 年版。

刘启明:《木工胶黏剂》,中国林业出版社 2005 年版。

陆寿麟:《文物的科学研究和文物保护修复的原则》,载中国文物研究所
    《文物科技研究》第一辑,科学出版社 2004 年版。

罗茂斌:《档案保护技术学》,云南科技出版社 2001 年版。

罗时武:《陶瓷研究·从技术到艺术的探究》,江西美术出版 2006 年版。

罗旭:《化学统计学》,科学出版社 2001 年版。

马衡:《中国金石学概论》,时代文艺出版社 2009 年版。

马建中、卿宁、吕生华:《皮革化学品》,化学工业出版社 2008 年版。

马锦卫:《彝文起源及其发展考论》,民族出版社 2011 年版。

马清林、苏伯民、胡之德等:《中国文物分析鉴别与科学保护》,科学出
    版社 2001 年版。

马振瀛:《实用防霉技术》,上海科技出版社 1987 年版。

毛晓泸:《古陶瓷鉴定学·总论篇》(上册),中国社会科学出版社 2010
    年版。

牟会宠、杨志法、伍法权:《石质文物保护的工程力学研究》,地震出版
    社 2000 年版。

潘慧琳:《文物修复与养护》,万卷出版社 2005 年版。

祁景玉:《X 射线结构分析》,同济大学出版社 2003 年版。

钱存训:《中国古代书史》,香港中文大学出版社 1957 年版。

钱旭红、徐玉芳、徐晓勇:《精细化工概论》,化学工业出版社 2000 年版。

曲木铁西:《彝语义诺话研究》,民族出版社 2010 年版。

全国人民代表大会:《中华人民共和国文物保护法》,中国民主法制出版
    社 2002 年版。

邵水金:《实用躯体解剖学》,上海科学技术文献出版社 2006 年版。

盛骤、谢式千、潘承毅:《概率论与数理统计》,高等教育出版社 1989

年版。

石棋:《建筑陶瓷工艺学》，武汉理工大学出版社 2007 年版。

四川省人民政府、四川省地方志编纂委员会:《四川年鉴》，四川年鉴社 2013 年版。

宋蜀华:《中国民族概论》，中央民族大学出版社 2001 年版。

谭莉莉:《承载云南少数民族传统文化的少数民族历史档案类别研究》，载林超民、古永继、潘先林等《西南古籍研究》，云南大学出版社 2011 年版。

谭莉莉:《珍贵的西南少数民族印章历史档案》，载杨汝鉴《兰台荟萃·云南省档案学术论文集》，云南科技出版社 2006 年版。

汪信:《软化学方法导论》，科学出版社 2007 年版。

王斌:《现代分析测试方法》，石油出版社 2008 年版。

王富光、刘宏泽、杨桂林等:《麻栗坡》，云南人民出版社 2013 年版。

王宏钧:《中国博物馆学基础》，上海古籍出版社 2001 年版。

王人天:《可渡摩崖石刻》，《曲靖日报》2012 年 7 月 20 日。

吴宝康:《档案学概论》，中国人民大学出版社 1988 年版。

吴开源、王勇、赵卫民:《金属结构的腐蚀与防护》，石油大学出版社 2000 年版。

吴晓红:《档案灾害学研究探索》，首都经济贸易大学出版社 2013 年版。

伍雄武:《中华民族的形成与凝聚新论》，云南人民出版社 2000 年版。

奚同庚:《无机材料热物性学》，上海科学技术出版社 1987 年版。

夏伯忠:《正交试验法》，吉林人民出版社 1985 年版。

夏征农、陈至立:《大辞海·民族卷》，上海辞书出版社 2012 年版。

邢春如:《古代化学》，辽海出版社 2007 年版。

徐柏森:《实用电镜技术》，东南大学出版社 2008 年版。

徐发苍、田世清、袁洪华等:《曲靖石刻》，云南民族出版社 1999 年版。

徐发苍:《云南省历史文化名村名镇·可渡》，云南人民出版社 2008 年版。

许民、李坚:《木材的碳素储存与科学保护》，科学出版社 2013 年版。

杨德钧、沈卓身:《金属腐蚀学》，冶金工业出版社 1999 年版。

杨晓红:《测色配色应用技术》，中国纺织出版社 2010 年版。

杨中一:《中国少数民族档案及其管理》，中国档案出版社 1993 年版。

于海广、王巨山：《中国文化遗产保护》，山东大学出版社 2008 年版。

云南省文物考古研究所：《曲靖八塔台与横大路》，科学出版社 2003 年版。

翟金坤：《金属高温腐蚀》，北京航空航天大学出版社 1994 年版。

张纯德：《彝族古代毕摩绘画》，云南大学出版社 2003 年版。

张辑哲：《维系之道：档案与档案管理》，中国档案出版社 1995 年版。

张剑波、孙良欣、胡建信等：《清洗技术基础教程》，中国环境科学出版社 2004 年版。

张美芳、唐跃进：《档案保护概论》，中国人民大学出版社 2013 年版。

张招贤、赵国鹏、胡耀红：《应用电极学》，冶金工业出版社 2005 年版。

张之恒：《中国考古通论》，南京大学出版社 2009 年版。

昭通市民族宗教事务局：《昭通少数民族志》，云南民族出版社 2006 年版。

赵超：《石刻史话》，社会科学文献出版社 2011 年版。

赵桂芳：《出土饱水古代木器的保护实验——醇醚连浸法的探讨》，载中国文物保护技术协会《文物保护技术（1981—1991）》，科学出版社 2010 年版。

赵麦群、雷阿丽：《金属的腐蚀与防护》，国防工业出版社 2002 年版。

中国档案学会对外联络部《档案学通讯》编辑部：《外国档案法规选编》，档案出版社 1983 年版。

中国西南民族研究学会：《西南民族地区经济概况》，四川省民族研究所 1986 年版。

［日］中野準三、樋口隆昌、住本昌之等：《木材化学》，鲍禾、李忠正译，中国林业出版社 1989 年版。

周耀林、戴旸、林明等：《档案文献遗产保护》，武汉大学出版社 2012 年版。

朱琚元：《彝族文化研究文萃》，云南民族出版社 2007 年版。

朱吕民：《聚氨酯合成材料》，江苏科学技术出版社 2002 年版。

朱玉媛：《档案学基础》，武汉大学出版社 2008 年版。

竺可桢：《竺可桢全集》第 18 卷，上海科技教育出版社 2010 年版。

左景伊：《应力腐蚀破裂》，西安交通大学出版社 1985 年版。

（汉）司马迁：《史记》，线状书局 2006 年版。

［美］T. R. 谢伦伯格：《现代档案——原则与技术》，黄坤坊译，档案出版社 1983 年版。

［美］伊曼纽尔·库珀：《陶瓷釉配方》，邹力行译，中国建筑工业出版社 1986 年版。

［苏］M. O. 尤什凯维奇：《陶瓷工艺学》，史蔭庭译，中国工业出版社 1961 年版。

China icomos，*Principlesfor the Conservation of Heritage Sites in China*，Barker P，et al. Translate，Los Angeles：Getty Conservation Institute，1996.

Price C，*Stone conservation：an overview of current research*，Los Angeles：Getty Conservation Institute，1996.

（二）期刊、析出文献、报纸

蔡学美：《档案灾害防治研究》《中国档案》2000 年第 11 期。

陈海：《古代陶器修补材料及其相关问题浅议》，《考古与文物》2003 年第 2 期。

陈颢、田建、李晓帆等：《古代青铜器保护研究进展》，《云南化工》2012 年第 6 期。

陈楠：《从甘肃舟曲特大山洪泥石流事件谈档案安全》，《兰台世界》2010 年第 24 期。

陈仲陶：《对青铜器保护修复理念、原则的探讨》，《文物保护与考古科学》2010 年第 3 期。

陈仲陶：《古青铜器修复整形工艺探究》，《中国文物科学研究》2009 年第 3 期。

陈子丹：《口述档案及其相关概念辨析》，《云南档案》2012 年第 7 期。

陈子丹：《傈僳族档案文献及其开发利用》，《档案学通讯》2008 年第 3 期。

程丽臻：《PEG 复合液脱水加固定型出土饱水残损漆木器及整形修复》，《中国文物科学研究》2010 年第 4 期。

董欣欣、王丽琴：《改性丙烯酸树脂在文物保护领域中的应用》，《西部考古》2013 年第 00 期。

杜安、周双林：《几件青铜器的科学分析和修复》，《文物保护与考古科学》2004 年第 3 期。

方北松、吴顺清：《饱水竹木器保护修复的历史、现状与展望》，《文物保护与考古科学》2008 年第 S1 期。

郭宏：《论"不改变原状原则"的本质意义——兼论文物保护科学的文理交叉性》，《文物保护与考古科学》2004 年第 1 期。

郭宏：《论文物保护科学研究的内容与方法》，《文物保护与考古科学》2003 年第 3 期。

韩宝鑫：《骨器的保护与修复》，《北方文物》1993 年第 2 期。

和玲、梁国正：《含氟成膜聚合物应用于文物的表面保护》，《膜科学与技术》2003 年第 3 期。

华林、谭莉莉：《西南少数民族石刻历史档案保护技术研究》，《广西民族研究》2005 年第 3 期。

黄克忠：《石质文物的化学保护法》，载中国文物研究所《文物科技研究》第一辑，科学出版社 2004 年版。

霍振礼：《实物档案的崛起与档案定义的表述——兼与李恕德、陈永斌同志商榷》，《档案学通讯》1993 年第 5 期。

贾文忠：《浅谈青铜器修复》，《中国文物科学研究》2008 年第 2 期。

李国清：《开放性环境中木质文物的稳定性研究》，《文物科技研究》2004 年第 1 期。

刘国艳：《奢香博物馆镇馆三宝》，《乌蒙新报》2014 年 9 月 22 日。

刘江卫、惠娜、赵昆、王东峰：《彩绘陶质文物修复保护操作流程规范化研究》，《文博》2009 年第 6 期。

刘景龙：《龙门石窟洞窟漏水病害治理》，《中国文物报》2004 年 9 月 17 日。

刘淑红：《浅析档案的定义及档案的特性》，《中国地名》2012 年第 3 期。

刘晓清、范敏、马振华等：《胶原基复合骨组织工程支架材料在骨质文物保护中的应用》，《文物保护与考古科学》2013 年第 1 期。

罗夜起：《用电铸法进行铜质文物的补配和修复》，《中国博物馆》1993 年第 3 期。

马波粉：《浅析"实物档案"说》，《云南档案》2008 年第 1 期。

马清林、卢燕玲、黄志强：《灵台青铜器保护方法述要》，《文物保护与考古科学》1997 年第 2 期。

邱兆飚、朱海：《红脉冲激光除锈工艺研究》，《应用激光》2013 年第
　4 期。

谭莉莉：《承载云南少数民族传统文化的少数民族历史档案类别研究》，
　载林超民、古永继、潘先林等《西南古籍研究》，云南大学出版社 2011
　年版。

谭莉莉：《珍贵的西南少数民族印章历史档案》，载杨汝鉴《兰台荟萃·
　云南省档案学术论文集》，云南科技出版社 2006 年版。

陶保成、杨毅、何伟俊：《明祖陵石刻加固保护竣工报告》，《东南文化》
　2002 年第 11 期。

王人天：《可渡摩崖石刻》，《曲靖日报》2012 年 7 月 20 日。

谢文州、郦和生、李志林等：《铜缓蚀剂苯并三氮唑缓蚀机理的研究进
　展》，《材料保护》2013 年第 3 期。

徐玉麟：《全面准确理解文物工作方针，认真贯彻实施文物保护法》，《文
　物工作》2003 年第 3 期。

严玉琳：《镇馆之宝"成都"铭文青铜矛》，《雅安日报》2011 年 3 月
　20 日。

杨桂林：《过氧化氢—柠檬酸铵退铜工艺的研究》，《环境化学》1989 年
　第 4 期。

杨晓邬：《文物修复中的粘接技术》，《四川文物》2006 年第 5 期。

杨岩、贾宝萍：《档案保护应"以防为主、防治结合"》，《兰台世界》
　2008 年第 7 期。

尹正子、康永：《苯并三氮唑复配缓蚀剂对铜的缓蚀机理》，《清洗世界》
　2013 年第 6 期。

云南省博物馆：《云南巍山县垅圩山南诏遗址的发掘》，载杨世钰等《大
　理丛书·考古文物篇·卷六》，云南民族出版社 2009 年版。

云南省博物馆巍山考古队：《巍山垅圩山南诏遗址 1991—1993 年度发掘综
　述》，载杨世钰等《大理丛书·考古文物篇·卷六》，云南民族出版社
　2009 年版。

张秉坚、铁景沪：《大型石质文物表面清洗技术的现状和发展趋势》，《石
　材》2011 年第 11 期。

张晓岚、张恒金：《浅谈陶器文物的劣化与保护》，《内蒙古文物考古》
　2002 年第 2 期。

张怡、朱剑、王涛等:《低温陶器的烧成温度测定及其初步应用》,《南方文物》2012年第1期。

赵桂芳:《出土饱水古代木器的保护实验——醇醚连浸法的探讨》,载中国文物保护技术协会《文物保护技术（1981—1991）》,科学出版社2010年版。

郑军:《福建莆田元妙观三清殿及山门彩绘的保护》,《文物保护与考古科学》2001年第2期。

周麟麟、兰德省、容波:《彩绘陶器保护修复规范化操作初步研究——以山东青州汉墓出土彩绘陶马为例》,《文博》2009年第6期。

周宗华:《用于文物保护的高分子材料》,《高分子通报》1991年第1期。

祝延峰:《青铜器的修复与保护方法探析》,《文史博览》2013年第4期。

宗培岭:《全面落实档案保护"以防为主,防治结合"的方针》,《档案学通讯》1991年第5期。

Adler H. J., Jahny K., Vogt - Birnbrich B, "Polyurethane Macromers—New Building Blocks for Acrylic Hybrid Emulsions with Outstanding Performance", *Progress in Organic Coatings*, Vol. 43, No. 4, 2001.

Alesiani M., Capuani S., Maraviglia B., "NMR Study on The Early Stages of Hydration of a Porous Carbonate Stone." *Magnetic Resonance Imaging*, Vol. 21, No. 3 - 4, 2003.

Cardiano P., Mineo P., Sergi S., Ponterio R. C., Triscari M., Piraino P., "Epoxy - Silica Polymers as Restoration Materials. Part II." *Polymer*, Vol. 44, No. 16, 2003.

Cardiano P., Ponterio R. C., Sergi S., Lo Schiavo S., Piraino P., "Epoxy - Silica Polymers as Stone Conservation Materials." *Polymer*, Vol. 46, No. 6, 2005.

Cardiano P., Sergi S., Lazzari M., Pirainoa P., "Epoxy - Silica Polymers as Restoration Materials." Polymer, Vol. 43, No. 25, 2002.

Coffman R. L., Agnew N., Selwitz C., "Modification of the Physical Properties of Natural and Artifical Adobe by Chemical." In: Vandiver P. B., Druzik J R, Wheeler G. S., ed. Materials Issues in Art and Archaeology 2, Pittsburgh: Materials Research Society, 1991.

Davidson D. A., Grieve I. C., Tyler A N, Barclay G. J., Maxwell G. S., "Archaeological Sites: Assessment of Erosion Risk. " *Journal Archaeological Scienc*, Vol. 25, No. 9, 1998.

Delalieux F. Cardell C. , Todorov V. , Dekov V. , Van Grieken R. , "Environmental Conditions Controlling the Chemical Weathering of the Madara Horseman Monument, NE Bulgaria", *Journal of Cultural Heritage*, Vol. 2, No. 1, 2003.

Fitzner B. , Heinrichs K. , "Damage Diagnosis on Stone Monuments—Weathering Forms, Damage Categories and Damage Indices. " In: Prikryl R, Viles HA, Ed. *Understanding and Managing Stone Decay*, Prague: The Karolinum Press, 2002.

Frediani P. , Manganelli C. , Matteoli U. , Tiano P. , Piacenti F. , "Perfluoroethers as Water Repellents in Stone Conservation. " *Journal of Fluorine Chemistry*, Vol. 16, No. 16, 1980.

Friolo K. H. , Stuart B. , Ray A. , "Characterisation of Weathering of Sydney Sandstones in Heritage Buildings. " *Journal of Cultural Heritage*, Vol. 4, No. 3, 2003.

Furukawa H. , "Cure Mechanism and Properties of Acrylosilane Coatings. " *Progress in Organic Coatings*, Vol. 24, No. 1 - 4, 1994.

Garcia – Vallès M. , Urzí C. , De Leo F. , Salamone P. , Vendrell – Saz M. , "Biological Weathering and Mineral Deposits of the Belevi Marble Quarry (Ephesus, Turkey)", *International Biodeterioration & Biodegradation*, Vol. 46, No. 3, 2000.

Ginell W. S. , Coffman R. , "Epoxy Resin – Consolidated Stone: Appearance Change on Aging", *Studies in conservation*, Vol. 43, No. 4, 1998.

Hansen E. F. , Agnew N. , "Consolidation with Moisture Curable Isocyanates: Polyureas and Polyurethanes. " *I COM Committee for Conservation*: 9th Triennial Meeting, Dresden, Los Angeles: ICOM Committee for Conservation, 1990.

Hoke G. D. , Turcotte D. L. , "The Weathering of Stones Due to Dissolution", *Environmental Geology*, Vol. 46, No. 3 - 4, 2004.

Hosono T. , Uchida E. , Suda C. , Ueno A. , Nakagawa T. , "Salt Weathering of Sandstone at the Angkor Monuments, Cambodia: Identification of the Origins of Saltsusing Sulfur and Strontium Isotopes. " *Journal of Archaeological Sci-*

ence, Vol. 33, No. 11, 2006.

Hsu, S. - C. ; Lin, J. , "Removal mechanisms of micro - scale particles by sur-face wave in laser cleaning", *Optics and Laser Technology*, Vol. 38, No. 7, 2006.

Jiri B. , Petr K. , "Cracking of Organosilicone Stone Consolidants in Gel Form", *Studies in conservation*, Vol. 41, No. 1, 1996.

Kelly E. F. , Chadwick O. A. , Hilinski T. E. , "The Effect of Plants on Mineral Weathering", *Biogeochemistry*, Vol. 42, No. 1 – 2, 1998.

Kozłowski R. , Hejda A. , Cęckiewicz S. , Haber J. , "Influence of Water Con-tained in Porous Limestone on Corrosion", *Atmospheric Environment*, Vol. 26, No. 18, 1992.

Levin Z. , Ganor E. , Gladstein V. , "The Effects of Desert Particles Coated with Sulfate on Rain Formation in the EasternMediterranean", *Journal of Applied Meteorology*, Vol. 35, No. 9, 1996.

Lewin S. Z. , Baer N. S. , "Rationale of the Barium Hydroxide – Urea Treatment of Decayed Stone", *Studies inConservation*, Vol. 19, No. 1, 1974.

M. S. Tite, "Determination of the Firing Temperature of AncientCeramicsbyMea-surement of Thermal Expansion: A Reassessment", Archaeometry, Vol. 11, No. 1, 1969.

Marinoni N. , Pavese A. , Riva A. , Cella F. , Cerulli T. , "Chromatic Weathe-ring of Black Limestone Quarried in Varenna (Lake Como, Italy)", *Building and Environment*, Vol. 42, No. 1, 2007.

MatsuokaN, "Rock Weathering Processes and Landform Development in the Sør Rondane Mountains, Antarctica", *Geomorphology*, Vol. 12, No. 4, 1995.

Mazzola M. , Frediani P. , Bracci S. , Salvini A. , "New Strategies for the Syn-thesis of Partially Fluorinated Acrylic Polymers as Possible Materials for the Protection of Stone Monuments", *European Polymer Journal*, Vol. 39, No. 10, 2003.

McNamara C. J. , Mitchell R. , "Microbial Deterioration of Historic Stone", *Frontiers in Ecology and the Environment*, Vol. 3, No. 8, 2005.

Melo M. J. , Bracci S. , Camaiti M. , Chiantore O. , Piacenti F. , "Photodegrada-tion of Acrylic Resins Used in the Conservation of Stone", *Polymer Degrada-*

tion and Stability, Vol. 66, No. 1, 1999.

Mori I. , Nishikawa M. , Iwasaka Y. , "Chemical Reaction during the Coagulation of Ammonium Sulphate and Mineral Particles in the Atmosphere", *The Science of the Total Environment*, Vol. 224, No. 1 – 3, 1998.

Peruzzi P. , Poli T. , Toniolo L. , "The Experimental Test for the Evaluation of Protective Treatments: A Critical Survey of the 'Capillary Absorption Index' ", *Journal of Cultural Heritage*, Vol. 4, No. 3, 2003.

Peter M. , "Breathing New Life into Statues of Wells", *New Scientist*, Vol. 76, 1977.

Philip K. , Denis S. , "Deterioration of Pentelic Marble, Portland Limestone and Baumberger Sandstone in Laboratory Exposures to Gaseous Nitric Acid", *Atmospheric Environment*, Vol. 29, No. 1, 1995.

Piacenti F. , CamaitiE M. Strepparola E. , Moggi G. , "Recent Developments with Fluoropolymers for Stone Conservation", *Journal of Fluorine Chemistry*, Vol. 58, No. 2 – 3, 1992.

Pihlajavaara S. E. , Pihlman E. , "Effect of Carbonation on Microstructural Properties of Cement Stone", *Cement and Concrete Research*, Vol. 4, No. 2, 1974.

Potgieter – VermaakS. S. , GodoiRHM, Grieken R. V. , Potgieter J. H. , Oujja M. , Castillejo M. , "Micro – structural characterization of black crust and laser cleaning of building stones by micro – Raman and SEM techniques. " *Spectrochimica Acta Part A: Molecular and Biomolecular Spectroscopy*, Vol. 61, No. 11 – 12, 2005.

Price C. A. , "Stone Decay and Preservation", *Chemistry in Britain*, Vol. 11, No. 9, 1975.

Rizzarelli P. , La Rosa C. , Torrisi A. , "Testing a Fluorinated Compound as a Protective Material for Calcarenite", *Journal of Cultural Heritage*, Vol. 2, No. 1, 2001.

Rodriguez – Navarro C. , Doehne E. , "Salt Weathering: Influence of Evaporation Rate, Supersaturation and Crystallization Pattern", *Earth Surface Processes and Landforms*, Vol. 24, No. 3, 1999.

Schnabel L. , "Evaluation of the Barium Hydroxide—Urea Consolidation Method", In: 7th International Congress on Deterioration and Conservation of Stone, Lisbon: Laboratório Nacional de Engenharia Civil, 1974.

Selwitz C. M. , "The Use of Epoxy Resins for Stone Conservation", In: Vandiver P. B. , Druzik J. R. , Wheeler G. S. , ed. *Materials Issues in Art and Archaeology* 2, Pittsburgh: Materials Research Society, 1991.

Selwitz C. M. , "The Use of Epoxy Resins in Field Projects for Stone Stabilization", In: Vandiver P B, Druzik J. R. , Wheeler G. S. , ed. *Materials Issues in Art and Archaeology* 2, Pittsburgh: Materials Research Society, 1992.

So A. , Fujibayashi S. , Neo M. , et al, "Accelerated degradation and improved bone – bonding ability of hydroxyapatite ceramics by the addition of glass. " *Biomaterials*, Vol. 27, No. 27, 2006.

Sugawara A. , Fujikawa K. , Kusama K. , et al, "Histopathologic Reaction of a Calcium Phosphate Cement for Alveolar Ridge Augmentation", *Journal of Biomedical Materials Research*, Vol. 61, NO. 1, 2002.

Tarasov V. I. , "New Colloid Silicate Solutions for Restoration and Conservation of Stone Facades", *Russian Journal of Applied Chemistry*, Vol. 74, No. 12, 2001.

Vallet J. M. , Gosselin C. , Bromblet P. , Rolland O. , Vergès – Belmin V, Kloppmann W, "Origin of Salts in Stone Monument Degradation using Sulphur and Oxygen Isotopes: First Results of the Bourges Cathedral (France)", *Journal of Geochemical Exploration*, Vol. 88, No. 1 – 3, 2006.

Warscheid T. , Braams J. , "Biodeterioration of Stone: A Review", *International Biodeterioration & Biodegradation*, Vol. 46, No. 4, 2000.

Weiss T. , Siegesmund S. , Kirchner D. , Sippel J. , "Insolation Weathering and Hygric Dilatation: Two Competitive Factors in Stone Degradation", *Environmental Geology*, Vol. 46, No. 3 – 4, 2004.

Yang G. , Zhang Q. , Pu Y. , "A Study on the Damage Propagation Characteristics of Rock under the Frost and Thaw Condition", *Chinese Journal of Geotechnical Engineering*, Vol. 26, No. 6, 2004.

（三）电子文献

重庆人民政府：《重庆概况·自然地理》，2014 年 9 月，重庆市政府网（ht-tp：//www. cq. gov. cn/cqgk/82826. shtml）。

重庆人民政府：《重庆概况·民族人口》，2014 年 10 月，重庆市人民政府网。

广西统计局：《广西概况·人口民族》，2014 年 2 月，广西人大网（http：//www. gxzf. gov. cn/zjgx/gxrw/qhrk/201402/t20140211_ 428687. htm）。

国际古迹遗址理事会中国国家委员会：《中国文物古迹保护准则》（ht-tp：//www. mingcheng. org/chinese/fagui/quanguo/file5. pdf）。

向波：《重庆市气候概况》，2010 年 9 月，重庆市气象局网（http：//www. cqmb. gov. cn/ecms/qixiangfuwu/qhzk/2008 - 12 - 29/317. html）。

云南省人民政府：《省情概貌·人口与民族》，2013 年 7 月，云南省人民政府网（http：//www. yn. gov. cn/yn _ yngk/yn _ sqgm/201111/t20111107_ 1896. html）。

张香凝：《岩石风化与土壤的形成》（http：//jwc. bjfu. edu. cn/jpkch/tr/trkj/pages /diyiz7. htm）。

Clifton J R：《Stone Consolidating Materials：A Status Report. 》（http：//palimpsest. stanford. edu/ byauth/clifton/stone/）.

Pidwirny M：《CHAPTER 10，Introduction to the Lithosphere：Weathering. 》，2006，PhysicalGeography. net（http：//www. physicalgeography. net/fundamentals/10r. html）.

Weathering Research Group at QUB：《Glossary of Stone Decay Features - Solution. 》（http：//www. qub. ac. uk/geog/documents/research/weathering/solution. html）.

（四）其他

和玲：《含氟聚合物及其对文物的保护研究》，博士学位论文，西北工业大学，2002。

《多孔陶瓷显气孔率、容重实验方法》，1997 年，中华人民共和国国家标准，标准代号：GB/T 1966 – 1996。

《化学试剂标准滴定溶液的制备》，2002 年，中华人民共和国国家标准，
标准代号：GB/T 601 – 2002。

《建筑装饰用天然石材防护剂》，2005 年，中华人民共和国建材行业标准，
标准代号：JC/T973 – 2005。

《日用陶瓷分类》，1985 年，中华人民共和国国家标准，标准代号：
GB5001 – 85。

《陶瓷坯体显气孔率、体积密度测试方法》，1993 年，中华人民共和国轻
工行业标准，标准代号：QB/T 1642 – 1992。

《天然饰面石材试验方法，第 1 部分：干燥、水饱和、冻融循环后压缩强
度试验方法》，2001 年，中华人民共和国国家标准，标准代号：GB/T
9966.1 – 2001。

《天然饰面石材试验方法，第 2 部分：干燥、水饱和弯曲强度试验方法》，
2001 年，中华人民共和国国家标准，标准代号：GB/T 9966.2 – 2001。

《天然饰面石材试验方法，第 3 部分：体积密度、真密度、真气孔率、吸
水率试验方法》，2001 年，中华人民共和国国家标准，标准代号：GB/
T 9966.3 – 2001。

《天然饰面石材试验方法，第 6 部分：耐酸性试验方法》，2001 年，中华
人民共和国国家标准，标准代号：GB/T 9966.6 – 2001。

《岩石的分类和命名方案：变质岩岩石的分类和命名方案》，1998 年，中
华人民共和国国家标准，标准代号：GB/T 17412.3 – 1998。

《岩石的分类和命名方案：沉积岩岩石的分类和命名方案》，1998 年，中
华人民共和国国家标准，标准代号：GB/T 17412.2 – 1998。

《岩石的分类和命名方案：火成岩岩石的分类和命名方案》，1998 年，中
华人民共和国国家标准，标准代号：GB/T 17412.1 – 1998。

后　记

这是我的第一本关于历史档案的书。

走进这一领域实属偶然，自己的专业领域是物理化学，最初的研究方向是石质文物保护。感谢吾师张秉坚先生，将我领进这一领域，因为自己一直喜欢和历史相关的东西。后来，在工作中，把文化遗产的保护确定为自己的发展方向。

此时，幸遇罗茂斌先生，他给我指明了，其实，历史档案和文物一样，都属于文化遗产的范畴。"文物多师古"，"兰台知秋"，文物和历史档案，功能、价值属性等都非常地近似，特别是对于它们的载体材料，保护的要求和方法有非常高的一致性，互相借鉴，互相推进。

在这个过程，通过和周铭、华林老师的交流，不但知道了"历史档案"，也了解了"历史档案"人，他们的人格魅力令我敬佩，也坚定了我的决心。

这次机会是张昌山老师帮我创造的，张老师平易近人的笑容令我铭记在心。

厌从薄宦校青简，悔别故山思白云。

犹喜兰台非傲吏，归时应免动移文。

学问中，什么能如兰花般的典雅？工作中，什么能像耕耘于兰室殷勤慰花？

正是这些亦师亦友的兰台人，陪伴我在纷繁的现实中恪守着自己的原则和操守。我始终没好意思言谢，是因为"谢"在兰台人面前显得那么轻薄，但这些我都镌骨铭心……

刘　强

2015 年 10 月 于万溪